MÉMOIRES ET SOUVENIRS
PUBLIÉS SOUS LA DIRECTION DE
F. FUNCK-BRENTANO

MÉMOIRES AUTHENTIQUES
DE

LATUDE

ÉCRITS PAR LUI AU DONJON DE VINCENNES ET A CHARENTON

Publiés d'après le manuscrit de SAINT-PÉTERSBOURG

Avec une Introduction

PAR

F. FUNCK-BRENTANO

ARTHÈME FAYARD. ÉDITEUR
18-20, RUE DU SAINT-GOTHARD, 18-20
PARIS

MÉMOIRES AUTHENTIQUES

DE

LATUDE

Franciscus Quesnay

in utriusque Medicinæ Magister, Academiæ Regiæ Chirurgiæ Paris, Permanens, in Scholis Professor Regius, ... Reg. Scientiar. et liberal. art. Londin. Lugdunens. Medicus Celebris et Ordinar. Ducis de VILLEROY.

LE DOCTEUR QUESNAY
(Fondateur de la doctrine des physiocrates et médecin de Mme de Pompadour

(Peint par Chevallier (1745), gravé par Will)   (Bibl. de l'Arsenal)

MÉMOIRES AUTHENTIQUES

DE

LATUDE

ÉCRITS PAR LUI AU DONJON DE VINCENNES ET A CHARENTON

Publiés d'après le manuscrit

DE

SAINT-PETERSBOURG

AVEC UNE INTRODUCTION

PAR

F. FUNCK-BRENTANO

M. Masers de Latude.

Victime d'un pouvoir injuste et criminel,
Masers, dans les Cachots eût terminé sa vie,
Si l'art du despotisme, aussi fin que cruel,
Avait pu dans ses fers enchaîner son génie.

Dess. et Gravé avec le Phisionotrace par Quenedey,
rue Croix des petits Champs N.º 16, a Paris.

JEAN HENRY, DIT DANRY, DIT MASERS DE LATUDE

(Bibl. nat., estampes)

Au témoignage des contemporains ce portrait est le plus ressemblant
de ceux qui ont été faits du célèbre prisonnier.

LA VIE DE LATUDE

Peu de figures historiques ont pris dans l'imagination populaire une plus grande place que Masers de Latude. Le célèbre prisonnier semble avoir résumé dans sa vie de souffrances les iniquités d'un gouvernement arbitraire. Les romanciers et les dramaturges du xix' siècle ont fait de lui un héros, les poètes ont drapé ses malheurs de crêpes étoilés, nos plus grands historiens lui ont consacré leurs veilles, de nombreuses éditions de ses *Mémoires* se sont succédé jusqu'à nos jours. Les comtemporains de Latude le regardaient déjà comme un martyr, et la postérité n'a pas découronné sa tête blanchie dans les prisons de cette lumineuse auréole. Sa légende Latude l'a formée lui-même. Lorsqu'en 1790 il racontera l'histoire de sa vie, il se servira de son imagination méridionale plus que de ses souvenirs. Mais à la Bibliothèque impériale de Saint-Pétersbourg sont conservés les mémoires qu'il écrivit dans sa prison avec une sincérité qui fait défaut à ceux qu'il dictera plus tard à l'usage du public : nous les imprimons plus loin. D'autre part, les documents qui composaient son dossier dans les Archives de la Bastille sont conservés à l'Arsenal, à Carnavalet. Il est, grâce à eux, facile de rétablir la vérité.

I

Le 23 mars 1725, à Montagnac, en Languedoc, une pauvre fille, Jeanneton Aubrespy, mettait au monde un enfant qui fut baptisé trois jours plus tard. Jean Bonhour et Jeanne Boudet, les parrain et marraine, donnèrent au nouveau-né les prénoms de Jean-Henri. Quant à un nom de famille, le pauvret n'en avait pas, enfant d'un père inconnu.

Jeanneton venait de passer la trentaine. Elle était de famille bourgeoise et demeurait près de la porte de Lom, dans une petite maison qui semble lui avoir appartenu. Plusieurs de ses cousins occupaient des grades dans l'armée. Mais, du jour où elle fut devenue mère, sa famille la repoussa. Son existence devint misérable. Femme vaillante, cousant et filant, elle éleva son gamin, qui poussait intelligent, vif, très ambitieux. Elle parvint à lui faire donner quelque instruction, et nous trouvons Jean-Henri, à l'âge de dix-sept ans, garçon chirurgien dans l'armée du Languedoc. Au xviii⁰ siècle, les chirurgiens n'étaient pas, à vrai dire, de grands personnages : leurs fonctions consistaient surtout à faire la barbe, à arracher les dents et à pratiquer les saignées. Néanmoins la place était bonne. « Les garçons chirurgiens des armées, écrit l'exemple du guet Saint-Marc, qui ont travaillé de leur profession, ont gagné beaucoup d'argent. » Dès cette époque, ne voulant pas porter le nom de sa mère, le jeune homme avait ingénieusement transformé son double prénom en Jean Danry. C'est ainsi qu'il est déjà désigné dans un passeport à destination de l'Alsace, délivré le 25 mars 1743 par le commandant des armées royales en Languedoc. Danry suivit, en cette année 1743, les troupes du maréchal de Noailles dans leurs opérations sur le Main et le Rhin et, vers la fin de la saison, le maréchal lui donna un certificat attestant qu'il l'avait bien et fidèlement servi.

En 1747, Danry est à Bruxelles employé dans l'hôpital ambulant des armées de Flandre, aux appointements de 50 livres par mois. Il assista au fameux assaut de Berg-op-Zoom, que les colonnes françaises enlevèrent avec tant de bravoure sous le commandement du comte de Lœwendal. Mais la paix d'Aix-la-Chapelle fut signée, les armées furent licenciées et Danry vint à Paris. Il avait en poche une recommandation pour le chirurgien du maréchal de Noailles, Descluzeaux, et un certificat signé par Guignard de la Garde, commissaire des guerres, qui témoignait de la bonne conduite et des capacités « du nommé Dhanry, garçon chirurgien ». Ces deux certificats composaient le plus clair de sa fortune.

Danry arriva à Paris à la fin de l'année 1748. On le voyait se promener les après-midi au Tuileries en habit gris et veste rouge, portant bien ses vingt-trois ans. De moyenne taille, un peu fluet, ses cheveux bruns « en bourse », il avait l'œil vif et la physionomie intelligente. Peut-être aurait-il été joli garçon si des traces de petite vérole n'eussent grêlé sa figure. Une pointe d'accent gascon assaisonnait son langage, et nous voyons, par l'orthographe de ses lettres, que, non seulement il n'avait guère d'éducation littéraire, mais qu'il parlait à la manière du peuple. Néanmoins, actif, habile dans son métier, bien vu de ses chefs, il était en passe de se faire une situation honorable et d'arriver à soutenir sa mère, qui vivait délaissée à Montagnac concentrant sur lui dans son abandon, son affection et tout son espoir.

Paris, retentissant et joyeux, éblouit le jeune homme. La vie brillante et luxueuse, les robes de soie et de dentelles le faisaient rêver. Il trouvait les Parisiennes charmantes. Il leur donnait de son cœur sans compter et, de sa bourse, sans compter aussi. Le cœur était riche : la bourse l'était moins. Danry eut bientôt dépensé ses modestes économies et tomba dans la misère. Il fit de mauvaises connaissances. Son meilleur ami, un nommé Binguet, garçon apothicaire, partage avec lui un taudis, cul-de-sac du Coq, chez Charmeleux, qui tient chambres garnies. On ne trouverait pas plus grands coureurs, libertins et mauvais sujets que nos deux amis. Danry, colère, fanfaron, batailleur, s'est rapidement fait connaître de tout le quartier. Mourant de faim, menacé d'être jeté à la porte du logement dont il ne paie pas les termes, il écrit à sa mère pour demander quelque argent; mais à peine la pauvre fille peut-elle se suffire à elle-même.

Nous sommes loin, comme on voit, du bel officier de génie que chacun a dans sa mémoire, loin aussi du brillant tableau que Danry tracerait plus tard de ces années de jeunesse pendant lesquelles il aurait reçu, « par les soins du marquis de la Tude, son père, l'éducation d'un gentilhomme destiné à servir sa patrie et son roi. »

Dénué de toute ressource, Danry imagina qu'au siège de Berg-op-Zoom des soldats l'avaient dépouillé tout nu, hors la simple chemise, et volé de 678 livres. Il fit une lettre à l'adresse de Moreau de Séchelles, intendant des armées de Flandre, espérant la faire signer par Guignard de la Garde, commissaire des guerres, sous lequel il avait servi. Danry demandait à être indemnisé de ces pertes qu'il aurait faites tandis qu'il s'exposait, sous le feu de l'ennemi, à soigner des blessés. Mais nous lisons, dans les *Mémoires* écrit plus tard par Danry, que, loin d'avoir été, à Berg-op-Zoom, « dépouillé tout nu et volé de 678 livres », il y acheta une quantité considérable d'effets de tout genre qui se vendirent à bas prix au pillage de la ville. Quoi qu'il en soit, la tentative ne réussit pas. Danry était homme de ressources; à peine quelques jours étaient-ils passés, qu'il avait imaginé un autre expédient.

Chacun parlait de la lutte entre les ministre et la marquise de Pompadour. Celle-ci venait de triompher, Maurepas partait

en exil ; mais on le croyait homme à tirer vengeance de son ennemie. La favorite elle-même avouait sa crainte d'être empoisonnée. Une lueur se fit dans l'esprit du garçon chirurgien : il se vit tout à coup, lui aussi, en habit doré, roulant carrosse sur la route de Versailles.

Le 27 avril 1749, sous l'arcade du Palais-Royal attenant le grand escalier, il acheta à un marchand, qui étalait en cet endroit, six de ces petites bouteilles, appelées larmes bataviques, dont s'amusaient les enfants. C'étaient des bulles de verre fondu qui, jetées dans l'eau froide, y avaient pris la forme de petites poires. Elles éclatent avec bruit quand on en brisait la queue en crochet. Il en disposa quatre dans une boîte de carton et en relia les petites queues par une ficelle fixée au couvercle. Il répandit par-dessus de la poudre à poudrer, qu'il recouvrit d'un lit de poussière de vitriol et d'alun. Le paquet fut entouré d'une double enveloppe. Sur la première il écrivit : « Je vous prie, madame, d'ouvrir le paquet en particulié » ; et, sur la seconde, qui recouvrait la première : « A Mme la marquise de Pompadour, en cour ».

Puis il courut jeter son paquet, le 28 avril, à huit heures du soir, à la grand'-poste, et partit immédiatement pour Versailles. Il espérait parvenir jusqu'à la favorite, mais fut arrêté par son premier valet, Gourbillon. D'une voix émue, Danry conta une histoire effrayante : il s'était trouvé aux Tuilleries et avait aperçu deux hommes qui causaient avec animation ; il s'était approché et les avait entendus proférer contre Mme de Pompadour des menaces effroyables ; les hommes levés, il les avait suivis ; ils s'en étaient allés droit à la grand'poste, où ils avaient jeté un paquet dans la grille. Quels étaient ces hommes? quel était ce paquet ? — Il ne pouvait le dire. Mais, dévoué aux intérêts de la marquise, il était accouru immédiatement pour révéler ce qu'il avait vu.

Pour comprendre l'impression produite par la dénonciation du jeune homme, il faut se rappeler l'état ou les esprits étaient en ce moment à la cour. Maurepas, le ministre enjoué et spirituel que Louis XV,

ties hautaines et cruelles. Sa muse ne reculait pas devant les insultes les plus brutales. La marquise ne ménageait pas davantage son adversaire, elle le traitait ouvertement de menteur et de fripon et déclarait à tous qu'il cherchait à la faire

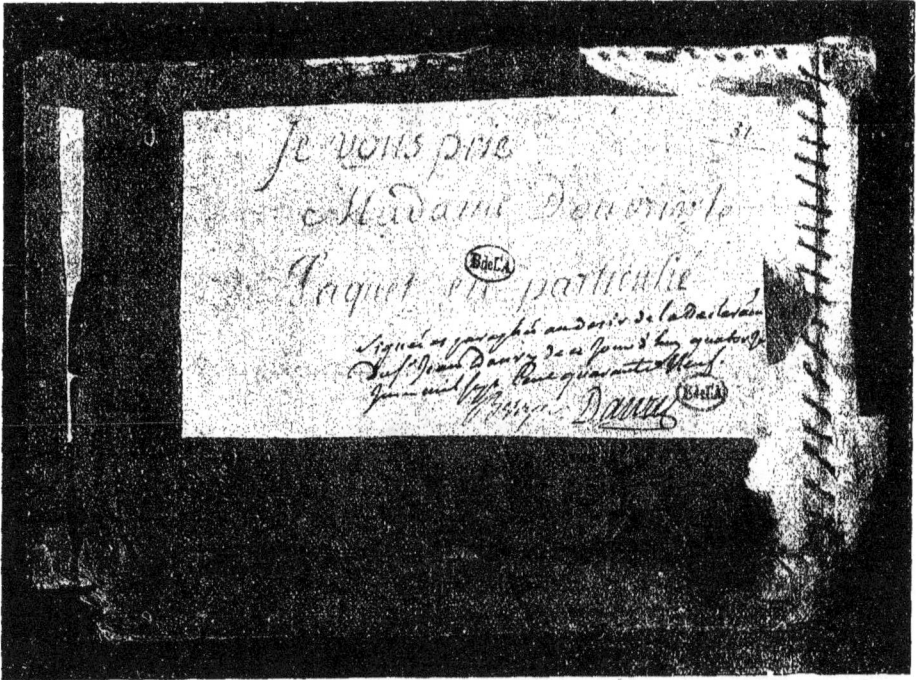

COUVERCLE DE LA BOITE ENVOYÉE PAR LATUDE A LA MARQUISE DE POMPADOUR,
LE 28 AVRIL 1749

(Les lignes *Signée et paraphée au désir de la déclaration du sᵣ Jean Danry de ce jour d'huy quatorze juin mil sept cent quarante-neuf*, signé : Berryer (lieut. de Police et Danry ont été ajoutées lors de l'interrogatoire)

(Bibl. de l'Arsenal, archives de la Bastille, nᵒˢ 11,692-11,693)

l'homme ennuyé, aimait pour le charme qu'il savait donner à l'expédition des affaires, venait d'être exilé à Bourges. « Pontchartrain, lui mandait le roi, est trop près. » La lutte entre le ministre et la favorite avait été d'une violence extrême. Maurepas chansonnait la fille montée sur les marches du trône, la poursuivait de ses réparties

empoisonner. Aussi fallait-il qu'un chirurgien fût toujours auprès d'elle, qu'elle eût toujours du contrepoison à portée de la main. A table, elle ne mangeait rien la première ; et, dans sa loge, à la comédie, elle n'acceptait de limonade que si elle avait été préparée par son chirurgien.

Le paquet, mis à la poste par Danry, arriva à Versailles le 29 avril. Quesnay,

Introduction

médecin du roi et de la marquise, — le
célèbre fondateur de la doctrine des physiocrates — fut prié de l'ouvrir. Il le fit
avec une grande prudence, reconnut la
poudre à poudrer, le vitriol et l'alun, et

Jean-Frederic Phelypeaux Comte de Maurepas,
Commandeur des Ordres du Roy, Secretaire d'Etat,
de la Maison du Roy et de la Marine.

LE COMTE DE MAUREPAS, MINISTRE DE LA MAISON DU ROI
(Bibl. nat., estampes)

déclara que toute cette machine n'avait
rien de redoutable; que, néanmoins, le
vitriol et l'alun était matières pernicieuses,
et qu'il était possible que l'on se trouvât
en face d'une tentative criminelle maladroi-
tement exécutée.

Il n'est pas douteux que Louis XV et
sa maîtresse aient été terrifiés. D'Argenson,
qui avait soutenu Maurepas contre la favorite, avait lui-même grand intérêt à éclaircir au plus tôt cette affaire. Le premier
mouvement fut tout en
faveur du dénonciateur.
D'Argenson écrivit à Ber-
ryer qu'il méritait récompense.

Aussitôt l'on chercha à
découvrir les auteurs du
complot. Le lieutenant de
police choisit le plus habile, le plus intelligent de
ses officiers, l'exempt du
guet Saint-Marc et celui-
ci se mit en rapport avec
Danry. Mais Saint-Marc
n'avait pas passé deux
jours en compagnie du
garç en chirurgien, qu'il
rédigeait un rapport de-
mandant son arrestation.
« Il n'est pas indifférent
de remarquer que Danry
est chirurgien et que son
meilleur ami est apothi-
caire Je crois qu'il serait
essentiel, sans attendre
plus longtemps, d'arrêter
Danry et Binguet, en
leur laissant ignorer qu'ils
ont tous deux arrêtés, et,
en même temps, de faire
perquisition dans leurs
chambres. »

Danry fut mené à la Bas-
tille le 1er mai 1749 ; on s'était assuré de
Binguet le même jour. Saint-Marc avait
pris la précaution de demander au garçon
chirurgien d'écrire le récit de son aventure.
Il remit ce texte à un expert, qui en com-
para l'écriture avec l'adresse du paquet en-

voyé à Versailles : Danry était perdu. Les perquisitions opérées dans sa chambre confirmèrent les soupçons. Enfermé à la Bastille, Danry ignorait ces circonstances, et quand, le 2 mai, le lieutenant général de police vint l'interroger, il ne répondit que par des mensonges.

Le lieutenant de police, Berryer, était un homme ferme, mais honnête et bienveillant. « Il inspirait la confiance, écrit Danry lui-même, par sa douceur et sa bonté. » Berryer se chagrinait de l'attitude que prenait Danry, il lui montrait le danger auquel il s'exposait, le conjurait de dire la vérité. Dans un nouvel interrogatoire Danry persista à mentir. Puis, tout à coup, il changea de tactique et refusa de répondre aux questions qu'on lui posait. « Danry, lui disait le lieutenant de police pour lui donner du courage, ici nous rendons justice à tout le monde. » Mais les prières ne firent pas mieux que les menaces; l'accusé gardait un silence obstiné. D'Argenson écrivait à Berryer : « Cette affaire est trop importante à éclaircir pour ne pas suivre toutes les indications qui peuvent faire parvenir à cet objet ».

Danry, par ses mensonges, puis par son silence, avait trouvé le moyen de donner un air de complot ténébreux à une tentative d'escroquerie sans grande conséquence.

Il ne se décida que le 15 juin à faire un récit à peu près exact, dont le procès-verbal fut immédiatement envoyé au roi, qui le relut plusieurs fois et « pocheta » toute la journée. Ce détail montre l'importance que l'affaire avait prise. Les soupçons ne furent pas dissipés par la déclaration du 15 juin. Danry avait altéré la vérité dans les deux premiers interrogatoires, on avait lieu de croire qu'il l'altérait également dans le troisième. Ce fut ainsi que son silence et ses dépositions contradictoires

le perdirent. Six mois plus tard, le 7 octobre 1749, le docteur Quesnay, qui avait témoigné beaucoup d'intérêt au jeune chirurgien, fut envoyé auprès de lui à Vincennes afin qu'il lui révélât le nom de celui qui l'avait poussé au crime. Au retour, le docteur écrit à Berryer : « Mon voyage n'a été d'aucune utilité ; je n'ai vu qu'un hébété, qui cependant a toujours persisté à me parler conformément à sa déclaration. » Et deux années se sont écoulées que le lieutenant de police écrira encore à Quesnay : « 25 février 1751. — Vous feriez grand plaisir à Danry si vous vouliez lui rendre une visite, et par cette complaisance vous pourriez peut-être l'engager à vous découvrir entièrement son intérieur, et à vous faire un aveu sincère de ce qu'il m'a voulu cacher jusqu'à présent. »

Quesnay se rend immédiatement à la Bastille, promet au prisonnier la liberté. Danry se désespère, jure que « toutes ses réponses au lieutenant de police sont conformes à la vérité ». Quand le docteur a pris congé de lui, il écrit au ministre : « M. Quesnay, qui m'est venu voir plusieurs fois dans ma misère, m'a dit que Votre Grandeur croyait qu'il y avait quelqu'un de complice avec moi quand j'ai commis mon péché, et que je ne voulais pas le dire, et, par cette raison, que Monseigneur ne me voulait point donner la liberté que je ne l'eusse dit. A cela, Monseigneur, je souhaiterais du profond de mon cœur que votre croyance fût véritable, en ce qu'il me serait bien plus avantageux de jeter ma faute sur un autre, soit pour m'avoir induit à commettre mon péché, ou ne m'avoir pas empêché de le commettre. »

Dans la pensée des ministres, Danry, avait été l'agent d'un complot contre la vie de la marquise de Pompadour dirigé par quelque grand personnage; au dernier moment il aurait pris peur, ou bien, dans

LETTRE DE CACHET DATÉE DU 1ᵉʳ MAI 1769 QUI ENVOYA A LA BASTILLE LATUDE (DANRY)
ET SON AMI LE GARÇON APOTHICAIRE BINGUET

(Bibl. de l'Arsenal, archives de l'Arsenal, ms. 11,692)

l'espoir de tirer profit des deux côtés à la fois, il serait venu à Versailles se dénoncer lui-même. Il faut tenir exactement compte de ces faits pour comprendre la vraie cause de sa détention. Danry fut donc maintenu qui, à cette époque, comme aujourd'hui encore en Angleterre, faisait loi.

L'apothicaire Binguet avait été remis en liberté immédiatement après la déclaration faite par Danry, le 14 juin. A la Bastille

ENVELOPPE EXTÉRIEURE DE LA BOITE ENVOYÉE PAR LATUDE A MADAME DE POMPADOUR,
LE 28 AVRIL 1749
Les mots *Signé et paraphé au désir de la déclaration*, etc., ont été ajoutés lors des interrogatoires, avec les signatures du lieutenant de police Berryer, et de Latude (Danry)   (Bibl. de l'Arsenal, arch. de la Bastille, ms. 11.691-11.693)

à la Bastille. Il subit des interrogatoires dont les procès-verbaux furent rédigés régulièrement et signés par le lieutenant de police. Nous avons vu que celui-ci, sous l'ancien régime, était un véritable magistrat — les documents de l'époque ne le désignent pas autrement, — il rendait des arrêts et punissait au nom de la coutume celui-ci ne laissait pas d'être entouré d'égards. Les ordres de Berryer sur ce sujet étaient formels. On lui avait donné livres, pipe et tabac; on lui permettait de jouer de la flûte; et, comme il exprimait son ennui de vivre seul, on lui donnait deux compagnons de chambre. Il recevait chaque jour la visite des officiers du château. Le

25 mai, le lieutenant du roi vint lui répéter les ordres du Magistrat : « On aurait en conséquence bien soin de lui ; s'il avait besoin de quelque chose, on le priait de le dire, on ne le laisserait manquer de rien ». Le lieutenant de police espérait sans doute, à force de bontés, le déterminer à dévoiler les auteurs du malheureux complot qu'il avait imaginé lui-même.

Danry ne demeura pas longtemps dans la prison du faubourg Saint-Antoine ; dès le 28 juillet, Saint-Marc le transféra à Vincennes, et nous voyons, par le rapport que l'exempt rédigea, combien le marquis Du Châtelet, gouverneur du donjon, s'étonna « que la Cour se fût détermi-née de lui envoyer un pareil sujet ». C'est que Vincennes était, comme la Bastille, réservé aux prisonniers de bonne

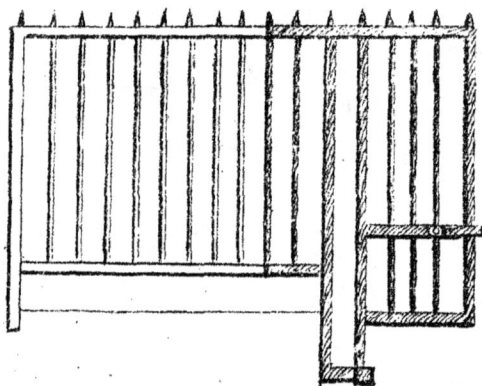

GRILLE D'ENTRÉE DE LA BASTILLE
(Croquis de l'architecte Palloy   (Bibl. nat. ms. nouv. acq. franç. 3242.

société : notre compagnon y fut mis par faveur. Le chirurgien qui a soin de lui le lui répète pour le consoler. « On ne met dans le donjon de Vincennes que des personnes no-bles et de la première distinction. » Danry est, en effet, traité comme un gentilhomme. La meilleure chambre lui est réservée, il peut jouir du parc, où il se promène cha-que jour deux heures. Lors de son entrée à la Bastille, il souffrait d'une infirmité, dont il attribua plus tard la cause à sa longue détention. A Vincennes il s'en plaignit, il prétendit également que le cha-

grin l'avait rendu malade. Un spécialiste et le chirurgien du donjon le soignèrent.

Cependant le lieutenant de police reve-nait le voir, lui renouvelait l'assurance de sa protection et lui conseillait d'écrire di-rectement à Mme de Pompadour. Voici la lettre du prisonnier :

A Vincennes, 4 novembre 1749.

« Madame,

« Si la misère, pressé par la faim, m'a « fait commettre une faute contre votre « chère per-« sonne, ça n'a « point été « dans le des-« sin de vous « faire aucun « mal. Dieu « m'est té-« moin. Si sa « divine bonté « voulait au-« jourd'hui, en « ma faveur, « vous faire « connaître « mon âme re-« pentante de « sa très gran-« de faute et « les larmes que je répands depuis cent « quatre-vingt-huit jours, à l'aspect des « grilles de fer, vous auriez pitié de moi. « Madame, au nom de Dieu qui vous « éclaire, que votre juste courroux daigne « s'apaiser sur mon repentir, sur ma mi-« sère, sur mes pleurs ; un jour Dieu vous « récompensera de votre humanité. Vous « pouvez tout, Madame. Dieu vous a « donné pouvoir auprès du plus grand roi « de la terre, son bien-aimé : il est misé-« ricordieux, il n'est point cruel, il est « chrétien. Si sa divine puissance me fait

« la grâce d'obtenir de votre générosité la
« liberté, je mourrais plutôt et mangerais
« que des racines , avant de l'exposer
« une seconde fois. J'ai fondé toutes mes
« espérances sur votre charité chrétienne,
« soyez sensible à ma prière, ne m'aban-
« donnez point à mon malheureux sort.
« J'espère en vous, Madame, et Dieu me
« fera la grâce que toutes mes prières
« seront exaucées pour accomplir tous
« les désirs que votre chère personne sou-
« haite.

« J'ai l'honneur d'être, avec un repentir
« digne de grâce, Madame, votre très
« humble et très obéissant serviter. »

« DANRY. »

Nous avons cité cette lettre avec plaisir ;
elle se distingue avantageusement de celles
que le prisonnier écrirait plus tard et que
l'on a publiées. Il est vrai que Danry
ne voulait pas attenter aux jours de la favorite. Bientôt, devenant plus hardi, il écrira
à Mᵐᵉ de Pompadour que, s'il lui a adressé
cette boîte à Versailles, c'était par dévoûment pour elle, pour la mettre en garde
contre les entreprises de ses ennemis,
« pour lui sauver la vie ».

La lettre du prisonnier fut remise à la
marquise, mais demeura sans effet. Danry
perdit patience, il résolut de se procurer
lui-même la liberté qu'on lui refusait : le
15 juin 1750, il s'était évadé.

PLAN DE LA BASTILLE

Dans les *Mémoires* publiés sous son ins-
piration à l'époque de la Révolution,
Danry a raconté cette première invasion
du donjon de Vincennes d'une manière
aussi spirituelle que fantaisiste. Il échappa
à ses geôliers le plus simplement du
monde. Etant descendu au jardin, à l'heure
de sa promenade, il y trouva un épagneul
noir qui faisait des bonds. Il arriva que
le chien se dressa contre la porte d'entrée
et la poussa de ses pattes. La porte
était ouverte. Danry sortit et courut devant lui, « jusqu'à ce qu'il fût tombé par
terre de fatigue, du côté de Saint-Denis,
vers les quatre après midi. »

Il resta dans cette situation jusqu'à neuf
heures du soir. Puis il prit le chemin de
Paris et passa la nuit sur le bord de l'aqueduc du côté de la porte Saint-Denis. Au
point du jour il entra dans la ville.

Nous savons quelle importance la cour
attachait à la détention du prisonnier :
elle espérait encore qu'il se déciderait à
parler de ce grave complot dont il possé-
dait le secret. D'Argenson écrit immédiatement à Berryer : « Rien n'est plus important ni plus pressé que d'user de toutes
les voies imaginables pour tâcher de rat-
traper le prisonnier. » Et toute la police
se met sur pied : le signalement du fugitif
est imprimé à grand nombre d'exem-
plaires. L'inspecteur Rulhière l'envoie à
toutes les maréchaussées.

Danry se logea chez Cocardon, au *Soleil d'or* ; mais il n'osa demeurer plus de
deux jours dans la même auberge. Il pensa
que son camarade lui viendrait en aide ;
mais Binguet ne se soucie plus de la
Bastille. C'est une jolie fille, Anne Be-
noist, que Danry avait connue au temps
où il logeait chez Charmeleux, qui se
dévoue à lui toute entière. Elle sait

qu'elle risque d'être mise en prison, et, déjà des inconnus de mauvaise mine sont venus demander au *Soleil d'or* qui elle était. Qu'importe ! elle trouve assistance chez des compagnes ; les jeunes filles portent les lettres, se mettent en quête d'un gîte sûr. En attendant, Danry va passer la nuit sous les aqueducs ; dès le lendemain il va s'enfermer dans le logement que ces demoiselles lui ont choisi, il y demeure deux jours sans sortir : Annette lui vient tenir compagnie. Mais le jeune homme n'a plus d'argent, comment paiera-t-il son écot ? « Que faire, que devenir ? dirait-il plus tard ; j'étais sûr d'être découvert si je me montais, si je fuyais je courais également des risques. » Il écrit au docteur Quesnay, qui lui témoigna tant de bontés à Vincennes, mais la police a vent de cette correspondance, et Saint-Marc vient saisir le fugitif dans l'auberge où il est caché. Le malheureux est ramené à la Bastille. Annette est arrêtée chez Cocardon au moment où elle demandait les lettres venues pour Danry ; elle est enfermée à la Bastille aussi. Les porte-clés et les sentinelles de Vincennes, de service le jour de l'évasion, sont jetés au cachot.

En se sauvant de Vincennes, Danry avait doublé la gravité de sa faute. Les règlements voulaient qu'il fût descendu au cachot, réservé aux prisonniers insubordonnés. « M. Berryer vint encore adoucir mes maux, au dehors il demandait pour moi justice ou clémence, dans ma prison il cherchait à calmer ma douleur, elle me paraissait moins vive quand il m'assurait qu'il la partageait. » Le lieutenant de police ordonna que le prisonnier fût nourri aussi bien que par le passé, qu'on lui laissât ses livres, du papier, ses bibelots, et les deux heures de promenade dont il jouissait à Vincennes. En retour de ces bontés, le garçon chirurgien envoya au

magistrat « un remède contre les accès de goutte ». Il demandait en même temps qu'on lui permît d'élever des petits oiseaux dont le gazouillis et l'animation le distrairaient. La demande fut accordée ; Mais au lieu de prendre sa peine en patience, Danry s'irritait de jour en jour. il se laissait aller à sa nature violente, faisait du vacarme, criait, se démenait, à faire croire qu'il devenait fou. Sur les livres de la bibliothèque de la Bastille, qui passaient de chambre en chambre, il écrivait des poésies injurieuses contre la marquise de Pompadour. Il prolongeait ainsi son séjour dans le cachot. Peu à peu ses lettres changeaient de ton. « C'est un peu fort qu'on me laisse quatorze mois en prison et une année entière qui finit aujourd'hui dans un cachot où je suis encore. »

Cependant Berryer le remit dans une bonne chambre vers la fin de l'année 1751. En même temps, il lui donna, aux frais du roi, un domestique pour le servir. Quant à Annette Benoit, elle avait été mise en liberté après quinze jours de détention. Le domestique de Danry tomba malade ; comme on voulait pas que le prisonnier manquât de société, on lui donna un compagnon de chambre. C'était un nommé Antoine Allègre, détenu depuis le 29 mai 1750. Les circonstances qui avaient déterminé son incarcération avaient été à peu près les mêmes que celles qui avaient fait enfermer Danry. Allègre était maître de pension à Marseille lorsqu'il apprit que les ennemis de la marquise de Pompadour cherchaient à la faire périr. Il imagina un complot où il mêla Maurepas, l'archevêque d'Albi et l'évêque de Lodève, envoya la dénonciation de ce complot à Versailles, et, pour y donner de la vraisemblance, adressa au valet de la favorite une lettre d'une écriture contrefaite, qui commençait par ces mots : « Foy de gentilhomme, il y a 100.000 écus pour vous si vous empoisonnez votre maîtresse... » Il espérait obtenir par ce moyen un bon emploi ou la réussite d'un projet qu'il avait fait sur le commerce.

Intelligents l'un et l'autre, instruits et entreprenants, Danry et Allègre étaient faits pour s'entendre, d'autant mieux que le maître de pension, très supérieur à son camarade, le dirigeait. Les années que Danry passa en compagnie d'Allègre exercèrent sur toute sa vie une influence si grande, que le lieutenant de police Lenoir pourrait dire un jour : « Danry est le tome II d'Allègre ». Les lettres de ce dernier qui nous sont conservées en grand nombre, témoignent de l'originalité et de la vivacité de son esprit : le style en est fin et rapide, du français le plus pur, les idées exprimées ont de la distinction et sont parfois singulières sans être extravagantes. Il travaillait sans cesse et fut, tout d'abord, ennuyé d'avoir un compagnon. « Donnez-moi, je vous prie, une chambre en particulier, écrit-il à Berryer, même sans feu ; j'aime à être seul, je me suffis à moi-même, parce que je sais m'occuper et semer pour l'avenir. » C'était une nature mystique, mais de ce mysticisme froid et amer que nous trouvons quelquefois chez les hommes de science, les mathématiciens en particulier. Car Allègre étudiait principalement les mathématiques, la mécanique, la science des ingénieurs. Le lieutenant de police lui fit acheter des ouvrages traitant des fortifications, de l'architecture civile, de la mécanique, des travaux hydrauliques. Le prisonnier les consultait pour rédiger des mémoires sur les questions les plus diverses, qu'il envoyait au lieutenant de police dans l'espoir qu'ils lui procureraient sa liberté. Ces mémoires, que nous possédons, montrent encore l'étendue de son intelligence et de son instruction. Danry l'imita dans la suite, en cela comme en tout le reste, mais grossièrement. Allègre était également très habile de ses doigts, dont il faisait, disent les officiers du château, tout ce qu'il voulait.

Allègre était un homme dangereux : les porte-clés en avaient peur. Quelque temps après son entrée à la Bastille il tomba malade ; un garde fut placé près de lui ; les

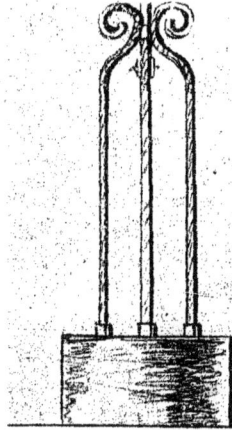

PUITS PLACÉ DANS LA DERNIÈRE COUR DE LA BASTILLE, APPELÉ DE CE FAIT : LA COUR DU PUITS, L'UNE DES HUIT TOURS DE LA BASTILLE EN RECEVAIT ÉGALEMENT SON NOM.
(Croquis de l'architecte Palloy)
(Bibl. nat., ms. nouv. acq. fran. 3.242)

deux hommes firent mauvais ménage. Allègre envoyait à la lieutenance de police plaintes sur plaintes. On fit une enquête qui ne fut pas défavorable au garde-malade, et celui-ci fut laissé auprès du prisonnier ; lorsqu'un matin, le 8 septembre 1751, les officiers de la Bastille entendirent dans la tour du Puits des cris et du bruit. Ils montèrent en hâte et trouvèrent Allègre occupé à percer d'un couteau son compagnon, qu'il tenait à la gorge, renversé dans son sang, le ventre ouvert. Si Allègre n'avait été à la Bastille, le Parlement l'aurait fait rouer en place de Grève ; la Bastille le sauva ; mais il ne pouvait plus espérer que sa liberté fût prochaine.

Quant à Danry, il lassa à son tour la patience de ses gardiens. Le major Chevalier, qui était la bonté même, écrivit au lieutenant de police : « Il ne vaut pas mieux qu'Allègre, mais il est cependant, quoique plus turbulent et colère, beaucoup moins à craindre, en tout genre que lui. » Le médecin de la Bastille, le docteur Boyer, membre de l'Académie, écrit également : « J'ai lieu de me méfier du personnage ». Le caractère de Danry s'aigrissait. Il injuriait ses porte-clés. Un matin, on est obligé de lui enlever un couteau et des instruments tranchants qu'il a dérobés. Il se sert du papier qu'on lui donne pour se mettre en relation avec d'autres détenus et des personnes du dehors. Le papier est supprimé : Danry écrit avec son sang sur des mouchoirs ; le lieutenant de police lui fait défendre de lui écrire avec du sang : Danry écrit sur des tablettes de mie de pain qu'il fait passer furtivement entre deux assiettes.

L'usage du papier lui fut rendu, ce qui ne l'empêche pas d'écrire à Berryer : « Monseigneur, je vous écris avec de mon sang sur du linge, parce que messieurs les officiers me refusent d'encre et du papier ; voilà plus de six fois que je demande à leur parler inutilement. Qu'est-ce donc, Monseigneur, avez-vous résolu ? Ne me poussez pas à bout. Au moins ne me forcez pas à être mon bourreau moi-même. Envoyez-moi une sentinelle pour me casser la tête, c'est bien la moindre grâce que vous puissiez m'accorder. » Berryer, surpris de cette missive, fait des observations au major, qui lui répond : « Je n'ai pas refusé de papier à Danry ».

Ainsi le prisonnier faisait croire de plus en plus qu'il n'était qu'un fou. Le 13 octobre 1753, il écrivait au docteur Quesnay pour lui dire qu'il lui voulait grand bien, mais qu'étant trop pauvre pour lui rien donner, il lui faisait cadeau de son corps, qui allait périr, dont il pourrait faire un squelette. Au papier de la lettre, Danry avait cousu un petit carré de drap et il ajoutait : « Dieu à donné aux habits des martyrs la vertu de guérir toutes de maladies. Voilà cinquante-sept mois qu'on me fait souffrir le martyr. Ainsi il est sans doute qu'aujourd'hui le drap de mon habit fera des miracles : en voilà un morceau. » Cette lettre revint à la lieutenance de police au mois de décembre, et nous y trouvons une apostille de la main de Berryer : « Lettre bonne à garder, elle fait connaître l'esprit du personnage ». Or nous savons de quelle façon on traitait encore les fous au XVIIIe siècle.

Mais subitement, au grand étonnement des officiers du château, nos deux amis améliorent leur caractère et leur conduite. On n'entendait plus de bruit dans leur chambre, et quand on leur venait parler ils répondaient poliment. En revanche, ils étaient d'allure plus bizarre encore que par le passé. Allègre se promenait dans sa chambre, à moitié nu, pour ménager ses hardes, disait-il, et adressait lettres sur lettres à son frère et au lieutenant de police pour qu'on lui envoyât des nippes, des chemises surtout et des mouchoirs. Danry de même. « Ce prisonnier, mande Chevalier au lieutenant de police, demande du linge ; je ne vous écrirai pas, parce qu'il a sept chemises très bonnes, dont quatre neuves ; cet article le met aux champs. » Mais pourquoi refuser à un prisonnier de lui passer ses fantaisies ? Et le commissaire de la Bastille fit confectionner deux douzaines de chemises de prix — chacune re-

LETTRE DE LATUDE AU DOCTEUR QUESNAY, ÉCRITE A LA BASTILLE
LE 18 OCTOBRE 1753

Il lui envoie un morceau de son habit qui fera sans doute des miracles étant donné que le propriétaire en est un martyr

(Bibl. nat., Archives de la Bastille, n° 11.692)

vint à vingt livres, plus de quarante francs de notre monnaie, — et des mouchoirs de la batiste la plus fine.

Si la lingère du château avait fait attention, elle aurait remarqué que les serviettes et les draps qui entraient dans la chambre des deux compagnons, en sortaient raccourcis dans tous les sens. Nos amis s'étaient mis en rapport avec leurs voisins de prison, qui demeuraient en-dessous et au-dessus d'eux, mendiant des ficelles et du fil, donnant du tabac en échange. Ils

morceaux de fer pris aux affûts des canons. Ils cachaient le tout dans le tambour existant entre le plancher de leur chambre et le plafond de la chambre inférieure.

Allègre et Danry se sauvèrent de la Bastille dans la nuit du 25 au 26 février 1756. Ils grimpèrent par la cheminée jusque sur la plate-forme des tours et descendirent par la fameuse échelle de corde attachée à l'affût d'un canon. Une muraille séparait le fossé de la Bastille

ÉCHELLE DE CORDE FABRIQUÉE A LA BASTILLE PAR LATUDE ET ALLÈGRE, ET A L'AIDE
DE LAQUELLE ILS SE SAUVÈRENT DANS LA NUIT DU 25 AU 26 FÉVRIER 1756
(Musée Carnavalet)

étaient parvenus à desceller les barres de fer qui empêchaient de grimper dans la cheminée; la nuit, ils montaient jusque sur les plates-formes, d'où ils conversaient par les cheminées, avec les prisonniers des autres tours. L'un de ces malheureux se croyait prophète de Dieu : il entendit la nuit ce bruit de voix qui tombait sur le foyer éteint; il révéla le prodige aux officiers qui le regardèrent comme plus fou encore qu'auparavant. Sur la terrasse, Allègre et Danry trouvèrent les outils que des maçons et des herbiers employés au château y laissaient le soir. Ils se procurèrent ainsi un maillet, une tarière, deux espèces de moufles et des

de celui de l'Arsenal. Ils parvinrent, à l'aide d'une barre de fer, à en détacher une grosse pierre, et s'échappèrent par la baie ainsi pratiquée. L'échelle de corde était une œuvre de longue patience et de grande habileté. Plus tard, Allègre deviendrait fou, alors Danry tirerait à lui tout le mérite de cette entreprise que son ami avait conçue et dirigée.

Au moment de partir, Allègre avait écrit sur un chiffon de papier, pour les officiers de la Bastille, la note suivante, qui marque bien son caractère :

« Nous n'avons causé aucun dommage aux meubles de M. le gouverneur, nous ne nous sommes servis que de quelques lambeaux de couvertures qui ne pouvaient être d'aucune utilité, les autres sont dans leur entier. S'il manque quelques serviettes, on les trouvera au-delà de l'eau, dans le grand fossé, où nous les emportons pour essuyer nos pieds : « *Non nobis, Domine, non nobis, sed nomini tuo da gloriam !*

« *Scito cor nostrum et cognosce semitos nostras.* »

« Ce n'est pas sur nous, Seigneur, ce n'est pas sur nous, mais sur ton nom, qu'il faut répandre la gloire ; regarde notre cœur et connais les voies où nous marchons. »

Nos deux compagnons s'étaient pourvus d'un portemanteau, et ils s'empressèrent de changer de vêtements dès qu'ils eurent franchi l'enceinte du château. Un metteur en œuvre, Fraissinet, que Danry connaissait, s'intéressa à eux et les conduisit chez le tailleur Rouit, qui les logea quelque temps. Rouit prêta même à Danry 48 livres que celui-ci s'engagea à renvoyer dès son arrivée à Bruxelles. Un mois passé, nos deux amis étaient au-delà des frontières.

III

Il nous est très difficile de savoir ce qu'il advient de Danry depuis le moment où il quitta Rouit, jusqu'au moment de sa réintégration à la Bastille. Il nous a, il est vrai, laissé deux relations de son séjour en Flandre et en Hollande ; mais ces relations diffèrent entre elles, et elles diffèrent, l'une et l'autre, de quelques documents originaux que nous avons conservés.

Allègre et Danry avaient jugé prudent de ne pas partir ensemble. Allègre arriva le premier à Bruxelles, d'où il écrivit à Mᵐᵉ de Pompadour une lettre injurieuse. Cette lettre le fit découvrir. A Bruxelles, Danry apprit l'arrestation de son camarade. Il se hâta de gagner la Hollande, vint à Amsterdam, où il entra en service chez un nommé Paulus Melenteau. De Rotterdam il avait écrit à sa mère ; la pauvre fille, réunissant ses petites économies, lui envoya par la poste 200 livres. Mais Saint-Marc s'était mis en route pour rejoindre le fugitif. « Les bourgmestres d'Amsterdam accordèrent sans difficulté et avec plaisir la réquisition que Saint-Marc fit au nom du roi, de la part de son ambassadeur, pour l'arrêt et l'extradition de Danry. » Louis XV se contentait de réclamer celui-ci comme un de ses sujets. Saint-Marc, déguisé en marchand arménien, le découvrit dans sa retraite. Danry fut arrêté à Amsterdam le 1ᵉʳ juin, conduit dans un cachot de l'hôtel de ville, de là, ramené en France et mis à la Bastille le 9 juin 1756. On mandait de Hollande : « Saint-Marc est ici regardé sur le pied de sorcier ».

Par cette nouvelle évasion, le malheureux avait achevé de rendre son cas très grave, au xviiiᵉ siècle, l'évasion d'une prison d'Etat pouvait être punie de mort. Les Anglais, grands apôtres de l'humanité, n'étaient pas plus indulgents que nous ; et l'on connaît le traitement infligé par Frédéric II au baron de Trenck. Celui-ci ne devait rester en prison qu'une année. Après sa seconde tentative d'évasion, il fut enchaîné dans une casemate obscure ; à ses pieds était la tombe où il devait être enterré, on y avait gravé son nom et une tête de mort. Quant aux

CACHOTS DE LA BASTILLE OU LES PRISONNIERS ÉTAIENT MIS PAR PUNITION (Coll. Edm. de Rothschild.

(La gravure représente les vainqueurs du 14 Juillet découvrant le célèbre comte de Larges qui n'a jamais existé.

hommes de la Révolution ils devaient par la loi du 23 ventôse an II (13 mars 1794), condamner à mort ceux qui seraient tentés de s'évader de leurs geôles.

Le gouvernement de Louis XV ne punissait pas avec une semblable rigueur. L'évadé était simplement mis au cachot pour quelque temps. Les cachots de la Bastille étaient des basses-fosses froides et humides. Danry laisse dans les *Mémoires* qu'il fera rédiger en 1790, une relation des quarante mois passés en ce triste lieu, qui fait dresser les cheveux sur la tête, mais son récit est rempli d'exagération. Danry dit qu'il passa ces trois années les fers aux pieds et aux mains : dès le mois de novembre 1756, Berryer lui offrit de lui faire ôter les fers des pieds ou des mains, à son choix, et nous voyons, par une apostille du major Chevalier, qu'on lui enleva les fers des pieds. Danry ajoute qu'il coucha tout l'hiver sur la paille, sans couverture : il y avait si bien des couvertures qu'il écrit à Berryer pour demander qu'on lui en donne d'autres. A l'en croire, lors des crues de la Seine, l'eau lui serait montée jusqu'à la taille : dès que l'eau menaça d'envahir le cachot, on en fit sortir le prisonnier. Il dit encore qu'il passa ces quarante mois dans une obscurité complète : la lumière de la prison n'était certainement pas très vive, mais elle était suffisante pour permettre à Danry de lire et d'écrire, et nous apprenons par les lettres que celui-ci adressait au lieutenant de police, qu'il voyait de son cachot tout ce qui se passait dans la cour de la Bastille. Enfin, il nous parle d'un certain nombre d'infirmités qu'il aurait contractées à cette époque, et cite à ce propos le rapport d'un occuliste qui vint lui donner ses soins, mais, ce rapport, Danry l'a fabriqué lui-même et il a inventé le reste à l'avenant.

Dans ce cachot, où il aurait été traité d'une manière si barbare, Danry se montre d'ailleurs assez difficile. Nous en jugeons par les rapports de Chevalier. « Danry est de fort mauvaise humeur : il nous envoie chercher à huit heures du soir pour nous dire que nous envoyions son porteclés à la halle pour lui acheter du poisson, disant qu'il ne mange point d'œufs, d'artichauts, ni d'épinards, et qu'il veut manger du poisson absolument, et comme on ne le veut pas, il se met dans des fureurs extrêmes, » Voilà pour les jours maigres, voici pour les jours gras. « Danry a juré comme un diable, c'est-à-dire à son ordinaire et, après la cérémonie faite, il dit : « Monsieur le major, au moins quand on « me donne de la volaille, qu'elle soit « piquée » C'est qu'il n'était pas lui, Danry, un homme du vulgaire, « de ces gens que l'on met à Bicêtre ». Et il prétendait qu'on la traitât d'une manière qui lui convînt.

Il en était de même pour les vêtements. On s'étonne devant les listes de hardes que la lieutenance de police lui faisait confectionner. Pour le satisfaire, l'administration ne reculait pas devant les dépenses les plus déraisonnables, et ce fut en vendant ses effets que Danry se procura, dans ses évasions, une partie de l'argent qui lui était nécessaire. Il souffrait de rhumatismes, aussi lui est-il fourni des robes de chambres doublées de peau de lapin, des vestes doublées de peluches de soie, des gants et des bonnets fourrés et de bonnes culottes en peau épaisse. Dans ses *Mémoires* imprimés, Danry traite tout cela de « lambeaux à moitié pourris ». Le commissaire de Rochebrune, chargé des fournitures aux prisonniers, ne sait comment le contenter : « Vous m'avez chargé, écrit-il au major, de faire faire une robe de chambre au sieur Danry, qui veut une calemande fond bleu à raies rouges. J'en ai fait chercher chez douze marchands qui n'en ont point et qui se garderaient bien d'en avoir parce que ces sortes de calamandes ne seraient point de débit. Je ne vois point de raison de satisfaire les goûts fantasques d'un prisonnier qui doit se contenter d'une robe de chambre chaude et commode. » Une autre fois, c'est le major qui écrit : « Le nommé Danry n'a jamais voulu, jusqu'à présent, recevoir la culotte que lui a fait faire M. de Roche-brune, qui est très bonne, doublée de peau excellente, avec des jarretières de soie et conditionnée au mieux. » D'ail-leurs Danry sait se plaindre lui-même. « Je vous prie, mande-t-il au gouverneur, d'avoir la bonté de dire mot pour mot à M. de Sartine, que les quatre mouchoirs qu'il m'a envoyés sont bons pour donner à des galériens et que je n'en veux point ; mais que je le prie d'avoir la bonté de m'accorder six mouchoirs d'indienne à fond bleu et grands et deux cravates de mous-seline. « Il ajoute : « S'il n'y a pas d'ar-gent au trésor, qu'on en demande à la marquise de Pompadour. »

Un jour Danry déclara qu'il avait une maladie. Grandjean, oculiste du roi, vint le voir à plusieurs reprises, lui fit faire des fumigations aromatiques, lui donna des baumes et des collyres ; mais bientôt l'on s'aperçut que le mal du prisonnier consistait dans le désir d'obtenir des lu-nettes d'approche et de faire passer au dehors, par l'intermédiaire du médecin, des mémoires et des billets.

Le 1ᵉʳ septembre 1759, Danry fut tiré du cachot et remis dans une chambre aérée. Il écrivit aussitôt à Bertin pour le remercier et lui annoncer qu'il lui envoyait deux colombes.

« Vous avez du plaisir à faire le bien, je n'en aurai pas moins que vous, Monsei-gneur, si vous m'accordez le bonheur de recevoir cette faible marque de ma grande reconnaissance.

« Tamerlan se laissa désarmer par un panier de figues que les habitants d'une ville qu'il allait assiéger lui firent présent. Mᵐᵉ la marquise de Pompadour est chré-tienne, je vous supplie de me permettre de lui en envoyer aussi à elle une paire, peut-être qu'elle se laissera toucher par ces deux innocents pigeons. »

« Voici la copie de la lettre qui les accompagnera :

« Madame, deux pigeons venaient tous
« les jours manger le grain de ma paille,
« je les pris, ils m'ont fait des petits.
« J'ose prendre la liberté de vous en pré-
« senter cette paire, comme une marque
« de mon respect et de mon amitié. Je
« vous supplie en grâce d'avoir la bonté
« de les recevoir avec autant de plaisir
« comme j'en ai à vous les offrir. J'ai
« l'honneur d'être, avec un très profond
« respect, madame, votre très humble et
« très obéissant serviteur.

« Danry, à la Bastille depuis onze ans. »

Pourquoi Danry n'a-t-il pas toujours usé d'une manière aussi charmante de la permission qu'on lui donnait d'écrire au ministre, au lieutenant de police, à la mar-quise de Pompadour, au docteur Quesnay et à sa mère ? Il écrivait sans cesse et nous avons de ses lettres par centaines. Elles sont bien différentes les unes des autres. Celles-ci sont suppliantes et plaintives : « Par les larmes et le sang mon corps dé-périt tous les jours, je n'en puis plus. » Il écrit à la marquise de Pompadour : « Madame, je ne vous ai jamais souhaité que du bien, soyez donc sensible à la voix des larmes, de mon innocence et d'une pauvre mère désolée de soixante-six ans. Madame, vous êtes instruite de mon mar-tyre, je vous supplie au nom de Dieu de m'accorder ma chère liberté, je n'en puis plus, je me meurs, mon sang s'est tout brûlé à force de gémir, vingt fois dans la nuit je suis obligé d'humecter ma bouche et mes narines pour pouvoir respirer. » On connaît la célèbre lettre qui commence par ces mots : « Voilà cent mille heures que je souffre ! » Il écrit à Quesnay : « Je me présente devant vous avec un charbon de feu ardent sur ma tête qui vous marque ma pressante nécessité. » Les images dont il se sert ne sont pas toujours aussi heureuses : « Écoutez, dit-il à Berryer, la voix des entrailles équitables dont vous êtes revêtu. »

Dans d'autres lettres, le prisonnier change de ton. Aux plaintes succèdent les cris de rage et de colère, « il trempe sa plume dans le fiel dont son âme est abreuvée ». Il ne supplie plus, il menace. On ne saurait louer le style de ces épîtres, il est incorrect et vulgaire, mais, par moments, vigoureux et coloré d'images vives. Il dit au lieutenant de police : « Quand il faut punir dans cette maudite prison, tout est en l'air, le tonnerre ne marche pas aussi vite que les punitions ; il s'agit de soulager un homme qui n'est pas heureux, je ne vois que des écrevisses » ; et il lui adresse ces vers de Voltaire :

Périssent les cœurs durs et nés pour les forfaits
Que les malheurs d'autrui n'attendrissent jamais.

Il prédit aux ministres, aux magistrats, à la marquise de Pompadour des châtiments terribles. Il écrit à cette dernière : « Vous vous verrez un jour comme ce hibou du parc de Versailles ; tous les oiseaux lui jetaient de l'eau pour l'étouffer, pour le noyer : si le roi venait à mourir, on ne passerait pas deux heures sans mettre cinq ou six personnes à vos trousses, vous iriez vous-même à la Bastille. » L'accusé se transforme peu à peu en accusateur. Il écrit à Sartine : « Je ne suis ni un chien ni un scélérat, mais un homme comme vous ! » Et le lieutenant de police, qui le prend en pitié, écrit au-dessus d'une de ces lettres envoyées au ministre de Paris : « Lorsque Danry écrit ainsi, ce n'est pas qu'il soit fol, mais désespéré de sa prison. » Le Magistrat conseille au prisonnier « de ne pas mettre d'aigreur dans ses lettres, cela ne peut que lui nuire ». Bertin corrige de sa propre main les suppliques que Danry adresse à la marquise de Pompadour, nous lisons en marge de l'une d'elles : « Je croirais lui porter préjudice à lui-même et à son véritable intérêt si je remettais à Mᵐᵉ la marquise de Pompadour une lettre où il ose lui reprocher d'avoir abusé de sa bonne foi et de sa confiance. » La lettre corrigée, le lieutenant de police la porta lui-même à Versailles.

Loin que les années de captivité le rendent plus humble, abaissent son orgueil, le prisonnier se redresse de plus en plus ; de jour en jour son audace grandit, il ne craint pas de parler aux lieutenants de police eux-mêmes, qui connaissent son histoire, de sa fortune qu'on a ruinée, de sa carrière brillante qu'on a entravée, de toute sa famille qu'on a plongée dans le désespoir. Les premières fois, le Magistrat hausse les épaules, insensiblement il se laisse gagner par ces affirmations d'une fermeté inébranlable, par cet accent de conviction ; il finit par croire, lui aussi, à cette noblesse, à cette fortune, à ce génie, auxquels Danry en est peut-être venu à croire lui-même. Et Danry s'élève encore : il réclame non seulement sa liberté, mais des indemnités, des sommes considérables et des honneurs. N'allez cependant pas penser que ce soit par un sentiment de cupidité indigne de lui : « Si je propose un dédommagement, monseigneur, ça n'est point pour avoir de l'argent, ça n'est que pour aplanir toutes les difficultés qui peuvent s'opposer à la fin de ma longue misère. »

Il veut bien, en retour, donner au lieutenant de police des conseils, lui indiquer les moyens d'avancer dans sa carrière, lui enseigner comment il doit s'y prendre pour se faire nommer secrétaire d'État et lui composer le discours qu'il devra tenir au roi à la première audience. Il ajoute : « Ce temps-cy, précisément, vous est extrêmement favorable, c'est le quart d'heure du berger, profitez-en. Avant que de monter à cheval, le jour qu'on va faire la réjouissance de la paix, vous devez être conseiller d'État. »

Il veut bien, également, envoyer au roi les projets qu'il a conçus dans sa prison pour le bien du royaume. Il s'agit de faire porter des fusils aux sergents et aux officiers, les jours de bataille, en place de spontons et de hallebardes, ce qui renforcerait les armées françaises de vingt-cinq mille bons fusiliers. Il s'agit encore d'augmenter le port des lettres, ce qui accroîtrait les ressources du Trésor de plusieurs millions chaque année. Il conseille de créer dans les principales villes des greniers d'abondance et dessine des plans de bataille qui donnent à une colonne de trois hommes de profondeur une force inconnue. Nous en passons et des meilleurs. Ces idées sont délayées dans un déluge de mots, une abondance de phrases inimaginables, accompagnées de comparaisons tirées de l'histoire de tous les temps et de tous les pays. Les manuscrits sont illustrés de dessins à la plume. Danry les copie et recopie sans cesse, les envoie à tout le monde, sous toutes les formes, persuade aux sentinelles que ces hautes conceptions intéressent le salut de l'État et lui procureront une fortune immense. Il détermine ainsi ces braves gens, qui compromettent leur position, à les porter secrètement aux

ministres, aux membres du parlement, aux maréchaux de France, il les jette par les fenêtres de sa chambre et du haut des tours enveloppés dans des boules de neige. Ces mémoires sont l'œuvre d'un homme dont l'esprit ouvert et actif, d'une activité incroyable, projette, construit, invente, sans cesse ni repos.

Dans ces liasses de papiers, nous avons trouvé une lettre bien touchante, elle est de la mère du prisonnier, Jeanneton Aubrespy, qui écrivait à son fils, de Montagnac, le 14 juin 1759 :

« Ne me faites pas l'injustice de croire que je vous ai oublié, mon cher fils, mon tendre fils. Seriez-vous exclu de ma pensée, vous que je porte dans mon cœur ? J'ai toujours eu un grand désir de vous revoir, mais aujourd'hui, j'en ai encore plus d'envie ; je suis sans cesse occupée de vous, je ne pense qu'à vous, je suis toute remplie de vous. Ne vous chagrinez pas, mon cher fils, c'est la seule grâce que je vous demande. Vos malheurs auront une fin et peut-être qu'elle n'est pas éloignée. J'espère que M^m de Pompadour vous fera grâce, j'intéresse pour cela le ciel et la terre. Le Seigneur veut encore éprouver ma soumission et la vôtre pour mieux faire sentir le prix de ses faveurs. Ne vous inquiétez pas, mon fils, j'espère d'avoir le bonheur de vous revoir et de vous embrasser plus tendrement que jamais. Adieu, mon fils, mon cher fils, mon tendre fils, je vous aime et je vous aimerai tendrement jusqu'au tombeau. Je vous recommande de me donner des nouvelles de votre santé. Je suis et serai toujours vôtre bonne mère,

« DAUBRESPI, *veuve*. »

Cette lettre n'est-elle pas belle dans sa douleur si simple ? La réponse faite par le fils, est émouvante également ; mais, en la relisant, on sent qu'elle devait passer sous les yeux du lieutenant de police ; en l'examinant de près, on voit entre les lignes grimacer les sentiments.

Nul n'a su, mieux que Danry, jouer de l'âme des autres, éveiller en eux, à son gré, la pitié, la tendresse, l'étonnement, l'admiration. Nul ne l'a surpassé dans l'art, difficile assurément, d'apparaître en héros, en homme de génie et en martyr; rôle que nous le verrons soutenir pendant vingt ans défaillance.

En 1759, était arrivé à la lieutenance de police un homme qui, désormais, occupera Danry presque exclusivement, — Gabriel de Sartine. C'était un fin sceptique, de caractère aimable et de manières gracieuses. Il était aimé de la population parisienne, qui vantait ses qualités d'administrateur et son esprit de justice. Il s'efforça à son tour de rendre à Danry moins cruelles les années de captivité. « Il m'accorda, écrit celui-ci, ce qu'aucun prisonnier d'État n'a jamais obtenu : la promenade sur le haut des tours, au grand air, pour conserver ma santé. » Il soutenait le prisonnier de bonnes paroles, l'engageait à se bien conduire, à ne plus remplir ses lettres d'injures : « Votre sort, lui disait-il, est entre vos mains ». Il prenait connaissance de son projet pour la construction de greniers d'abondance et, après l'avoir lu : « Vraiment, il y a de bonnes choses, de très bonnes choses là-dedans ». Il le venait voir dans sa prison et lui promettait de faire son possible pour obtenir sa liberté. Il remettait lui-même entre les mains de la marquise de Pompadour le *Grand Mémoire* que Danry avait rédigé pour elle. Dans ce factum, le prisonnier disait à la favorite qu'en retour d'un service qu'il lui avait rendu, en lui adressant un « symbole hiéroglyphique » pour la mettre en garde contre les entreprises de ses ennemis, elle l'avait fait souffrir pendant douze années injustement. Aussi, à présent, n'accepte-

rait-il la liberté qu'avec une indemnité de « 60.000 livres ». Il ajoutait : « Soyez sur vos gardes !... Quand vos prisonniers sortiront et qu'ils divulgueront vos cruautés, ils vous rendront haïssable au ciel et à toute la terre. » On ne s'étonnera pas que ce « grand mémoire » ait produit un médiocre effet. Sartine promit au prisonnier de revenir à la charge : « Si malheureusement, lui écrit Danry, vous trouviez quelque résistance aux prières que vous allez faire pour moi, je prends la précaution de vous envoyer la copie du projet que j'ai envoyé au roi, — c'était le mémoire qui proposait de donner des fusils aux officiers et aux sergents. Or, le roi s'est servi de mon projet pendant cinq années de suite et s'en servira encore perpétuellement toutes les fois que nous serons en guerre. » Sartine se rendit à Versailles, ce merveilleux projet en poche. Il le montra aux ministres, parla en faveur de son protégé, qui, du fond des cachots, se rendait utile à son pays. Mais, au retour, il écrivit au major de la Bastille, pour Danry, une note où nous lisons : « On n'a point fait usage, comme il le croit, de son projet militaire. »

Danry avait demandé plusieurs fois qu'on l'envoyât aux colonies. En 1763, le gouvernement s'occupait beaucoup de la colonisation de la Désirade. Nous trouvons une lettre du 23 juin 1763 par laquelle Sartine propose d'envoyer Danry à la Désirade « en le recommandant à l'officier commandant ». Ces tentatives demeurèrent infructueuses.

Danry chercha toute sa vie à réussir par les femmes. Il savait fort bien tout ce qu'il y a de tendresse et de dévouement dans ces têtes légères et qu'en elles le sentiment est toujours plus fort que la raison : « Je cherchais surtout des femmes et je désirais les trouver jeunes, leur âme aimante et douce est plus susceptible de pitié :

l'infortune les émeut, les intéresse plus vivement, leur sensibilité s'altère moins vite et les rend capables de plus d'efforts. »

Tandis qu'il se promenait sur les tours de la Bastille, à l'air frais du matin, il tentait de se mettre en relation, par signes et signaux, avec les gens du voisinage. « Je remarquai deux jeunes personnes seules dans une chambre, où elles travaillaient : leur physionomie me parut douce et jolie, je ne me trompais pas. L'une d'elles, ayant jeté les yeux de mon côté, je lui fis avec ma main un salut que je cherchai à rendre honnête et respectueux ; elle avertit d'abord sa sœur, qui me fixa sur-le-champ. Je les saluai alors toutes les deux de la même manière et elles me répondirent toutes les deux avec un air d'intérêt et de bonté. Dès ce moment, nous établîmes entre nous une sorte de correspondance. » C'étaient deux gentilles blanchisseuses, nommées Lebrun, filles d'un perruquier. Et notre compère, pour mieux stimuler les petites folles à le servir avec enthousiasme, frappait à la porte de leur jeune cœur qui ne demandait qu'à s'ouvrir. Il leur parlait de jeunesse, de malheur et d'amour et aussi de sa fortune, très grande, disait-il, et dont il leur offrait la moitié. Remplies d'ardeur, les jeunes filles n'épargnèrent pour lui ni leur temps, ni leurs peines, ni le peu d'argent qu'elles pouvaient avoir.

Le prisonnier leur avait fait parvenir plusieurs de ses projets, entre autres le projet militaire, avec des lettres pour quelques écrivains et grands personnages, en outre, pour le roi, un mémoire « terrible » contre la marquise de Pompadour, où « sa naissance et son opprobe, toutes ses voleries, ses cruautés étaient exposés ». Il pria les jeunes filles d'en faire tirer plusieurs copies qu'elles enverraient aux adresses indiquées. Bientôt de grandes croix noires

sur une muraille du voisinage apprennent au prisonnier que ses instructions sont exécutées. Danry semble ne plus douter que ses maux vont prendre fin, les portes de la Bastille vont s'ouvrir devant lui et, triomphalement, il sortira de la prison pour entrer dans les palais de la fortune : *Parta victoria !* s'écrie-t-il dans un mouvement de bonheur.

Nous arrivons ainsi à une des actions les plus surprenantes de cette vie étrange.

En décembre 1763, la marquise de Pompadour tomba gravement malade.

« Un officier de la Bastille monta dans ma chambre et me dit : « Monsieur, écri-« vez quatre paroles à Mme la marquise « de Pompadour et vous pouvez être cer-« tain qu'en moins de huit jours votre « liberté vous sera rendue. » Je répondis au major que les prières et les larmes ne faisaient qu'endurcir le cœur de cette cruelle femme et que je ne voulais point lui écrire. Cependant, il revint le lendemain et il me tint le même langage, et moi je lui répondis les mêmes paroles que le jour auparavant. A peine fut-il sorti que Daragon, mon porte-clés, entra dans ma chambre en me disant : « Croyez « M. le major, quand il vous dit qu'avant « huit jours votre liberté vous sera ren-« due ; s'il vous le dit, c'est qu'il en est « bien certain. » Le surlendemain, cet officier revint encore pour la troisième fois. « Pourquoi vous obstinez-vous ? » Je remerciai cet officier, c'est-à-dire M. Chevalier, major de la Bastille, pour la troisième fois, en lui disant que j'aimerais mieux mourir que d'écrire encore à cette implacable mégère.

« ... Six ou huit jours après, mes deux demoiselles vinrent me saluer et, en même temps, elles déployèrent un rouleau de papier où il y avait en gros caractères ces mots : « Mme de Pompadour est morte. »

— La marquise de Pompadour mourut le 19 d'avril 1764, et deux mois après, c'est-à-dire le 19 juin, M. de Sartine vint à la la Bastille, m'accorda audience, et la première parole qu'il me dit fut : de ne plus parler du passé et qu'au premier jour il irait à Versailles et demanderait au ministre la justice qui m'était due. » Et nous trouvons, en effet, à la date du 18 juin 1764, dans les papiers du lieutenant de police, la note suivante : « M. Duval — c'était l'un des secrétaires de la lieutenance — proposer la liberté de Danry au premier travail, en l'exilant dans son pays. »

Rentré dans sa chambre, Danry réfléchit sur ce qui se passait : si le lieutenant de police mettait tant d'empressement à le délivrer, c'est, évidemment, qu'il avait peur de lui, que ses mémoires étaient arrivés à destination et avaient produit leur effet. Mais lui, Danry, serait bien sot de se contenter d'une simple mise en liberté : « 100.000 livres » devaient à peine

suffire à lui faire oublier les injustices dont il avait été accablé.

Il roula ces pensées dans sa tête durant plusieurs jours. Accepter la liberté de la main de ses persécuteurs serait pardonner le passé, faute qu'il ne commettrait jamais. La porte s'ouvrit, le major entra, il avait à la main un billet écrit par Sartine. « Vous direz à la 4ᵉ Comté que je travaille à le délivrer efficacement. » L'officier sortit, Danry se mit immédiatement à sa table et écrivit au lieutenant de police une lettre pleine d'expressions grossières, de menaces et d'injures. L'original s'est perdu, nous avons une analyse faite par Danry lui-même. Il terminait en laissant à Sartine « le choix ou de n'être qu'un fou ou de s'être laissé corrompre comme un misérable par les écus du marquis de Marigny, frère de la marquise de Pompadour ».

Dès que Sartine eut reçu ma lettre, il m'en écrivit une que le major vint me lire, où il y avait les propres paroles que voici :

LE MARQUIS DE MARIGNY,
FRÈRE DE LA MARQUISE DE POMPADOUR
(Dessin de Carmontelle)   (Musée Condé à Chantilly)

« Que j'avais tort de l'accuser de la longueur de ma prison, que, s'il en avait été
le maître, il y aurait longtemps qu'il m'aurait rendu la liberté, et il finissait sa lettre
en me disant qu'il y avait des petites maisons pour y mettre les fous. A quoi je dis
au major ; « Nous verrons si dans quel-
« ques jours il aura le pouvoir de m'y
« mettre. » Il ne m'ôta pas la promenade
de dessus les tours; neuf jours après, il me
mit au cachot, au pain et à l'eau. » Mais
Danry ne se laissait pas démonter facilement. On ne voulait sans doute qu'éprouver son assurance. C'est en chantant qu'il
descendit au cachot, où il continua pendant quelques jours à donner les marques
de la gaîté la mieux assurée.

De ce moment le prisonnier se rendit
insupportable à ses gardiens. Ce n'étaient
que cris et violences. Il remplissait la
Bastille des éclats de « sa voix de tonnerre ». Le major Chevalier écrit à Sartine : « Le prisonnier userait la patience
du plus sage capucin » ; une autre fois « Il
est rempli de fiel et d'amertume, c'est un
venin tout pur » ; ou bien encore : « Ce
prisonnier est enragé ».

Le lieutenant de police proposa au ministre Saint-Florentin le transfert de Danry
au donjon de Vincennes. Le prisonnier y
fut conduit dans la nuit du 15 au 16 septembre 1764. Nous allons entrer dans une
nouvelle phase de sa vie. Nous le trouve-
rons plus misérable encore que par le
passé, mais agrandissant encore ses exigen-
ces et ses prétentions; d'ailleurs avec raison, puisque le voilà anobli. Il avait appris
d'une sentinelle de la Bastille la mort de
Henri Vissec de la Tude, lieutenant-colonel d'un régiment de dragons, décédé à
Sedan le 31 janvier 1761. De ce jour il
résolut qu'il était le fils de cet officier.
Quelles raisons avait-il pour cela ? Vissec
de la Tude était de son pays, il était gen-

tilhomme et riche, et il était mort. Danry
trouvait ces raisons excellentes. Il est d'ailleurs dans une ignorance complète de tout
ce qui concerne son père et sa nouvelle
famille : il ignore jusqu'à ce nom de « Vissec
de la Tude », dont il fait « Masers de la
Tude » ; Masers était le nom d'une terre
appartenant au baron des Fontès, parent
de Henri de Vissec. Celui-ci n'était pas
marquis, comme le croit Danry, mais simplement chevalier; il mourut laissant six
fils, tandis que Danry le présente mourant
sans postérité. Il va sans dire que tout ce
que notre héros raconte de son père dans
ses *Mémoires* est pure invention. Le chevalier de la Tude ignora toujours l'existence du fils de Jeanneton Aubrespy; et
quand, plus tard, Danry demanda aux enfants de le reconnaître pour leur frère naturel, ses prétentions furent repoussées. Cependant notre homme signera désormais
ses lettres et mémoires « Danry, ou mieux
Henri Masers d'Aubrespy », puis « de
Masers d'Aubrespy », « puis de Masers
de la Tude ». Lorsque Danry s'était mis
une idée dans la tête, il ne l'abandonnait
plus. Il la répétait sans trêve jusqu'à ce
qu'il l'eût fait entrer dans la conviction de
tous ceux qui l'entouraient : ténacité qui
doit faire notre admiration. Dans le brevet
de 400 livres de pension que Louis XVI
donnera à Danry, en 1784, le roi appellera
le fils de la pauvre Jeanneton : Vicomte
Masers de la Tude !

Comme bien on pense, le vicomte de la
Tude ne pouvait plus accepter sa liberté
aux mêmes conditions que Danry. Celui-ci
s'était contenté de « 60.000 livres » ; le
vicomte de la Tude exige « 150.000 livres »,
plus la croix de saint Louis. Il l'écrit au
lieutenant de police. Quant à Sartine, il
était trop homme d'esprit pour tenir longtemps rigueur au prisonnier de ses extra-
vagances. « Je fus transféré dans le donjon

de Vincennes la nuit du 15 au 16 septembre 1764. Environ neuf heures après, feu M. de Guyonnet, lieutenant de roi, vint me voir en compagnie du major et des trois porte-clés, et il me dit : « M. de Sar- « tine m'a ordonné de venir vous dire, de « sa part, que pourvu que vous fussiez un « peu tranquille, qu'il vous accorderait « votre liberté. Vous lui avez écrit une « lettre extrêmement forte, il faut lui faire « des excuses. » Danry ajoute : « Au sur- « plus, M. de Sartine me traitait bien ». Il lui accordait pour deux heures chaque jour « la promenade extraordinaire des fossés ». — « Quand un lieutenant de police, dit Danry, accordait cette promenade à un prisonnier, c'était pour lui rendre promptement sa liberté ». Le 23 novembre 1765, Danry se promenait ainsi, en compagnie d'une sentinelle, en dehors du donjon de Vincennes. Le brouillard était intense. Il se retourna tout à coup vers son gardien : « Comment trouvez-vous ce temps ci ? — Fort mauvais. — Et moi je le trouve fort bon pour m'échapper » Il n'avait pas fait cinq pas qu'il était hors de vue. « Je me suis échappé du donjon de Vincennes, écrit Danry, sans malice, un bœuf en aurait fait autant que moi ». Mais, dans le discours qu'il prononcerait plus tard à l'Assemblée nationale, la scène changerait de caractère. « Regardez, s'écrie-t-il, l'infortuné Latude, dans sa troisième évasion de la tour de Vincennes, poursuivi par plus de vingt soldats, s'arrêter et désarmer à leur vue la sentinelle qui l'avait mis en joue ! »

IV

Lorsque Latude fut en liberté, il se trouva sans ressource, comme lors sa première évasion. « Je m'étais échappé avec des pantoufles à mes pieds et pas un sou dans ma poche ; j'étais dénué de tout, » Ses jeunes amies, les demoiselles Lebrun, lui donnèrent asile.

Il retrouva chez elles une partie de ses papiers, plans et projets, mémoires et dissertations, dont il envoya « un panier » au maréchal de Noailles ; il le priait de lui continuer l'honneur de sa protection et lui faisait part de « quatre grandes découvertes qu'il venait de faire : la première, la véritable cause du flux et du reflux de l'Océan ; la deuxième, la cause des montagnes, sans lesquelles le globe de la terre serait immobilisé et en peu de temps vitrifié ; la troisième, la cause qui fait tourner sans cesse le même globe ; la quatrième, la cause de la salure des eaux de toutes les mers ». Il écrivit également au duc de Choiseul, ministre de la guerre, afin d'obtenir la récompense de son projet militaire ; il écrivit à Sartine pour lui faire des propositions de paix : en retour de 10.000 écus, avancés sur les 150.000 livres qui lui étaient dues, il oublierait le passé : « J'étais, dit-il, résolu de jouer le tout pour le tout ». En réponse, il reçut une lettre qui lui désignait une maison où il trouverait 1.200 livres obtenues pour lui par le docteur Quesnay. Il se rendit à l'adresse indiquée, où il fut saisi.

Il fut aussitôt ramené à Vincennes. Danry avoue qu'il allait être mis en liberté au moment où il s'évada : c'était une nouvelle détention à recommencer. Nous ne raconterons pas ici le détail de l'existence qu'il va mener. On en trouvera le récit dans les mémoires imprimés ci-après. Matériellement, il continue d'être bien traité, mais son esprit tourne à la folie, ses colères deviennent de plus en plus violentes, en arrivent au paroxysme de la fureur. Voici quelques extraits des lettres et mémoires envoyés à Sartine : « Par tous les diables, cela est un peu fort de café ! Il est vrai, monsieur, qu'à ne vous vanter que médiocrement, on pourrait défier les plus scélérats diables de tout l'enfer de vous donner des leçons de cruauté. » Il écrit une autre fois ; « Notre crime à nous tous est d'être instruits de vos friponneries : il faut que nous périssions ! quelle joie pour vous si l'on venait vous apprendre que nous nous sommes étranglés dans nos cachots ! » Danry rappelle au lieutenant de police les supplices d'Enguerrand de Marigni, et il ajoute : « Sachez qu'on en a rompu plus de mille au milieu de la place de grève de Paris qui n'avaient pas commis la centième partie de vos crimes ». — « Il ne se trouverait pas une seule personne d'étonnée en te voyant écorcher tout vif, tanner ta peau et jeter ton corps à la voirie pour être dévoré par les chiens. » — « Mais monsieur se rit de tout, monsieur ne craint ni Dieu, ni le roi, ni le diable, monsieur avale les crimes comme du petit-lait ! »

Latude écrivait dans sa prison des mémoires qu'il remplissait de calomnies sur les ministres et la Cour. Ces mémoires étaient composés sur le ton le plus dramatique, avec un accent de sincérité inimitable. On savait que le prisonnier trouvait mille moyens de les faire passer l'extérieur, et on craignait qu'ils ne se répandissent dans la foule où les esprits — nous sommes en 1775 — commençaient à être excités. Latude venait d'être descendu au cachot à la suite d'une nouvelle algarade à ses geôliers. « Le 19 de ce mois de mars 1775, le lieutenant de roi entra, accompagné du major et de trois porte-clés, il me dit : — J'ai obtenu qu'on vous fît sortir du cachot, mais à la condition que vous me remettiez vos papiers.

« — Que je vous remette mes papiers ! Sachez, monsieur, que j'aimerais mieux crever dans ce cachot que de faire une pareille lâcheté !

« — Votre malle est là-haut, dans votre chambre, il ne dépend que de moi d'en faire sauter les cachets que vous y avez mis et de prendre vos papiers.

» Je répliquai : — Monsieur, il y a des formalités de justice auxquelles vous devez vous conformer, et il ne vous est point permis de faire de pareilles violences.

« Il sort cinq ou six pas hors du cachot, et, comme je ne le rappelais pas, il rentre en me disant : — Remettez-les-moi tant seulement pour dix jours pour les examiner, et je vous donne ma parole d'honneur qu'au bout de ce temps je vous les ferai rapporter dans votre chambre.

» Je lui répliquai ; — Je ne vous les livrerai pas tant seulement pour deux heures.

« — Hé bien ! me dit-il, puisque vous ne voulez point me les confier, vous n'avez qu'à rester ici. »

Latude raconte dans ces *Mémoires*, avec grande indignation, l'histoire d'une flûte qu'il s'était faite, dont il jouait, c'était sa seule distraction durant les longues heures de solitude; ses geôliers eurent la barbarie de lui enlever. Le gouverneur du donjon, par compassion, offrit de la lui rendre. « Mais ce ne sera qu'à la condition que vous n'en jouerez point la nuit, et rien que le jour. » A cet article, écrit Latude dans ses *Rêveries*, je ne pus éviter de le tourner en ridicule, en lui disant : « Mais y pensez-vous, monsieur ? il suffit que ça me soit défendu pour m'en donner envie[1]. »

---

1. Cette fameuse flûte est aujourd'hui la propriété de M Émile Bazin, à Reims. M. Bazin la conserve

Aussi à Vincennes, comme à Paris en vint-on à considérer Danry comme un fou. Parmi les livres qu'on lui donnait pour le distraire, il s'en trouva quelques-uns traitant de sorcellerie. Il les lut et relut, et vit plus dès lors, dans sa vie, que la perpétuelle intervention des démons évoqués par la magicienne Pompadour et son frère le magicien, marquis de Marigny.

Sartine revint voir le prisonnier le 8 novembre 1772. Danry le pria de lui envoyer un exempt, pour prendre copie d'un mémoire qu'il avait composé pour sa justification; de lui envoyer également un avocat pour l'aider de ses conseils, et un médecin, pour examiner l'état de sa santé.

L'exempt arriva le 24. Le 29, il écrivit au lieutenant de police : « J'ai l'honneur de vous rendre compte qu'en conséquence de vos ordres je me suis rendu au château de Vincennes, le 24 courant, pour entendre ce que Danry prétend intéresser le ministre, et il n'est pas possible d'entendre chose qui l'intéresse si peu. Il a débuté par me dire qu'il fallait, pour que j'écrive tout ce qu'il avait à me dire, que je reste trois semaines avec lui. Il doit me faire l'histoire de cent quatre-vingts ensorcellements et me faire copier cette histoire, d'après lui, dans un tas de papiers qu'il a tirés d'un sac, dont le caractère est indéchiffrable. »

Nous savons par Danry comment se passa la visite de l'avocat. Celui-ci entra dans la chambre du prisonnier sur le midi.

Danry lui présente les deux mémoires qu'il a rédigés et lui en explique le contenu. « Sur-le-champ, il me coupa court, en me disant : « Monsieur, je ne crois point « du tout aux ensorcellements. »

« Je ne perdis point courage, et je lui dis : « Monsieur, il ne m'est point possible « de vous faire voir le corps du démon, « mais je suis très certain de vous convain- « cre, par le contenu de ce mémoire, que « feu la marquise de Pompadour était une « magicienne, et que le marquis de Ma- « rigny, son frère, est encore aujourd'hui « même en commerce avec les démons. »

A peine l'avocat eut-il lu quelques pages, qu'il s'arrêta tout court, posa le cahier sur la table et me dit, comme s'il s'était éveillé d'un profond sommeil : « N'est-ce pas que vous voudriez sortir « de prison ? » Je repris : « Cela n'est point « douteux. — Et comptez-vous rester « dans Paris ou retourner chez vous ? — « Quand je serai libre, je retournerai chez « moi. — Mais avez-vous de quoi ? » A ce mot, je le pris par la main et je lui dis : « Monsieur l'avocat, je vous prie de ne « pas vous fâcher des paroles que je vais « vous dire. — Parlez, me dit-il, dites « tout ce qu'il vous plaira, je ne me fâche- « rai point. — Hé bien, c'est que je me « suis aperçu très distinctement que le dé- « mon s'est déjà emparé de vous. »

La même année, Malesherbes fit sa célèbre inspection des prisons. « Ce ministre vertueux vint me voir dans le commencement du mois d'août 1775, il m'écouta avec le plus vif intérêt. » L'historien qui a le mieux connu tout ce qui se rapporte à la Bastille, François Ravaisson, a cru que Malesherbes laissa le malheureux en prison par égard pour son collègue Maurepas. « On aurait dit que le premier acte de Maurepas, en reprenant le ministère, avait été de faire sortir son ancien complice. »

parmi des souvenirs de famille qui lui viennent du chevalier de Pougens. La petite flûte — ronde, longue de 151 milimètres, percée de quatre trous par devant et d'un trou par derrière — sert de fermoir, comme le crayon d'un carnet, à un exemplaire des *Mémoires* de Latude rédigés par Thiéry. A l'exemplaire de ces *Mémoires* sont joints plusieurs documents (lettre et notes provenant de Mme Legros, de Latude, et de Théod. Lorin, secrétaire du chevalier de Pougens). Ils ont été publiés dans la *Nouvelle Revue rétrospective* du 10 janv. 1898, p. 48-56.

Introduction

Une lettre de Malesherbes au gouverneur de Vincennes détruit cette supposition : « Je m'occupe, monsieur, de l'examen des pièces qui concernent vos différents prisonniers. Danry, Thorin et Maréchal sont tout à fait fols suivant les notes qu'on m'a données, et les deux premiers en ont donné des marques indubitables en ma présence. »

Danry fut, en conséquence, transféré à Charenton le 27 septembre 1774, « pour cause de dérangement de tête, en vertu d'un ordre du Roy du 23 dudit mois, contresigné de Lamoignon (Malesherbes). Le Roy paiera sa pension. » Au moment d'entrer dans sa nouvelle demeure, Latude prit la précaution de changer de nom une troisième fois et signa sur les registres « Danger ».

En passant du donjon de Vincennes dans la maison de Charenton, Danry ne jugea pas inutile de s'élever encore en dignité. Aussi le voyons-nous s'intituler dorénavant « ingénieur, géographe, pensionnaire du roi à Charenton. » Sa situation s'améliora sensiblement. Il parle des bontés qu'avaient pour lui les Pères de la Charité. Il avait des compagnons dont la société lui plaisait. Des salles où l'on jouait au billard, au trictrac, aux cartes, étaient mises à la disposition des pensionnaires. Il prenait ses repas et se promenait en compagnie. Il revit Allègre, son ancien confrère de captivité, qu'il retrouva dans les catacombes parmi les forcenés : on l'avait fait sortir, en 1763, de la Bastille où il cassait et brisait tout. A présent Allègre se croyait Dieu. Quant à Danry, il était si bien entré dans son rôle de gentilhomme, qu'à voir son air de noblesse et d'aisance, à entendre sa conversation pleine de souvenirs de famille et de jeunesse, nul ne pouvait douter qu'il n'eût été, en effet, ce brillant officier du génie, tombé, dans la

fleur de l'âge, victime des intrigues de la favorite. Il fréquentait la partie aristocratique de la société de Charenton, et se lia intimement avec un de ses compagnons, le chevalier de Moyria, fils d'un lieutenant-colonel, chevalier de saint Louis.

Cependant le Parlement, qui envoyait chaque année une commission faire l'inspection de la maison de Charenton, commission devant laquelle Danry comparut à deux reprises différentes, ne jugea pas qu'il dût être mis en liberté. Mais, un beau jour du mois de septembre 1776, le Père prieur, qui s'intéressait tout particulièrement au sort de son pensionnaire, le rencontrant dans le jardin, lui dit brusquement : « Nous attendons la visite de M. le lieutenant de police, préparez un discours court et bon ». Le lieutenant de police, Lenoir, vit Danry, l'écouta attentivement, et comme le Père prieur ne donnait que de bons témoignages, le magistrat promit la liberté. « Alors le Père Prudence, directeur, qui était derrière moi, me tira par le bras pour me faire sortir, par crainte que, par quelque parole indiscrète, je ne gâtasse le bien qui avait été résolu. » C'est un trait charmant tout à l'honneur du Père Prudence.

Mais, réflexion faite, il parut dangereux de rejeter ainsi, du jour au lendemain, dans la société un homme qui ne saurait comment y vivre, n'ayant ni parents ni fortune, n'ayant plus les moyens de gagner sa vie, et dont on n'avait d'ailleurs que trop de raisons de se défier. Le Noir fit demander si le prisonnier trouverait, une fois en liberté, de quoi assurer son existence, s'il avait quelque bien, s'il pouvait donner les noms de quelques personnes prêtes à répondre de lui.

Comment, s'il avait quelque bien! comment, s'il trouverait des personnes prêtes à répondre de lui! Lui, Maser de Latude!

Mais toute sa famille, quand la marquise de Pompadour le fit embastiller, occupait une situation brillante! Mais sa mère, dont il avait eu la douleur d'apprendre la mort, il

un que tu me crois mort, vois comme tu t'es trompé!... Il ne dépend que de toi qu'avant ce carnaval passé nous mangions un bon levraut ensemble. »

Et il parle à son ami le notaire de la fortune laissée par sa mère, de toute sa famille qui ne peut manquer de s'intéresser à lui. Latude ne fut peut-être pas très étonné de ne pas recevoir de réponse à cette épître, mais elle devait passer sous les yeux du lieutenant de police.

Le nouvel ami de Latude, le chevalier de Moyria, était en liberté depuis quelque temps déjà. Le prisonnier s'empressa de lui envoyer la copie de sa lettre au notaire.

« La réponse se faisait attendre, Mr Caillet était mort sans doute. Que devenir? ces vingt-huit années de captivité avaient compromis sa fortune, lui avaient fait perdre ses amis ; comment retrouver les débris de sa famille dispersée? Heureusement qu'il lui restait une amitié, une amitié jeune encore, mais déjà forte, en laquelle il mettait sa confiance.

« Chevalier, il ne dépendrait que de vous de me délivrer, en engageant votre bonne maman à écrire à M. Le Noir. « Le chevalier de Moyria répondit aimablement, Danry écrivit une nouvelle lettre plus pressante et fit si bien que, non seulement la mère du chevalier, mais encore

J.-CH. P. LE NOIR, LIEUTENANT GÉNÉRAL DE POLICE
(Bibl. de l'Arsenal)

avait laissé une maison et des biens-fonds considérables! Latude prit la plume et, sans hésiter, écrivit à M. Caillet, notaire royal à Montagnac :

« Mon cher ami, je parierais dix contre

un vieil ami de la famille de Moyria, Mercier de Saint-Vigor, chef d'escadre, contrôleur général de la maison de la reine, intervinrent, firent des démarches à Versailles. « Le 5 du mol de juin 1777, le roi Louis XVI me rendit ma liberté, j'ai l'ordre de sa main dans ma poche ! »

LA CHAPELLE DE LA BASTILLE

V

En sortant de Charenton, Danry avait signé l'engagement de partir immédiatement pour le Languedoc, engagement qu'il n'eut garde de tenir. Paris était la seule ville de France où un homme comme lui pouvait se pousser. Il avait alors cinquante-deux ans, mais se trouvait jeune encore, plein d'entrain et de vigueur; ses cheveux, aussi abondants que dans sa jeunesse, n'avaient pas blanchi. Bientôt il eut trouvé le moyen d'emprunter de l'argent, et le voilà en campagne, s'efforçant d'approcher les ministres, gagnant la protection du prince de Beauvau, distribuant des mémoires où il réclame la récompense de grands services rendus, où il se répand en invectives contre ses oppresseurs, contre Sartine en particulier. Le ministre Amelot le fit appeler, et, d'une voix sévère, lui intima l'ordre de partir sur-le-champ. Latude ne se le fit pas répéter. Il se trouvait à Saint-Bris, à quarante-trois lieues de la capitale, quand il se vit appréhendé par l'exempt Marais. Ramené à Paris, il fut

écroué au Châtelet le 16 juillet 1777, et, le 1ᵉʳ août, conduit à Bicêtre. A peine en liberté, il s'était introduit chez une dame de qualité et lui avait extorqué de l'argent par des menaces. L'exempt le trouva porteur d'une somme assez forte.

Bicêtre n'était plus une prison d'État comme la Bastille et Vincennes, ou une maison de santé comme Charenton : c'était la prison des voleurs. Danry prit la précaution, en y entrant, de changer de nom une quatrième fois, il se fit appeler Jedor. Il a d'ailleurs soin de nous donner dans ses *Mémoires* la raison de cette nouvelle métamorphose : « Je ne voulais pas souiller le nom de mon père en le mettant sur le registre de ce lieu infâme ». De ce jour commence pour lui une existence vraiment misérable : confondu avec les scélérats, au pain et à l'eau, il a un cabanon pour demeure. Mais son long martyre est terminé : voici l'heure de l'apothéose !

Louis XVI règne depuis plusieurs années et la France est devenue la nation la plus *sensible* de l'univers. Tout le monde pleure et à tout propos. Est-ce la littérature sentimentale mise à la mode par J.-J. Rousseau qui a amené ce résultat touchant, ou bien, au contraire, cette littérature a-t-elle eu du succès parce qu'elle était dans le goût du jour ? Quoi qu'il en soit, Latude venait à son moment. Sa récente mésaventure n'était pas faite pour le décourager. Au contraire, c'est avec une énergie plus grande, une plus poignante émotion et des cris plus déchirants qu'il reprend l'histoire de son interminable souffrance. Victime d'oppresseurs cruels, de lâches ennemis qui ont intérêt à étouffer sa voix, les mauvais traitements ne courberont pas sa tête, il restera fier, sûr de lui, debout devant ceux qui le chargent de fers.

Lors de la naissance du dauphin, Louis XVI voulut faire partager sa joie aux misérables et prononcer un grand nombre de grâces. Une commission spéciale, présidée par le cardinal de Rohan, composée de huit conseillers au Châtelet, vint siéger à Bicêtre. Danry comparut devant elle le 17 mai 1782. Ses nouveaux juges, comme il en témoigne, l'écoutèrent avec intérêt. Mais la décision de la commission ne lui fut pas favorable. Cela ne l'étonna pas autant que nous pourrions le croire. « Le souffle impur du vice, écrit-il au marquis de Conflans, n'a jamais gâté mon cœur ; mais il y a des magistrats qui aiment mieux faire grâce en pardonnant à des hommes coupables, que de s'exposer au reproche mérité d'avoir commis l'injustice la plus révoltante, en retenant l'innocence pendant trente-trois ans dans les fers. »

Pour donner carrière à l'incroyable activité de son cerveau, il compose à Bicêtre de nouveaux projets, mémoires et relations de ses malheurs. Il envoie au marquis de Conflans un projet de presse hydraulique, « hommage d'un gentilhomme infortuné qui a vieilli dans les fers » ; il fait porter des mémoires par le porte-clés à toutes les personnes qui pouvaient s'intéresser à lui. La première qui le prit en compassion est un prêtre, l'abbé Legal, de la paroisse de Saint-Roch, vicaire de Bicêtre. Il vint le voir, le consoler, lui donner des soins et de l'argent. Le cardinal de Rohan lui témoigna également beaucoup d'intérêt, il lui envoya des secours par son secrétaire. Nous arrivons enfin à Mᵐᵉ Legros. Cette merveilleuse histoire est connue, nous la conterons brièvement. Un porte-clés ivre perd l'un des mémoires de Latude au coin d'une borne de la rue des Fossés-Saint-Germain-l'Auxerrois; une femme, une petite mercière, le ramasse, elle l'ouvre : son cœur se serre à la lecture de ces souffrances horribles décrites en traits de feu. Elle

fait partager son émotion à son mari (1), tous les soins de ces braves gens vont tendre à la délivrance de l'infortuné, et Mᵐᵉ Legros se consacre à la tâche entreprise avec une ardeur, un courage, un dévoûment infatigables. « Grand spectacle, s'écrie Michelet, de voir cette femme pauvre, mal vêtue, qui s'en va de porte en porte, faisant la cour aux valets pour entrer dans les hôtels, plaider sa cause devant les grands, leur demander leur appui ! » En bien des maisons elle trouve bon accueil. le président de Gourgues, le président de Lamoignon, le cardinal de Rohan, l'aident de leur influence. Sartine lui-même fait des démarches en faveur du malheureux. Deux avocats du parlement de Paris, Lacroix et Comeyras, se dévouent à la cause. Des copies sont tirées des mémoires du prisonnier, elles se répandent dans tous les salons, elles pénètrent jusque dans le cabinet de la reine. Tous les cœurs s'émeuvent aux accents de cette voix déchirante.

Le marquis de Villette, devenu célèbre par l'hospitalité qu'il donna à Voltaire mourant, se prend de passion pour l'infortuné; il envoie son intendant à Bicêtre offrir à Latude une pension de 600 livres, à la seule condition que le prisonnier lui laissera l'honneur de le délivrer. Latude reçut cette singulière proposition comme il le devait. « Voilà deux ans qu'une pauvre femme se dévoue à ma délivrance, je serais un ingrat en ne laissant pas mon sort entre ses mains. » Il savait que cette pen-

(1) Les historiens écrivent que M. et Mᵐᵉ Legros n'avaient pas d'enfants. Parmi les notes de Théod. Lorin, secrétaire du chevalier de Pougens, on lit : « M. de Pougens, qui avait joint ses efforts à ceux des personnes dont le crédit procura la liberté à l'infortuné Latude, et qui contribua à lui assurer une existence honorable, est resté, jusqu'à sa mort, le bienfaiteur du fils et de la fille de Mᵐᵉ Legros, lesquels existent encore (1851) ». *Nouvelle Revue rétrospective*, 10 janv. 1898, p. 51.

sion ne lui échapperait pas, et ce n'est pas pour 600 livres qu'il aurait consenti à laisser dépouiller son histoire du caractère romanesque et touchant qu'elle prenait de plus en plus.

Voici du reste l'Académie française qui intervient. D'Alembert est feu et flammes. Et c'est dorénavant dans la prison infâme un flot de visiteurs de la plus haute distinction. Enfin, le roi lui-même est amené à s'occuper de l'affaire. Il se fait apporter le dossier, il l'examine soigneusement. Avec quelle anxiété on attend sa décision ! Mais Louis XVI, qui connaît à présent l'affaire, répondit que Latude ne sortira *jamais*. A cet arrêt, qui paraît sans appel, tous les amis du prisonnier perdent courage, excepté Mme Legros. La reine et Mme Necker sont avec elle. En 1783, Breteuil, l'homme de la reine, arrive au pouvoir; le 24 mars 1784, la mise en liberté est signée. Le vicomte de Latude reçoit une pension de 400 livres, mais il est exilé dans son pays. Nouvelles instances, nouvelles démarches : on obtient enfin que Latude vivra libre à Paris!

Voici la plus belle époque de la vie d'un grand homme. Latude occupe, au quatrième, un appartement modeste, mais propre et bien rangé. Il vit entre ses deux bienfaiteurs, M. et Mme Legros, choyé, entouré de mille gâteries. La duchesse de Beauvau a obtenu de Calonne pour Mme Legros, sur les fonds destinés à soutenir les gentilshommes tombés dans la misère, une pension de 600 livres; la duchesse de Kingston lui fait une autre pension de 600 livres également; outre la pension royale, Latude reçoit 500 livres par an du président Dupaty et 300 du duc d'Agen. De plus, une souscription publique a été ouverte, elle s'est couverte des plus grands noms de France. Une agréable aisance est assurée aux époux Legros et à leur fils

d'adoption. Dans la séance du 24 mars, l'Académie française a décerné solennellement à la vaillante mercière le prix Montyon. « La dame Legros est venue recevoir la médaille aux acclamations de toute l'assemblée. »

Le nom de Latude est sur toutes les lèvres, on l'admire, on le plaint. Les dames de la plus haute société ne craignent pas de monter les quatre étages, accompagnées de leurs filles, pour apporter à l'infortuné « avec leurs larmes des secours en argent ». C'est une affluence dont le héros nous a laissé avec complaisance la description : duchesses, marquises, grands d'Espagne, croix de saint Louis, présidents au Parlement, se rencontrent chez lui. Il y a quelquefois six et huit personnes dans sa chambre. Chacun entend son histoire, lui prodigue les témoignages de la plus tendre compassion, et nul ne manque, avant de sortir, « de laisser une marque de sa sensibilité ». Les maréchales de Luxembourg et de Beauvau, la duchesse de la Rochefoucauld, la comtesse de Guimont, sont parmi les plus zélées. « D'ailleurs, dit notre homme, il me serait extrêmement difficile de pouvoir connaître laquelle de ces comtesses, marquises, duchesses et princesses a le cœur le plus humain, le plus compatissant. »

Latude devient ainsi l'une des illustrations de Paris : les étrangers affluent à son logis, les maîtresses de maison se l'arrachent. A table, quand il parle, c'est un silence empreint de déférence et de respect; au salon, près de la cheminée où flambent les grandes bûches, il est assis dans un fauteuil doré, au milieu d'un bouquet de robes claires et soyeuses qui frissonnent, pressées autour de lui. Le chevalier de Pougens, fils du prince de Conti, lui demande avec insistance de lui faire le plaisir de venir demeurer dans sa maison;

Latude veut bien y consentir. L'ambassa-deur des États-Unis, l'illustre Jefferson, le prie à dîner.

Latude a décrit lui-même cette vie en-chantée : « Depuis ma sortie de prison, les plus grands seigneurs de France m'ont fait l'honneur de m'inviter à venir manger chez eux, mais je n'ai pas trouvé une seule maison, excepté celle de M. le comte d'Angevillier, où l'on rencontre les gens d'esprit et de science par douzaines, et toutes sortes d'honnêtetés de la part de Mᵐᵉ la comtesse, et celle de M. Guillemot, intendant des bâtiments du roi, l'une des plus charmantes familles que l'on puisse trouver dans Paris, — où l'on soit plus à son aise que chez le marquis de Villette.

« Quand on a, comme moi, éprouvé la rage de la faim, on commence toujours par parler de la bonne chère. Le marquis de Villette a toujours un cuisinier qui peut aller de pair avec le plus habile de son art, c'est-à-dire en deux mots que sa table est excellente. A celle des ducs et pairs et des maréchaux de France, c'est un céré-monial éternel, on n'y parle que par sen-tences, au lieu qu'à celle du marquis de Villette (1), fondamentalement il y a toujours des personnes d'esprit et de science. Tous les musiciens de la première classe ont un couvert mis à sa table, et de six jours de la semaine il y en a au moins trois où il y a un petit concert. »

Le 26 août 1788, mourut une des bien-faitrices de Latude, la duchesse de Kings-ton ; elle ne manqua pas de faire à son protégé une bonne place dans son testa-ment, et nous voyons celui-ci assister pieu-sement à la vente qui se fit des meubles et effets ayant appartenu à la bonne dame. Il acheta même quelques objets et donna en paiement un louis d'or. Mais, l'huissier-audiencier, M. de Villeneuve, le lui ren-dit : la pièce était fausse. Le lendemain à une seconde vacation Latude ayant donné à nouveau la même pièce, M. de Ville-neuve la lui rendit pour la seconde fois en lui faisant remarquer assez vivement, que la pièce était fausse. — « Fausse ? Hé ! prenait-on le vicomte de Latude pour un escroc ? La pièce était fausse ! Et qui donc avait l'audace d'émettre « une pareille in-culpation attentatoire à son honneur et à sa réputation » ? Latude élève la voix, l'huissier menace de le faire sortir de la salle. L'insolent ! « On met à la porte un polisson et non un gentilhomme ! » Mais l'huissier envoie chercher la garde à cheval, qui met « le sieur de la Tude ignominieu-sement dehors ». Celui-ci sortit avec calme, et, le jour même, 22 novembre 1788, atta-qua l'huissier devant le tribunal du Châ-telet « pour avoir une réparation aussi authentique que la diffamation avait été publique (1) ».

L'année suivante (1789), Latude fit un voyage en Angleterre. Il avait entrepris de poursuivre devant les tribunaux Sar-tine, Le Noir et les héritiers de Mᵐᵉ de Pompadour, afin d'obtenir les indemnités qui lui étaient dues. En Angleterre, La-tude rédigea un mémoire à l'adresse de Sartine, dans lequel il fait connaître à l'an-cien lieutenant de police les conditions auxquelles il se désisterait de ses pour-suites. « M. de Sartine, voulez-vous me donner, en forme de réparation de tous

_____

(1) Parmi les documents concernant Latude, con-servés à la Bibliothèque de la Ville de Paris (n° 10.731), il y a, de la main du héros, un écrit, qui constitue la plus abominable des tentatives de chantage contre le marquis de Villette, son bien-faiteur. Ce trait infâme suffirait à faire juger le personnage.

(1) Enquête faite par J.-J. Grandin, commissaire au Châtelet, 21 juill. 1789. Arch. nat. Y. 13.319, (Communication de M. Al. Tuetey).

les maux, dommages, que vous m'avez
fait souffrir injustement, la somme de
900.000 livres; M. Le Noir, 600.000
livres, et les héritiers de feu la marquise de
Pompadour et du marquis de Menars
100.000 écus, ces trois sommes ensemble
font 1.800.000 livres », c'est-à-dire 4
millions d'aujourd'hui.

LA BASTILLE VUE DU JARDIN DU GOUVERNEUR

VI

La révolution éclata. Si l'époque de
Louis XVI, tendre et compatissante, avait
été favorable à notre homme, la Révolution semble avoir été faite pour lui. Le
peuple se souleva contre le despotisme des
rois; les tours de la Bastille furent renversées. Latude, victime des rois, victime
de la Bastille et des ordres arbitraires, allait
apparaître dans tout son éclat.

Il s'empressa de jeter aux orties sa perruque poudrée et son habit de vicomte;
écoutez le révolutionnaire farouche, in-
tègre, indomptable, absolu : « Français!
j'ai acquis le droit de vous dire la vérité;
et, si vous êtes libres, vous devez aimer à
l'entendre.

« Je méditais depuis trente-cinq ans,
dans les cachots, sur l'audace et l'insolence des despotes; j'appelais à grands
cris la vengeance, lorsque la France, indi-
gnée, s'est levée tout entière, par un mouvement sublime, et a écrasé le despotisme.

Pour qu'une nation soit libre, il faut qu'elle
veuille le devenir, et vous l'avez prouvé.
Mais, pour conserver la liberté, il faut
s'en rendre digne ; et voilà ce qu'il vous
reste à faire ! »

Au Salon de peinture de 1789, on vit
deux portraits de Latude et la fameuse
échelle de cordes. Au bas de l'un de ces
portraits (1), par Vestier, membre de
l'Académie royale, on avait gravé ces vers :

Instruit par ses malheurs et sa captivité,
A vaincre des tyrans les efforts et la rage,
Il apprit aux Français comment le vrai courage
        Peut conquérir la liberté.

Dès l'année 1787, le marquis de Beau-
poil-Saint-Aulaire avait écrit, sous l'inspi-
ration du martyr, l'histoire de sa captivité.
Il parut de ce livre, la même année, deux
éditions différentes. En 1789, Latude publia le récit de son évasion de la Bastille,
ainsi que son *Grand Mémoire* à la marquise
de Pompadour; enfin, en 1790, parut le
*Despotisme dévoilé, ou Mémoires de Henri
Masers de Latude*, rédigé par un avocat
nommé Thierry (2).

Le livre est dédié à Lafayette. On voit,
en première page, le portrait du héros, la
figure fière et énergique, une main sur
l'échelle de corde, l'autre étendue vers la
Bastille, que des ouvriers sont occupés à
démolir. « Je jure, dit l'auteur en com-
mençant, que je ne rapporterai pas un fait
qui ne soit une vérité. » L'ouvrage est un
tissu de calomnies et de mensonges; et,
ce qui affecte de la manière la plus pénible, c'est de voir cet homme renier sa
mère, oublier les privations qu'elle a sup-

(1) Aujourd'hui au Musée historique de la Ville
de Paris (hôtel Carnavalet),

(2) Thierry était un avocat du barreau de Nancy.
A cette époque, il quitta la carrière pour se livrer
à des spéculations qui ne furent pas toujours heureuses.

portées par amour pour son fils, et faire honneur du peu que la pauvre fille a pu faire pour son enfant, à un marquis de la Tude, chevalier de saint Louis, lieutenant-colonel au régiment d'Orléans-dragons!

Mais le livre vibrait d'un incomparable était d'apprendre à lire à leurs enfants dans cette œuvre sublime; un exemplaire en était envoyé à tous les départements, accompagné d'une réduction de la Bastille par l'architecte Palloy, et c'est avec raison que Latude pouvait s'écrier dans l'Assem-

PRISE DE LA BASTILLE

(Coll. Edm. de Rothschild)

accent de sincérité et de cette émotion profonde que Latude savait communiquer à tous ceux qui l'approchaient. Le succès fut prodigieux. En 1793, vingt éditions étaient épuisées, l'ouvrage était traduit en plusieurs langues; les journaux n'avaient pas assez d'éloges pour l'audace et le génie de l'auteur, le *Mercure de France* procla-mait que, désormais, le devoir des parents

blée nationale : « Je n'ai pas peu contribué à la révolution et à l'affermir. »

Latude n'était pas homme à négliger des circonstances aussi favorables. Il chercha tout d'abord à faire augmenter sa pension et présenta à la Constituante une pétition qui fut appuyée par le représentant Bouche. Mais Camus, l' « âpre Camus », pré-sident de la commission chargée d'examiner l'affaire, conclut au rejet ; et, dans la séance du 13 mars 1791, le député Voidel prononça un discours très vif : selon lui, la Nation avait à soulager des malheureux plus dignes d'intérêt qu'un homme de qui la vie avait commencé par une escroquerie et une lâcheté. L'Assemblée se rangea à cet avis : non seulement la pension de La-

neur! » Le vaillant Latude ne restera pas sous le coup d'un pareil affront. Bientôt il a amené Voidel à se rétracter ; il gagne, au sein de l'Assemblée, un défenseur influent, le maréchal de Broglie. L'Assemblée législative remplace la Constituante, Latude revient à la charge. Il est admis à la barre le 26 janvier 1792 ; l'affaire est ren-

LES PRISONNIERS DE LA BASTILLE DÉLIVRÉS LE 14 JUILLET 1789
Dessiné par J. Bulthuis, gravé par Vinkeles et Vrydag
(Musée Carnavalet)

tude ne fut pas augmentée, mais la délibération de la Constituante lui fit supprimer la pension que lui avait accordée Louis XVI.

Horreur et infamie ! « Quelle démence s'est emparée de l'esprit des représentants de la plus généreuse nation de l'univers !... Assassiner un malheureux dont l'aspect seul éveille la pitié et échauffe la sensibilité la moins expansive... car la mort n'est pas aussi terrible que la perte de l'hon-

voyée et examinée une seconde fois, le 25 février. Nous voudrions pouvoir citer tout au long le discours que Latude composa lui-même pour son rapporteur, voici un fragment de la péroraison :

« Qu'un homme, sans aucun secours étranger, ait pu s'échapper trois fois, une fois de la Bastille et deux fois de la tour de Vincennes; oui, messieurs, j'ose dire qu'il n'a pu en venir à bout que par un miracle ou que Latude a un génie plus qu'extraordinaire. En effet, jetez les yeux sur cette échelle de corde et de bois et sur tous les autres instruments que Latude a fabriqués avec un simple briquet, que voilà au milieu de cette chambre. J'ai voulu vous faire voir cet objet de curiosité qui

tude, voilà cette femme incomparable, que sans cesse elle fera la gloire et l'ornement de son sexe !... »

Ne nous étonnons pas que l'Assemblée législative se soit laissé émouvoir par cette harangue éloquente et cette exhibition aussi touchante que variée. Elle vota d'une

VUE DE LA PLACE DE GRÈVE LE JOUR DE LA PRISE DE LA BASTILLE.

A. Hôtel de Ville ; B. Buste de Louis XV lenôtre du triomphe de la Liberté. Et Nos Cadavus amori. Libertatis C. Lanterna Reverbore ; D. Lanterne déplacée.
Au Bureau des Révolutions de Paris, rue Jacob, N°pll.

TÊTES DU GOUVERNEUR DE LA BASTILLE ET DU MAJOR DE LOSME PORTÉES LE 14 JUILLET 1789 PLACE DE GRÈVE

(Extrait des *Révolutions de Paris*)

fera sans cesse l'admiration des gens d'esprit. Pas un seul étranger ne vient dans Paris qui n'aille voir ce chef-d'œuvre d'esprit et de génie, de même que sa généreuse libératrice, Mme Legros. Nous avons voulu vous ménager, messieurs, le plaisir de voir cette femme célèbre, qui, pendant quarante mois, sans relâche, a bravé le despotisme, qu'elle a vaincu à force de vertu. La voilà à la barre avec M. de La-

seule voix une pension de 2.000 livres, sans préjudice de la pension de 400 livres précédemment accordée. Désormais, Latude pourra dire : « La Nation tout entière m'a adopté. »

D'ailleurs, la petite mésaventure au sein de l'Assemblée constituante devait être le seul échec que Latude essuya au cours de sa glorieuse carrière de martyr. Présenté à la Société des « Amis de la Constitu-

tion », il en fut nommé membre par accla-
mation, et la Société envoya une délégation de douze membres porter à M™ Legros la couronne civique. Le chef de la
députation dit, d'une voix émue : « Ce
jour est le plus beau jour de ma vie. »
Une délégation des principaux théâtres de
Paris offrit à Latude l'entrée gratuite à
tous les spectacles « afin qu'il pût aller

let 1793 ; le 11 septembre, l'affaire revint
devant les magistrats ; les citoyens Chau-
mette, Laurent et Legrand avaient été dé-
signés par la Commune de Paris comme
défenseurs officieux, et toute la Commune
vint assister à l'audience. Latude obtint
60.000 livres, dont 10.000 furent payées
en espèces.

A partir de ce moment, sa vie devint

LA DÉMOLITION DE LA BASTILLE APRÈS LA PRISE

Dessiné par Tetar, gravé par Campion

(Musée Carnavalet

souvent oublier les jours de sa douleur ».
Une haute considération l'entourait et les
plaideurs le priaient d'appuyer leurs causes
devant les tribunaux de l'autorité morale
que lui avait donnée sa vertu. Il en pro-
fita pour porter définitivement en justice
ses réclamations contre les héritiers de la
marquise de Pompadour. Le citoyen
Mony plaida la cause une première fois au
tribunal du VI° arrondissement, le 16 juil-

plus calme. M™ Legros continuait à l'en-
tourer de ses soins. Les 50.000 livres qui
lui restaient dues par les héritiers de la
marquise lui furent payées en bonnes métairies sises en Beauce, dont il touchait les
revenus.

Il éprouvait du plaisir à aller dans les
maisons d'arrêt, visiter les prisonniers des
comités révolutionnaires. Au Luxembourg
il trouve l'ancien ministre Amelot avec

lequel il avait correspondu durant sa détention à Vincennes. « A présent, écrit miss Williams, Latude goûtait les douceurs de la liberté et, jusqu'au moment où les visites dans les prisons furent interdites, il y vint fréquemment voir l'un de ses amis, dans la chambre même où l'ancien ministre était enfermé ».

Ajoutons que la France ne trouva pas en Latude un enfant ingrat. La situation critique, dans laquelle le pays se débattait, le peinait profondément. Il cherchait les moyens d'y porter remède et fit paraître, en 1799, un *Projet d'évaluation des quatre-vingts départements de la France pour sauver la République en moins de trois mois,* ainsi qu'un *Mémoire sur les moyens de rétablir le crédit public et l'ordre dans les finances de la France.*

Lorsque les biens ayant appartenu à la marquise de Pompadour furent séquestrés, les métairies données à Latude lui furent enlevées; mais il se les fit restituer par le Directoire. Il fut moins heureux dans une demande de concession de théâtre et de maison de jeu. Il s'en consola. Les secours qu'il ne cessait d'extorquer de droite et de gauche, le revenu de ses métairies, la vente de ses livres et l'argent que lui rapportait l'exhibition de son échelle, promenée par un imprésario dans les différentes villes de France et d'Angleterre, lui procuraient une large aisance.

La Révolution passa. Latude salua Bonaparte à son aurore, et quand Bonaparte devint Napoléon, Latude acclama l'Empereur. Nous avons une lettre bien curieuse dans laquelle il trace à Napoléon Iᵉʳ les lignes de conduite qu'il devra suivre pour son bien et celui de la France. elle commence par ces mots :

« Sire,

« J'ai été enterré cinq fois tout vivant, « et je connais le malheur. Pour avoir un « cœur plus compatissant que le général « des hommes, il faut avoir souffert de « grands maux... J'ai eu la douce satis- « faction, du temps de la Terreur, d'avoir « sauvé la vie à vingt-deux malheureux... « Solliciter Fouquet d'Étinville pour des « royalistes, c'était le persuader que j'en « étais un moi-même. Que si j'ai bravé « la mort pour sauver la vie à vingt-deux « citoyens, juge, grand Empereur, si mon « cœur peut éviter de s'intéresser pour « toi, qui est le sauveur de ma chère pa- « trie. »

D'autre part, il réclame de l'argent à Godoï, prince de la Paix, ministre de Charles IV, sous prétexte qu'il est l'inventeur d'une sorte de hallebarde en usage dans l'armée espagnole.

Nous avons des détails sur la fin de la vie de Latude par les *Mémoires* de son ami le chevalier de Pougens et par les *Mémoires* de la duchesse d'Abrantès. Le chevalier nous dit qu'à l'âge de soixante-quinze ans il était encore en bonne santé, « vif, enjoué, paraissant jouir avec transport des charmes de l'existence. Chaque jour, il faisait de longues courses dans Paris sans éprouver la moindre fatigue. On s'étonnait de ne trouver en lui *aucun vestige* des cruelles souffrances qu'il avait éprouvées dans les cachots pendant trente-cinq années de détention (1). » L'Empire ne lui avait pas fait perdre de sa faveur. Junot lui faisait une pension sur des fonds dont il disposait. Un jour, il le présenta à sa femme, avec Mᵐᵉ Legros, que Latude ne quittait plus.

---

(1) Les notes de Théod. Lorin, publiées dans la *Nouvelle Revue rétrospective* (10 janvier 1898, p. 49-51) confirment ce témoignage de la manière la plus complète. « Quoique très âgé, car il est mort à quatre-vingts ans, M. de Latude avait conservé toute sa force, disons même la verdeur de sa jeunesse. »

« Lorsqu'il arriva, nous dit la duchesse d'Abrantès, je fus au-devant de lui avec un respect et un attendrissement vraiment édifiants. Je le pris par la main, je le conduisis à un fauteuil, je lui mis un coussin sous les pieds; enfin, il aurait été mon grand-père que je ne l'aurais pas mieux traité. A table, je le mis à ma droite. » Mais, ajoute la duchesse, « mon enchantement dura peu. Il ne parlait que de ses aventures avec une loquacité effrayante. »

Agé de quatre-vingts ans, le 25 juin 1804, quelques mois avant sa mort, Latude écrit à son protecteur le chevalier de Pougens, membre de l'Institut, qu'il tutoie : « Or, je viens te déclarer à haute et intelligible voix que si, d'aujourd'hui, 11 messidor, en dix jours, tu n'es pas rendu dans Paris, avec tout ton bétail (le chevalier de Pougens était dans ses terres, à la campagne), que je partirai le lendemain, que je porterai une faim démesurée et une soif de cocher de fiacre, et quand j'aurai mis vos provisions et votre cave à sec, vous me verrez jouer le second acte de la comédie de *Jocriste :* vous verrez voler les assiettes, les plats, les marmites, les bouteilles — bien entendu, vides — et jeter tous les meubles par la fenêtre ! »

Le 20 juillet 1804, Latude rédigea encore une circulaire adressée aux souverains de l'Europe, au roi de Prusse, au roi de Suède, au roi de Danemark, à l'archiduc Charles, frère de l'empereur, ainsi qu'au président des États-Unis. A chacun, il envoyait un exemplaire de ses *Mémoires* accompagné du célèbre projet qui avait fait remplacer par des fusils les hallebardes dont les sergents étaient armés. Il expliquait à chacun de ces souverains que, comme la nation qu'il gouvernait profitait de ce projet, enfant de son génie, il était juste qu'il en reçût la récompense.

Jean Henri, dit Danry, dit Danger, dit Jedor, dit Masers d'Aubrespy, dit de Masers de la Tude, mourut à Paris, le 11 nivôse an XIII (1ᵉʳ janvier 1805), d'une fluxion de poitrine, à l'âge de quatre-vingts ans.

VII

Nous venons de dire le peu de confiance que doivent inspirer les Mémoires que Latude fit rédiger au début de la Révolution, par l'avocat Thierry qu'il publia en 1790. A la bibliothèque impériale de Saint-Pétersbourg, est conservé un manuscrit autographe de Latude (1), rédigé par lui dans sa prison, à Vincennes, puis à Charenton de 1775 à 1777. Ce manuscrit faisait partie des anciennes archives de la Bastille ; il y fut pris, avec d'autres papiers, lors du pillage du 14 juillet. Il parvient entre les mains d'un amateur russe, d'où il passa dans la bibliothèque du tzar, Ce mémoire offre infiniment plus de garanties de sincérité et d'exactitude que le texte rédigé par Thierry. Latude le destinait aux ministre et magistrats appelés à décider de son sort : c'est une manière de plaidoyer, où les faits sont naturellement présentés par l'auteur de la manière qui lui est la plus favorable ; mais où il entre

---

(1) Voy. Gustave Bertrand, *Catalogue des manuscrits français de la Bibliothèque de Saint-Pétersbourg.* Paris, 1874, in-8.

dans les détails les plus circonstanciés, et où il lui était relativement difficile de s'écarter de la vérité, son œuvre étant destinée à des juges placés à même de la contrôler.

Du manuscrit de Saint-Pétersbourg la Bibliothèque de l'Arsenal a acquis une copie en 1886 (Bibl. de l'Arsenal, ms. 12727, f. 618-837); d'après laquelle a été établi le texte qui suit.

Le début de ces mémoires faisant défaut dans le manuscrit de Saint-Pétersbourg, nous l'avons remplacé par la partie correspondante des mémoires rédigés par Thierry : il s'agit des deux premiers chapitres.

Les mémoires rédigés par Thierry comprennent ce que l'on peut appeler les deux détentions de Latude; la première du 1ᵉʳ mai 1749 au 5 juin 1777, ayant été occasionnée par l'envoi de la boîte explosive à Mᵐᵉ de Pompadour, et la seconde, du 17 juillet 1776 au 24 mai 1784, par le chantage à main armée, dont le héros s'était rendu coupable vis-à-vis d'une dame de qualité. La relation de Saint-Pétersbourg publiée ici s'arrête à la fin de sa première détention (juin 1771). Nous ne croyons pas devoir réimprimer pour la suite, la relation Thierry. La fin de la vie de Latude est racontée ci-dessus, dans l'introduction, d'après des correspondances et des pièces d'archives, dont le témoignage est plus exact que celui de notre « martyr » trop intéressé, quand il mettait sa plume entre les mains de l'avocat Thierry, à tromper ses contemporains.

FRANTZ FUNCK-BRENTANO.

Montfermeil, novembre 1910.

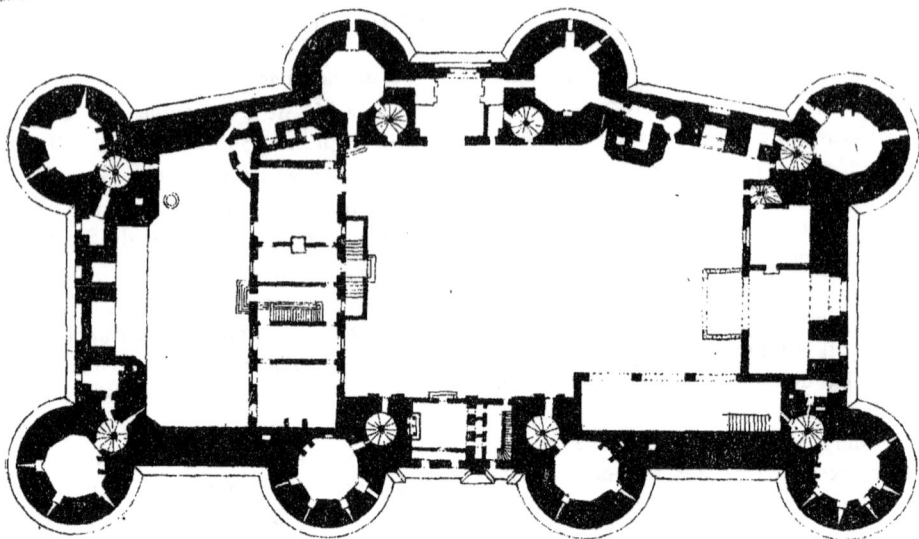

PLAN EXACT DE LA BASTILLE TEL QU'IL FUT LEVÉ LE 16 JUILLET 1789,
DEUX JOURS APRÈS LA PRISE.

(Bibl. nat., manuscrits).

MÉMOIRES AUTHENTIQUES DE LATUDE

✦✧✦

I

MON INCARCÉRATION A LA BASTILLE

(1ᵉʳ mai 1749).

Je suis né, le 23 mars 1725, au château de Craiseih, près de Montagnac en Languedoc, dans une terre appartenant au marquis de Latude, mon père, chevalier de l'ordre royal et militaire de Saint-Louis, lieutenant-colonel du régiment d'Orléans-Dragons, mort, depuis, lieutenant de roi à Sedan (1). Je n'entrerai point dans le détail de mes premières années : la véritable histoire de ma vie n'est que celle de mes malheurs. J'avais annoncé quelques dispositions et un goût décidé pour les mathématiques : mes parents s'appliquèrent à les cultiver, et favorisèrent mon inclination,

qui me portait à entrer dans le génie. A l'âge de vingt-deux ans, mon père m'adressa à M. Dumai, son ami, ingénieur en chef à Berg-op-Zoom. Celui-ci m'accueillit, me reçut en qualité de surnuméraire, et me fit prendre l'uniforme. J'allais être en pied, lorsque, malheureusement pour moi, la paix de 1748 fut conclue [traité d'Aix-la-Chapelle]. Mon père voulut que je misse à profit cet instant de repos : il m'envoya à Paris pour suivre mes cours de mathématiques et achever mon éducation. J'étais jeune, j'avais toute l'activité de mon âge, et j'éprouvais sans cesse le tourment qu'elle cause à ceux qui veulent jouer un rôle, et qui prennent pour du talent l'agitation de leur esprit. J'aurais accepté, à quelque prix que ce fût, le bonheur de parvenir ; mais, pour cela, il fallait des protecteurs. Je les voulais puissants, mon amour-propre les cherchait dans les premiers rangs, ou plutôt l'amour de la gloire, car pourquoi dégrader cette passion qui,

---

(1) On a vu, par ce qui précède, que tout ceci n'est que mensonge grossier.

dans un jeune homme, est toujours un sentiment noble et digne de quelque estime ? Quoi qu'il en soit, je n'étais pas connu, je voulais l'être, et pour en chercher les moyens, je ne pris conseil que de mon imagination. — Voici celui qu'elle me suggéra.

La marquise de Pompadour régnait alors. Cette femme impérieuse expiait par la haine universelle le crime d'avoir fait perdre au roi le respect et l'amour de son peuple ; elle venait d'y ajouter celui d'avoir sacrifié à sa vengeance un ministre chéri, dont elle avait puni une plaisanterie ingénieuse par la disgrâce et l'exil. On ne prononçait son nom qu'avec un mépris mêlé d'horreur, et l'on trouvait dans toutes les bouches l'expression d'un sentiment qui remplissait tous les cœurs.

Un jour du mois d'avril 1749, j'étais aux Tuileries ; deux hommes assis à côté de moi se livraient, contre elle, à l'indignation la plus vive. Le feu qui paraissait les enflammer échauffa mon esprit qui, toujours dirigé vers le but auquel tendaient toutes mes méditations, crut trouver dans un projet qu'il enfanta alors un moyen sûr d'opérer mon avancement et d'assurer ma fortune. Il ne me paraissait pas suffisant d'avertir la marquise de Pompadour de l'opinion publique : sans doute je ne lui aurais rien appris qu'elle ne sût ou dont elle ne se doutât ; j'imaginai de signaler davantage mon zèle, et de l'intéresser à mon sort par la reconnaissance. Après avoir jeté à la poste une petite boîte de carton à son adresse, dans laquelle j'avais mis une poudre qui ne pouvait causer aucun mal, je courus à Versailles : je lui racontai ce que j'avais entendu ; j'exagérai le désir que ces deux particuliers avaient montré de disputer à d'autres la gloire d'en délivrer la France, et j'ajoutai que je les avais suivis jusqu'à la grande poste où ils avaient porté un paquet que, d'après leur discours, je devais soupçonner être pour elle, et renfermer quelque poison très subtil.

Le premier mouvement de la marquise fut de m'exprimer la sensibilité la plus vive, et de m'offrir une bourse pleine d'or, que je refusai en lui disant que j'osais prétendre à une récompense plus digne d'elle et de moi, d'après la connaissance que je lui donnai de mon état et de ma bonne volonté (1).

Soupçonneuse et défiante, comme le sont les tyrans, elle voulut avoir de mon écriture ; et, sous prétexte de retenir et de conserver mon adresse, elle me fit mettre à son bureau pour la lui donner. L'ivresse que me causait la réussite de mon projet, la vivacité de mon caractère, ne me permirent pas d'apercevoir le piège, et je ne réfléchis pas qu'en traçant avec la même main les caractères des deux adresses, j'allais me découvrir. Je revins chez moi fier de mon ouvrage, et calculant déjà tous les degrés de ma grandeur future.

La marquise reçut le paquet. Elle fit faire sur divers animaux l'essai de la poudre qu'on y trouva : voyant qu'elle n'avait rien de malfaisant, et reconnaissant, à la vue des deux adresses, que c'était la même main qui les avait écrites, elle regarda comme un outrage sanglant, ou plutôt comme un crime, cette étourderie, et donna contre moi les ordres les plus rigoureux.

Le 1ᵉʳ mai suivant, pendant que je me livrais aux rêveries les plus brillantes, un exempt nommé Saint-Marc, suivi de quelques archers, vint interrompre ce doux sommeil. J'étais alors dans un hôtel garni du cul-de-sac du Coq où je logeais. On me jeta dans un fiacre, et je fus conduit vers les huit heures du soir à la Bastille.

Je fus introduit dans une salle basse, appelée *chambre du conseil*, où je trouvai tous les officiers du château qui m'attendaient. Je fus fouillé de la tête aux pieds ; on me dépouilla de tous mes vêtements, on me prit tout ce que j'avais sur moi, argent, bijoux, papiers ; on me revêtit d'infâmes haillons, qui sans doute avaient été déjà imprégnés des larmes d'une foule d'autres malheureux. Cette cérémonie, empruntée de l'Inquisition et des voleurs de grand chemin, s'appelait à la Bastille *faire l'entrée d'un prisonnier*. On me fit écrire sur un registre que je venais d'entrer à la Bastille ; ensuite on me conduisit dans une chambre de la tour nommée *la Tour du*

_____

(1) Comparer ces détails avec la partie correspondante de l'introduction. Dans cette partie de ces mémoires Latude ne raconte que des mensonges.

coin. On ferma sur moi deux portes épaisses, et on me laissa seul sans m'avoir appris quel était mon crime et quel allait être mon sort. Le lendemain, M. Berryer, alors lieutenant de police, vint m'interroger. J'aurai plus d'une fois à parler de ce magistrat respectable, et je dois en faire le portrait. Il est heureux, quand on fatigue la compassion des hommes par le récit de tant d'infortunes, de pouvoir s'arrêter un moment à l'idée d'un être estimable, dont la touchante sensibilité les a adoucies quelquefois ; je n'aurai pas souvent à jouir de ce triste avantage.

M. Berryer inspirait la confiance par sa douceur et sa bonté. Il osait, pour faire le bien, se mettre au-dessus des préjugés, et ne consultait jamais, dans l'exercice de ses fonctions, que son cœur et son devoir. Il est peu connu aujourd'hui. On ne doit pas en être surpris, il ne l'était alors que des malheureux. Un pareil homme était déplacé dans la Cour de la marquise.

Je ne lui dissimulai ni ce que j'avais fait ni le but que je m'étais proposé. Ma candeur l'intéressa ; il ne vit dans cette action qu'un trait de jeunesse, excusable peut-être par son objet, digne au plus, en tout cas, d'une légère correction. Il me promit d'être auprès de Mme de Pompadour mon protecteur, et de lui demander ma liberté. Mais un homme qui osait contrarier sa passion et ne pas venger sévèrement ses injures jouissait d'un bien faible crédit sur son esprit. Il la trouva inexorable, et fut obligé de me l'avouer.

Qu'on juge de mon état à cette nouvelle : seul, livré à mon imagination, sans espoir, sans ressources, cherchant sans cesse à démêler dans l'avenir quel serait mon sort, et n'y découvrant qu'un abîme affreux ! M. Berryer chercha à me procurer tous les soulagements qui dépendaient de lui ; il donna des ordres pour qu'on ne me laissât manquer de rien, et m'envoya un compagnon d'infortune. Cet homme, nommé Joseph Abuzaglo, juif, était à Paris l'agent secret du roi d'Angleterre. Ses lettres, ouvertes à la poste, le trahirent, et il fut mis à la Bastille. Il avait de l'esprit, et, dans toute autre situation, j'aurais trouvé de l'agrément dans sa société et de la douceur à me lier avec lui ; mais, loin de nous soulager mutuellement, chacun de nous semblait accroître ses maux et son désespoir de ceux de son ami. Abuzaglo avait une femme et des enfants qu'il chérissait tendrement, et dont on avait la cruauté d'intercepter toutes les lettres et de ne lui donner aucune nouvelle, selon le régime atroce de la Bastille. Il supportait sa captivité avec moins de courage et de force que moi. Il pouvait cependant concevoir quelques espérances ; il avait été recommandé d'une manière spéciale à M. le prince de Conti, qui l'avait accueilli avec trop de bonté pour qu'il ne se flattât pas qu'il s'emploierait pour lui obtenir sa liberté. Il m'en promit aussi la protection, et nous jurâmes que le premier qui sortirait s'occuperait, avant tout et sans relâche, de la délivrance de l'autre. Déjà nous nous repaissions volontiers de cette idée, et elle commençait à nous consoler ; mais il n'entrait pas dans le plan de mes persécuteurs de me laisser jouir même de l'espérance de voir changer mon sort.

J'ignorais alors qu'une des fonctions principales des porte-clés était d'épier les discours des prisonniers. Sans doute on eût désiré qu'ils pussent pénétrer aussi dans leur âme et y lire leurs pensées. Je crois être certain qu'on avait ouï les promesses qu'Abuzaglo m'avait faites et comme il ne m'avait pas exagéré son crédit, et qu'infailliblement le premier usage de sa liberté, qu'il ne tarda pas à recouvrer, eût été de chercher à me procurer la mienne on résolut de nous séparer et de nous tromper.

Dans le courant de septembre 1749, quatre mois environ après ma détention, trois porte-clés entrèrent dans notre chambre, et l'un d'eux, s'adressant à moi, me dit que l'ordre de mon élargissement venait d'arriver. Abuzaglo se jeta à mon cou, m'embrassa tendrement, et me pria de me souvenir de nos promesses. Je doute si mon premier sentiment alors ne fut pas la joie de pouvoir briser ses fers ; mais, hélas ! cette sensation délicieuse devait bientôt être elle-même un tourment de plus.

A peine eus-je passé le seuil de la porte de ma prison, que l'on m'apprit que j'allais être transféré à Vincennes. Qu'on se peigne mon désespoir à cette nouvelle, d'après l'horreur qu'elle inspire ! O vous qui me lisez ! n'épuisez pas encore cette sensation, ce n'est là que le prélude des horreurs que l'on n'a cessé d'accumuler pour me faire souffrir. Les bourreaux ordinaires de cette inquisition étaient des portes-clés, espèces de gens dignes de pareils emplois, et presque toujours au-dessous de leurs fonctions par leurs procédés. Leur présence était un supplice. Ils ne répondaient à la foule de questions qu'on leur faisait que par un silence accablant ou par des mensonges. J'ai su depuis qu'Abuzaglo avait obtenu, peu de temps après, son élargissement ; mais, me croyant libre, apprenant d'ailleurs que je ne m'étais nullement occupé de lui, il chercha peu à s'informer de ce que je pouvais être devenu, et sans doute il ne me crut digne que de l'oubli dont il m'accusait lui-même.

On concevra facilement que je tombai malade dans ma nouvelle prison. Le bon M. Berryer vint encore me consoler. Il fut indigné de la conduite qu'on avait tenue envers moi ; mais il ne pouvait changer ni le régime de ces lieux ni l'âme de ceux qui étaient préposés pour le faire suivre. Il me fit donner l'appartement le plus commode du donjon. Je jouissais d'une superbe vue ; mais que pouvait ce soulagement ? l'idée que ma translation devait me faire craindre une captivité très longue, peut-être éternelle, eût empoisonné seule les jouissances les plus douces. Mon courage ne se soutint que par l'espoir que je pourrais un jour me procurer ma liberté : je conçus que je ne devais l'attendre que de moi-même. Dès lors je ne m'occupai que des moyens d'y parvenir.

Je voyais tous les jours un ecclésiastique âgé se promener dans un jardin qui fait partie du donjon. J'appris qu'il y était enfermé depuis longtemps, pour cause de jansénisme. L'abbé de Saint-Sauveur, fils d'un ancien lieutenant de roi, à Vincennes, avait la liberté de causer avec lui dans ce jardin, et il en profitait souvent. Notre janséniste d'ailleurs enseignait à lire aux enfants de plusieurs officiers du château ; l'abbé et les enfants allaient et venaient sans qu'on y fît beaucoup d'attention. L'heure à laquelle se faisaient ces promenades était à peu près celle à laquelle on me menait dans un jardin voisin, qui est aussi dans l'enclos du château. M. Berryer avait ordonné qu'on m'y laissât deux heures par jour, pour prendre l'air et rétablir ma santé. Deux porte-clés venaient me prendre et me conduisaient. Quelquefois le plus âgé allait m'attendre au jardin, et le plus jeune venait seul ouvrir les portes de ma prison. Je l'habituai pendant quelque temps à me voir descendre les escalier plus vite que lui, et, sans l'attendre, je rejoignais son camarade. Arrivé au jardin, il me trouvait toujours avec ce dernier.

Un jour, résolu, à quelque prix que ce fût, de m'échapper, il eut à peine ouvert la porte de ma chambre que je m'élançai sur l'escalier. J'étais en bas avant qu'il eût pensé à me suivre. Je fermai au verrou une porte qui s'y trouve, pour rompre toute communication entre les deux porte-clés, pendant que j'exécuterais mon projet. Il y avait quatre sentinelles à tromper la première était à une porte qui conduisait hors du donjon, et qui était toujours fermée ; je frappe, la sentinelle ouvre, je demande l'abbé de Saint-Sauveur avec vivacité : « *Depuis deux heures*, dis-je, *notre prêtre l'attend au jardin, je cours après lui de tous côtés sans pouvoir le rencontrer, mais, morbleu, il me paiera ma course.* » En disant cela je continuais toujours à marcher avec la même vitesse ; à l'extrémité de la voûte qui est au-dessous de l'horloge, je trouve une seconde sentinelle : je lui demande s'il y avait longtemps que l'abbé de Saint-Sauveur était sorti ; elle me répond qu'elle n'en sait rien, et me laisse passer ; même question à la troisième, qui était de l'autre côté du pont-levis, et qui m'assure qu'elle ne l'a pas vu. « *Je l'aurai bientôt trouvé* » m'écriai-je. Transporté de joie, je cours, je saute comme un enfant ; j'arrive dans cet état devant une quatrième sentinelle, qui, bien éloignée de me soupçonner un prisonnier, ne trouve pas plus surprenant que les autres de me voir courir après l'abbé de Saint-Sauveur : je franchis le seuil de la porte, je m'élance, je me dérobe à leurs regards. Me voilà libre.

C'est le 25 juin 1750, après neuf mois ou environ de détention à Vincennes, que je fus assez heureux pour m'évader.

NICOLAS-RENÉ BERRYER, LIEUTENANT GÉNÉRAL DE POLICE

Peint par De Lyen, gravé par Wille.   (Bibl. de l'Arsenal)

Je courus à travers les champs et les vignes, en m'écartant le plus que je le pouvais du grand chemin ; je vins m'enfermer à Paris dans un hôtel garni, et jouir enfin du bonheur de me retrouver libre, après quatorze mois de captivité.

Ce premier moment fut délicieux, mais il ne dura pas longtemps ; l'inquiétude vint troubler bientôt ce calme heureux, il fallait prendre parti ; que faire, que devenir ? Je ne doutais pas qu'on ne dût me chercher, et que, dans le cas où je tomberais de nouveau entre les mains desquelles je venais de m'échapper, on ne me punît de m'être soustrait à la tyrannie d'une femme qui ne pardonnait pas. J'étais sûr d'être découvert, si je me montrais ; si je fuyais, je courais également des risques. D'ailleurs mon état, mes goûts me retenaient dans la capitale ; fallait-il donc briser tous les liens qui m'enchaînaient ? ou fallait-il me soustraire à tous les regards, et me condamner moi-même à une captivité plus cruelle que celle d'où je sortais ?

J'ai dit que jusqu'à ce moment je n'avais pris conseil que de ma tête ; je devais m'en défier, et pour cette fois je consultai mon cœur ; mais il ne fut pas un guide plus heureux : jusque-là trop de vivacité ne m'avait fait faire que des sottises ; trop de candeur cette fois me perdit et me replongea dans l'abîme. Je m'avisai de juger la marquise de Pompadour d'après moi-même ; je crus intéresser sa délicatesse en lui montrant quelque confiance, ou au moins en ne paraissant pas la craindre et douter de ses bontés : j'attendais mon pardon, parce que je sentais qu'à sa place je l'aurais accordé ; j'ignorais alors que les sentiments et les passions diffèrent comme ceux qui les éprouvent, selon qu'ils se meuvent dans une âme honnête, ou qu'ils agitent une âme corrompue.

Je rédigeai un mémoire, que j'adressai au roi ; j'y parlai de Mme de Pompadour avec respect, et de ma faute envers elle avec repentir ; je demandais qu'elle se contentât de la punition que j'avais subie, ou, en tout cas, si on pensait que quatorze mois de prison n'avaient pas suffisamment expié mes torts, j'osais implorer la clémence de celle que j'avais offensée, et la miséricorde de mon roi. Je terminais ce mémoire par indiquer l'asile que j'avais choisi, avec une ingénuité qui peignait bien la franchise de mon caractère, et qui seule eût dû obtenir le pardon d'un crime si j'en eusse été coupable.

J'avais connu au château de Vincennes le Dr Quesnay, médecin du roi et de la marquise ; il m'avait alors témoigné quelque intérêt et offert ses services : je fus le trouver ; je lui confiai mon mémoire, qu'il me promit de remettre. Il n'a que trop tenu sa parole. Je ne doute pas que le roi n'eût été touché de ma confiance en sa bonté, mais il lui arrivait si rarement de suivre les impulsions de son âme ; aurais-je dû penser qu'il ne consulterait qu'elle, quand il s'agissait d'un fait qui intéressait la femme à laquelle il rapportait toutes ses idées et ses affections ? et ne devais-je pas croire bien plutôt que celle-ci, irritée de ce que je ne m'étais pas adressé à elle-même directement, ou peut-être de ce que je l'exposais à rougir devant son souverain en dévoilant son injustice et son atrocité envers moi, saurait venger son orgueil si cruellement blessé ? Mais, encore une fois, j'étais jeune, je connaissais peu le cœur des hommes, bien moins encore celui des tyrans ; et j'étais loin d'imaginer que cette femme, dont l'âme devait être épuisée chaque jour par tant de sensations diverses, aurait conservé une haine assez active pour me poursuivre sans cesse, et punir par tant de tourments une légère offense. J'ai payé bien cher ma funeste inexpérience.

J'avais indiqué dans mon mémoire le lieu de ma retraite ; on vint m'y trouver, et on me reconduisit à la Bastille. A la vérité, dans le premier moment on me dit que l'on ne m'arrêtait que pour savoir de quelle manière je m'étais sauvé du donjon de Vincennes, parce qu'il importait beaucoup d'ôter aux autres prisonniers les moyens de m'imiter, ou de s'assurer de la fidélité de ceux qui veillaient à la garde de ce château, s'ils avaient facilité mon évasion.

Sans doute on n'eût jamais arraché de moi ce dernier aveu, mais je ne devais qu'à moi seul ma délivrance, et je racontai ingénument de quelle manière je me l'étais procurée. J'attendais après ce récit l'effet de la parole qu'on venait de me donner, que mon élargissement serait le prix ma véracité ; je ne savais pas encore que toutes ces fausses promesses étaient un protocole d'usage, dont on se servait envers tous les prisonniers qu'on replongeait dans les fers ; sans doute pour froisser leur âme plus cruellement et jouir du plaisir de multiplier les coups dont on l'accable ; cet usage, auquel dans la suite on m'a habitué, entrait dans le régime de la Bastille. Pour cette fois, loin de me rendre la liberté dès que j'eus satisfait à la condition à laquelle elle était attachée, on me jeta dans un cachot, et on me fit éprouver des traitements affreux que jusque-là je n'avais pas connus. Mais, n'anticipons pas sur les faits.

Mon ancien consolateur, M. Berryer, vint encore adoucir mes maux. Au dehors il demandait pour moi justice ou clémence ; dans ma prison, il cherchait à calmer ma douleur : elle me paraissait moins vive quand il m'assurait qu'il la partageait. Ses exhortations étaient si douces, que sa voix semblait ouvrir un passage à son cœur.

Puissiez-vous concevoir, vous qui remplissez cet auguste ministère, combien il vous serait facile de diminuer le poids des fers que ces malheureux portent avec tant de peine ! un mot peut-être ranimerait leurs espérances et tarirait leurs larmes. Il vous en coûterait si peu de leur paraître des dieux ! pourquoi donc n'êtes-vous si souvent à leurs yeux que des bourreaux ?

Mon protecteur, ne pouvant changer l'ordre qui était donné, me laissa dans mon cachot ; mais il veilla à ce que ma nourriture fût la même que celle que j'avais auparavant, et comme il entrait par une meurtrière un peu de jour dans mon souterrain, il ordonna qu'on me fournît, quand j'en demanderais, des livres, des plumes, de l'encre et du papier.

Longtemps j'usai de ce remède pour distraire mes ennuis ; mais au bout de six mois il devint insuffisant contre le désespoir qui s'empara de moi. Mon esprit révolté me rappelait sans cesse l'idée de ma persécutrice, et ne la retraçait qu'avec horreur. Quoi ! il ne devait donc plus y avoir de terme à mes maux ni à sa vengeance ! cette incertitude affreuse, le plus intolérable de tous les tourments, troublait ma raison et déchirait mon cœur.

J'éprouvais dans tous mes sens la fermentation d'une rage trop longtemps étouffée ; et dans les accès de ce délire, mon premier besoin était d'exhaler la trop juste indignation qui m'agitait ; elle me dicta quelques mauvais vers. J'eus l'imprudence d'écrire ceux-ci sur la marge d'un des livres qu'on m'avait prêtés :

> Sans esprit et sans agréments,
> Sans être ni belle ni neuve,
> En France on peut avoir le premier des amants :
> La Pompadour en est la preuve.

J'étais loin de croire qu'on trouverait ces vers ; j'avais assez déguisé mon écriture pour qu'à l'avenir on ne pût découvrir quelle était la main qui l'avait tracée. J'ignorais qu'un des ordres les plus impérieux et les mieux exécutés à la Bastille, était de feuilleter avec la plus scrupuleuse exactitude tous les livres qui sortaient des mains d'un prisonnier : mon porte-clés, en faisant la visite de celui sur lequel était écrit ce qu'on vient de lire, fut le montrer au gouverneur. Sans doute cet homme, nommé Jean Lebel [Jean Baisle], pouvait facilement supprimer toutes les traces de ce fait, et plaindre un malheureux, assez aigri par ses maux pour ne pas sentir à quoi l'exposait une pareille imprudence ; le moindre mouvement d'humanité devait l'y porter sans doute ; mais comment attendre ce sentiment d'un gouverneur de la Bastille, d'un être qui, par état, complice de toutes les atrocités qui s'y commettent, doit nécessairement, par caractère, être insensible et peut-être féroce ? Car quel est l'homme honnête et généreux qui pourrait consentir à repaître ses yeux toute sa vie du spectacle affreux de l'infortune ? Jean Lebel, digne sous tous les rapports de son emploi, fut chercher près de Mᵐᵉ de Pompadour, en lui portant ce livre, la récompense de son zèle et de sa fidélité ; sans doute aussi il n'était pas fâché de s'assurer qu'il jouirait plus longtemps de ma détention. C'était le moindre calcul que se permissent tous ses collègues. Intéressés à voir augmenter le nombre de leurs prisonniers, ils n'avaient que la ressource de retenir ceux qu'on leur confiait, et ils n'usaient que trop des facilités qu'ils avaient d'y parvenir.

D'après ce qu'on a vu du caractère de la

marquise de Pompadour, qu'on juge de sa fureur à la vue de cette insolence. Quoi ! dans les fers, accablé de sa haine et de sa vengeance, j'osais encore la braver et l'insulter. Elle mande M. Berryer, lui montre mes vers, et, en bégayant de rage, elle lui dit : « Connaissez votre protégé ; osez encore solliciter ma clémence. »

On conçoit que cet événement ne diminua rien à l'horreur de ma situation ; mais comme il était difficile qu'elle augmentât, cela ne servit qu'à la prolonger. Je restai dix-huit mois au cachot. Ce ne fut qu'au bout de ce temps que M. Berryer crut pouvoir prendre sur lui de m'en faire sortir pour me placer dans une chambre. Il m'offrit aussi de me procurer ce qu'on peut appeler dans cet enfer une consolation bien douce, l'avantage d'avoir un domestique.

J'ai dit plus haut que les porte-clés ne répondent jamais à aucune des questions qu'on leur fait ; leur visage est toujours morne et leur langue glacée ; il leur est défendu expressément de proférer une seule parole, excepté lorsqu'on veut tromper le malheureux prisonnier ; mais alors on compte les mots qu'ils sont chargés de prononcer, et chacun d'eux est une bassesse et un mensonge. C'est donc une faveur bien précieuse que d'obtenir la permission d'avoir dans sa chambre un homme à qui on puisse parler de ses peines et confier sa douleur. Celui qui y trouverait, dans un serviteur fidèle et sensible, un consolateur, un ami, pourrait au moins goûter une jouissance bien douce ; mais comment espérer ce bonheur ? j'éprouvai, au contraire, que ce que je croyais devoir me procurer quelque adoucissement n'était qu'un tourment de plus.

Je profitai de l'offre généreuse de M. Berryer. Mon malheureux père, qui gémissait autant que moi de mon infortune aurait sacrifié tout pour la diminuer : il consentit avec joie à payer les gages et la pension d'un domestique (1). On me donna un nommé Cochar, natif de Rosny. Cet

homme eût été pour moi ce que j'ambitionnais de rencontrer ; il était bon, compatissant ; il gémissait avec moi de mes maux, il les partageait, il les diminuait. Je crus sentir un moment que mon cœur, moins oppressé, pourrait, à la fin, abuser mon imagination, et que je finirais, au moyen de ce secours, par être moins malheureux. Mais je conservai peu les erreurs qui pouvaient adoucir mon sort. Le pauvre Cochar ne soutint pas longtemps tout l'ennui de sa captivité : il était père, il avait une femme et plusieurs enfants qu'on ne lui permettait pas de voir ; il pleurait, il gémissait et finit par tomber malade. Quand un domestique entrait au service d'un prisonnier, à la Bastille, il s'attachait à son sort, ne pouvait obtenir son élargissement qu'avec lui, ou mourait à ses côtés dans la prison. Cet infortuné jeune homme n'avait besoin que de respirer un air libre pour être rendu à la vie ; et mes prières, les siennes, nos gémissements ne purent obtenir son salut de nos assassins. On voulut me rassasier du spectacle atroce des angoisses de ce malheureux, expirant près de moi et pour moi ; on ne l'ôta de ma chambre qu'à l'instant où il allait rendre le dernier soupir. L'Inquisition a-t-elle jamais entassé tant d'horreurs ?...

O vous qui donnez au sort de cet infortuné des larmes et une pitié trop légitimes, réfléchissez un moment sur le mien. Je n'étais pas plus criminel que lui ; il fut victime de sa cupidité, je l'étais de l'injustice et d'une odieuse persécution. Sans doute le sentiment que cette idée m'inspirait devait bien plus agiter et tourmenter mon âme : il n'était pas libre, il est vrai, mais d'ailleurs rien ne lui manquait ; son esprit était calme, ses sens étaient tranquilles. Et moi, fatigué du poids accablant de la haine j'éprouvais, à chaque aspiration de ma poitrine, un supplice nouveau ; ma sensibilité s'altérait, mon sang s'aigrissait dans mes veines, et je sentais chaque jour mon existence se dénaturer et s'anéantir. Cet homme cependant n'a pu supporter trois mois de cette situation, et je l'ai dévorée pendant trente-cinq ans ; que dis-je, cette situation ? Eh ! ces mêmes trois mois ont été les plus tranquilles de ceux que j'ai passés dans ma prison. Alors, au moins, je n'étais

---

(1) Il n'y a rien de vrai dans ces affirmations : un domestique fut mis auprès de Latude, pour le servir à la Bastille, mais par les soins et aux frais du gouvernement.

pas enchaîné dans un cachot, étendu sur une paille infecte et pourrie ; alors je n'étais pas réduit à disputer aux animaux une nourriture dégoûtante ; alors mon corps n'était pas la pâture des insectes qui l'ont rongé depuis...

L'incertitude du sort de l'infortuné Cochar m'avait accablé ; j'étais prêt à succomber à mes tourments. M. Berryer employa pour me distraire, la ressource dont il avait déjà usé : il me donna pour compagnon un jeune homme de mon âge à peu près, plein d'activité, d'esprit et de feu ; coupable du même crime que moi, et victime de la même persécution. Il avait écrit à la marquise de Pompadour ; dans sa lettre il lui parlait de l'opinion publique, et lui traçait la marche qu'elle devait suivre pour la reconquérir et conserver la confiance de son roi ; et, puisque enfin la nation était attachée à son char, il l'invitait à se rendre digne de son estime et lui en indiquait les moyens.

Ce jeune homme, nommé d'Allègre, natif de Carpentras, déplorait depuis trois ans, à la Bastille, le malheur d'avoir donné ces conseils : cette orgueilleuse prostituée lui avait voué une haine aussi implacable qu'à moi, et lui en faisait ressentir les mêmes effets.

D'Allègre avait aussi inspiré un tendre intérêt au compatissant Berryer ; nous lui montrions tous deux la même impatience, nous l'accablions de lettres, de placets, sans jamais le lasser ; il nous instruisait de ses démarches, de ses efforts, et quelquefois de ses espérances. Enfin un jour il vint nous donner l'affreuse nouvelle que notre persécutrice, fatiguée de nos plaintes et des siennes, avait juré que sa vengeance serait éternelle et avait défendu qu'on lui parlât de nous davantage ; il ne nous dissimula pas, lui-même, que la disgrâce ou la mort de cette furie pouvait seule mettre un terme à nos maux.

Mon compagnon se laissa abattre par sa douleur ; la mienne produisit en moi un effet bien différent, elle me donna le courage et l'énergie du désespoir. Il ne devait, dans de semblables circonstances, rester à des jeunes gens que deux partis : mourir ou se sauver. Pour tout homme qui a eu la plus légère idée de la situation de la Bas-

tille, de son enceinte, de ses tours, de son régime, et des précautions incroyables que le despotisme avait multipliées pour y enchaîner plus sûrement ses victimes, le projet, l'idée seule de s'en échapper ne peut paraître que le fruit du délire, et semble n'inspirer que la pitié pour le malheureux assez dénué de sens pour oser le concevoir. J'étais cependant maître de mes esprits en m'y arrêtant, et l'on va juger qu'il fallait une âme peu commune, et peut-être une tête bien forte pour méditer, concevoir, exécuter un semblable projet.

Il ne fallait pas penser une minute à s'évader de la Bastille par les portes, toutes les impossibilités physiques se réunissaient pour rendre cette voie impraticable ; restait donc la ressource des airs. Nous avions bien dans notre chambre une cheminée dont le tuyau aboutissait au haut de la tour ; mais, comme toutes celles de la Bastille, elle était pleine de grilles, de barreaux, qui, en plusieurs endroits, laissaient à peine un passage libre à la fumée. Fussions-nous arrivés au sommet de la tour, nous avions sous les pas un abîme de près de deux cents pieds de hauteur ; au bas un fossé dominé par un mur très élevé, qu'il fallait encore franchir. Nous étions seuls, sans outils, sans matériaux, épiés à chaque instant du jour et de la nuit ; surveillés, d'ailleurs, par une multitude de sentinelles qui entouraient la Bastille, et qui semblaient l'investir.

Tant d'obstacles, tant de dangers ne me rebutèrent pas ; je voulus communiquer mon idée à mon camarade, il me regarda comme un insensé et retomba dans son eugourdissement. Il fallut donc m'occuper seul de ce dessein, le méditer, prévoir la foule épouvantable d'inconvénients qui s'opposaient à son exécution, et trouver les moyens de les lever tous. Pour y parvenir, il fallait grimper au haut de la cheminée, malgré les grilles de fer multipliées qui nous en empêchaient ; il fallait, pour descendre du haut de la tour dans le fossé une échelle de quatre-vingts pieds au moins ; une seconde, nécessairement de bois, pour en sortir ; il fallait, dans le cas où je me procurerais des matériaux, les dérober à tous les regards ; travailler sans bruit, tromper la foule de mes surveillants, enchaîner tous leurs sens, et, pendant plusieurs mois entiers, les empêcher de voir et d'entendre ; que sias-je ! il fallait prévoir et arrêter la foule d'ostacles sans cesseh renaissants qui devaient tous les jours, et à chaque instant du jour, se succéder, naître les uns des autres, arrêter et traverser l'exécution de ce plan, un des plus hardis peut-être que l'imagination ait pu concevoir et l'industrie humaine conduire à sa fin. Lecteur, voilà ce que j'ai fait ; encore une fois, je le jure, je ne vous dis que la plus exacte vérité. Entrons dans le détail de toutes mes opérations.

Le premier objet dont il fallait s'occuper était de découvrir un lieu où nous pussions soustraire à tous les regards nos outils et nos matériaux, dans le cas où nous serions assez adroits pour nous en procurer. A force de rêver, je m'arrêtai à une idée qui me parut fort heureuse. J'avais habité plusieurs chambres diverses à la Bastille, et toutes les fois que celles qui se trouvaient au-dessus et au-dessous de moi étaient occupées, j'avais parfaitement distingué le bruit que l'on faisait dans l'une et dans l'autre ; pour cette fois j'entendais tous les mouvements du prisonnier qui était au-dessus, et rien absolument de celui qui était au-dessous ; j'étais sûr cependant qu'il y en avait un. A force de calculs, je crus entrevoir qu'il pourrait bien y avoir un double plancher, séparé peut-être par quelque intervalle. Voici le moyen dont j'usai pour m'en convaincre.

Il y avait à la Bastille une chapelle où

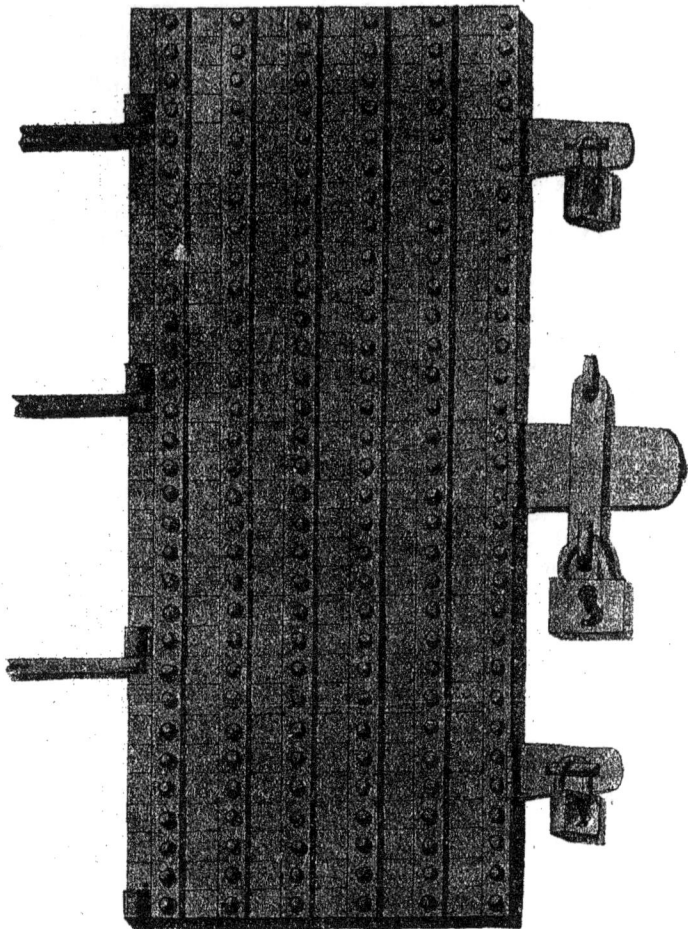

PORTE DE LA BASTILLE

Aquarelle de l'architecte Palloy   (Bibl. nat., Ins. nouv. acq. franç. 3242)

tous les jours on disait la messe et le dimanche trois. Dans cette chapelle étaient situés quatre petits cabinets disposés de manière que le prêtre ne pouvait jamais voir aucun prisonnier, et ceux-ci, à leur tour, au moyen d'un rideau qu'on n'ouvrait qu'à l'élévation, ne voyaient jamais le prêtre en face. La permission d'assister à la messe était une faveur spéciale que l'on n'accordait que très difficilement. M. Berryer nous en faisait jouir, ainsi que le prichoir, et quand nous serions au second étage, de tirer son mouchoir, de faire en sorte que l'étui tombât le long des degrés, et de dire au porte-clés d'aller le ramasser. Cet homme se nomme Daragon, il vit encore. Tout ce petit manège se pratiqua à merveille. Pendant que Daragon courait après l'étui, je monte vite au numéro 3, je tire le verrou de la porte, je regarde la hauteur du plancher, je remarque qu'il n'avait pas plus de dix pieds et demi de hauteur; je referme la porte, et, de cette chambre à la nôtre, je compte trente-deux degrés; je mesure la hauteur de l'un d'eux et, par le résultat de mon calcul, je trouve qu'il y avait, entre le plancher de notre chambre et le plafond de celle au-dessous, un intervalle de cinq pieds et demi. Il ne pouvait être comblé ni par des pierres ni par du bois, le poids aurait été énorme. J'en conclus qu'il devait y avoir un tambour, c'est-à-dire un vide de quatre pieds entre les deux planchers. On nous renferme, on tire les verrous : je saute au cou de d'Allègre; ivre de confiance et d'espoir, je l'embrasse avec transport. « Mon ami, lui dis-je, de la patience et du courage; nous sommes sauvés. » Je lui fais part de mes calculs et de mes observations. Nous pouvons cacher nos cordes et nos matériaux; « C'est tout ce qu'il me fallait, continuai-je, nous sommes sauvés. — Quoi ! me dit-il, vous n'avez donc pas aban-

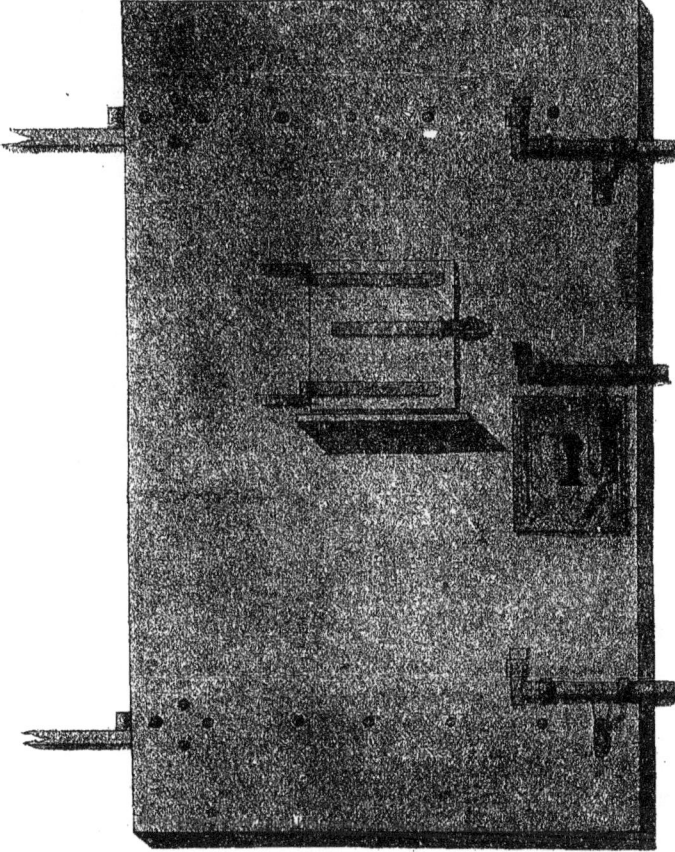

PORTE DE LA BASTILLE

Aquarelle de l'architecte Palloy   (Bibl. nat., ins. nouv. acq. franç. 3 : 42)

sonnier qui occupait la chambre n° 3, c'est-à-dire celle au-dessous de la nôtre.

Je résolus de profiter, au sortir de la messe, d'un moment où celui-ci ne serait pas encore renfermé, pour jeter un coup d'œil sur sa chambre. J'indiquai à d'Allègre un moyen de me faciliter cette visite : je lui dis de mettre son étui dans son mou-

donné vos rêveries ; des cordes, des matériaux, où sont ils, où nous en procurerons-nous ? — Des cordes ! nous en avons plus qu'il ne nous en faut ; cette malle (en lui montrant la mienne) en contient plus de mille pieds. » Je lui parlais avec feu. Plein de mon idée, du transport que me donnaient mes nouvelles espérances, je lui paraissais inspiré ; il me regarde fixement et, avec le ton le plus touchant et du plus tendre intérêt il me dit : « Mon ami, rappelez vos sens, tâchez de calmer le délire qui vous agite. Votre malle, dites-vous, renferme plus de mille pieds de corde ? je sais comme vous ce qu'elle contient : il n'y en a pas un seul pouce. — Eh quoi ! n'ai-je pas une grande quantité de linge, douze douzaines de chemises, beaucoup de serviettes, de bas, de coiffes et autres choses ? ne pourront-ils pas nous en fournir ? nous les effilerons, et nous en aurons des cordes. »

D'Allègre, frappé comme d'un coup de foudre, saisi sur-le-champ l'ensemble de mon plan et de mes idées ; l'espérance et l'amour de la liberté ne meurent jamais dans le coeur de l'homme et ils n'étaient qu'engourdis dans le sien. Bientôt je l'échauffai, je l'embrasai du même feu. Mais il n'était pas encore si avancé que moi ; il fallut combattre la foule de ses objections et guérir toutes ses craintes. « Avec quoi, me disait-il, arracherons-nous toutes ces grilles de fer qui garnissent notre cheminée ? où prendrons-nous des matériaux pour l'échelle de bois qui nous sera nécessaire ? où prendrons-nous des outils pour

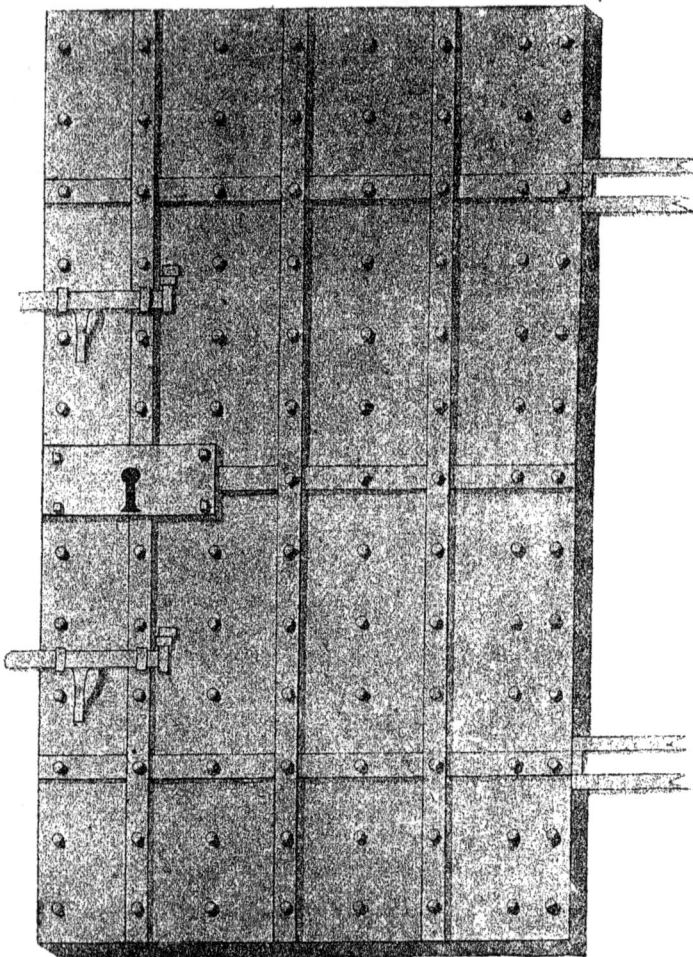

PORTE DE LA BASTILLE

Aquarelle de l'architecte Palloy   (Bibl. nat., nouv. aq. franç. 3242)

faire toutes ces opérations ? Nous ne possédons pas l'art heureux de créer.

— Mon ami, lui dis-je, c'est le génie qui crée, et nous avons celui que donne le désespoir ; il dirigera nos mains :

encore une fois, nous serons sauvés. »

Nous avions une table pliante, soutenue par deux fiches de fer : nous leur fîmes un taillant en les repassant sur un carreau du plancher ; d'un briquet nous fabriquâmes en moins de deux heures, un bon canif avec lequel nous fîmes deux manches à ces fiches, dont le principal usage devait être d'arracher toutes les grilles de fer de notre cheminée.

Le soir, après que toutes les visites de la journée furent faites, nous levâmes au moyen de nos fiches, un carreau du plancher, et nous nous mîmes à creuser de telle sorte qu'en moins de six heures de temps nous l'eûmes percé ; nous vîmes alors que toutes mes conjectures étaient fondées, et nous trouvâmes entre les deux planchers un vide de quatre pieds. Nous remîmes le carreau, qui ne paraissait pas avoir été levé.

Ces premières opérations faites, nous décousîmes deux chemises et leurs ourlets, et nous en tirâmes les fils l'un après l'autre ; nous les nouâmes tous, et nous en fîmes un certain nombre de pelotons que nous réunîmes ensuite en deux grosses pelotes ; chacune avait cinquante filets de soixante pieds de longueur ; nous les tressâmes, ce qui nous donna une corde de cinquante-cinq pieds de long environ, avec laquelle nous fîmes une échelle de vingt pieds, qui devait nous servir à nous soutenir en l'air pendant que nous arracherions dans la cheminée toutes les barres et les pointes de fer dont elle était armée. Cette besogne était la plus pénible et la plus embarrassante : elle nous demanda six mois d'un travail dont l'idée fait frémir. Nous ne pouvions y travailler qu'en pliant le corps et en le torturant par les postures les plus gênantes ; nous ne pouvions résister plus d'une heure à cette situation, et nous ne descendions jamais qu'avec les mains ensanglantées. Ces barres de fer étaient clouées dans un ciment extrêmement dur, que nous ne pouvions amollir qu'en soufflant de l'eau avec notre bouche dans les trous que nous pratiquions.

Qu'on juge de tout ce que cette besogne avait de pénible, en apprenant que nous étions satisfaits quand, dans une nuit entière, nous avions enlevé l'épaisseur d'une ligne de ce ciment. A mesure que nous arrachions une barre de fer, il fallait la replacer dans son trou pour que, dans les fréquentes visites que nous essuyions, on ne s'aperçût de rien, et de manière à pouvoir les enlever toutes au moment où nous serions dans le cas de sortir.

Après six mois de ce travail opiniâtre et cruel, nous nous occupâmes de l'échelle de bois qui nous était nécessaire pour nous monter du fossé sur le parapet, et de ce parapet dans le jardin du gouverneur. Il lui fallait vingt à vingt-cinq pieds de longueur. Nous y consacrâmes le bois qu'on nous donnait pour nous chauffer : c'étaient des bûches de dix-huit à vingt pouces. Il nous fallait aussi des moufles et beaucoup d'autres choses pour lesquelles il était indispensable de nous procurer une scie ; j'en fis une avec un chandelier de fer, au moyen de la seconde partie du briquet dont j'avais transformé la première en canif ou petit couteau. Avec ce morceau de briquet, cette scie et les fiches, nous dégrossissions nos bûches ; nous leur faisions des charnières et des tenons pour les emboîter les unes dans les autres, avec deux trous à chaque charnière et à son tenon pour y passer un échelon, et deux chevilles pour l'empêcher de vaciller. Nous ne fîmes à cette échelle qu'un bras ; nous y mîmes vingt échelons de quinze pouces chacun. Le bras avait trois pouces de diamètre ; par conséquent chaque échelon excédait ce bras de six pouces de chaque côté. A chaque morceau de cette échelle, nous avions attaché son échelon à sa cheville avec une ficelle, de manière à pouvoir la monter facilement pendant la nuit. A mesure que nous avions achevé et perfectionné un de ces morceaux, nous le cachions entre les deux planchers.

C'est avec ces outils que nous garnîmes notre atelier ; nous nous procurâmes compas, équerre, règle, dévidoir, moufles, échelons, etc., tout cela, comme on le conçoit, toujours soigneusement caché dans notre magasin. Il y avait un danger qu'il avait fallu prévoir, et auquel nous ne pouvions nous soustraire qu'avec les précautions les plus attentives. J'ai déjà prévenu qu'indépendamment des visites très fréquentes, que faisaient les porte-clés et divers officiers de la Bastille au moment ou l'on s'y attendait le moins, un des usages du lieu était d'épier les actions et les discours des prisonniers. Nous pouvions nous soustraire aux regards en ne faisant que la nuit nos principaux ouvrages, et en évitant avec soin d'en laisser apercevoir les moindres traces, car un copeau, le moindre débris pouvait nous trahir ; mais il fallait tromper aussi les oreilles de nos espions. Nous nous entretenions nécessairement sans cesse de notre objet ; il fallait donc éviter de donner des soupçons, ou les détourner au moins, en confondant toutes les idées de ceux qui nous auraient ouïs. Pour cela nous nous fîmes un dictionnaire particulier, en donnant un nom à tous les objets dont nous servions. Nous appelions la scie *faune* le dévidoir *anubis*, les fiches *tubalcaïn*, du nom du premier homme qui trouva l'art de se servir du fer ; le trou que nous avions fait à notre plancher pour cacher nos matériaux dans le tambour, *polyphème*, par allusion à l'antre de ce fameux cyclope ; l'échelle de bois *jacob*, ce qui rappelait l'idée de celle dont l'Ecriture sainte fait mention ; les échelons, *rejetons* ; nos cordes, des *colombes*, à cause de leur blancheur ; un peloton de fil, *le petit frère* ; le canif, *le toutou*, etc. Si quelqu'un entrait dans notre chambre et que l'un des deux aperçût quelque chose qui ne fût pas serré, il en prononçait le nom, *faune, anubis, jacob*, etc. : l'autre jetait dessus son mouchoir ou une serviette, et faisait disparaître cet objet.

Nons étions sans cesse sur nos gardes, et nous fûmes assez heureux pour tromper la surveillance de tous nos argus.

II

Les premières opérations, dont j'ai parlé, étant achevées, nous nous occupâmes de la grande échelle ; elle devait avoir au moins cent quatre-vingts pieds de longueur. Nous nous mîmes à effiler tout notre linge, chemises, serviettes, coiffes, bas, caleçons, mouchoirs, tout ce qui pouvait ncus fournir du fil ou de la soie. A mesure que nous avions fait un peloton, nous le cachions dans *Solyphème ;* et lorsque nous en eûmes une quantité suffisante, nous employâmes une nuit entière à tresser cette corde ; je défierais le cordier le plus adroit d'en fabriquer une avec plus d'art.

Autour de la Bastille, à la partie supérieure, était un bord saillant de trois ou quatre pieds, ce qui nécessairement devait faire flotter et vaciller notre échelle pendant que nous descendrions ; c'était plus qu'il n'en eût fallu pour troubler et bouleverser la tête la mieux organisée. Pour obvier à cet inconvénient et prévenir qu'un de nous tombât ou s'écrasât en descendant, nous fîmes une seconde corde d'environ trois cent soixante pieds de longueur. Cette corde devait être passée dans un moufle, c'est-à-dire une espèce de poulie sans roue, pour éviter que cette corde ne s'engrenât entre la roue et les côtés de la poulie et que celui qui descendrait ne se trouvât suspendu en l'air sans pouvoir descendre davantage. Après ces deux cordes, nous en fîmes plusieurs autres de moindre longueur, pour attacher notre échelle à un canon et pour d'autres besoins imprévus.

Quand toutes ces cordes furent faites, nous les mesurâmes ; il y en avait quatorze cents pieds ; ensuite, nous fîmes deux cent huit échelons, tant pour l'échelle de corde que pour celle de bois. Un autre inconvénient qu'il fallait prévoir était le bruit que causerait le frottement des échelons sur la muraille au moment où nous descendrions. Nous leur fîmes à tous un fourreau avec les doublures de nos robes de chambre, de nos vestes et de nos gilets.

Nous employâmes dix-huit mois entiers d'un travail continuel pour tous ces préparatifs ; mais ce n'était pas tout encore : nous avions bien pourvu aux moyens d'arriver au haut de la tour et de descendre dans le fossé ; pour en sortir, nous avions deux moyens : l'un, de monter sur le parapet, de ce parapet dans le jardin du gouverneur, et de là descendre dans le fossé de la porte Saint-Antoine ; mais ce parapet, qu'il nous fallait traverser, était toujours garni de sentinelles. Nous pouvions nous eût été impossible alors de nous cacher, à cause des lumières qu'elles ont toujours, et nous étions perdus à jamais.

L'autre parti augmentait les difficultés, mais il était moins dangereux ; il consistait à nous faire un passage à travers la muraille qui sépare le fossé de la Bastille de celui de la porte Saint-Antoine ; je réflé-

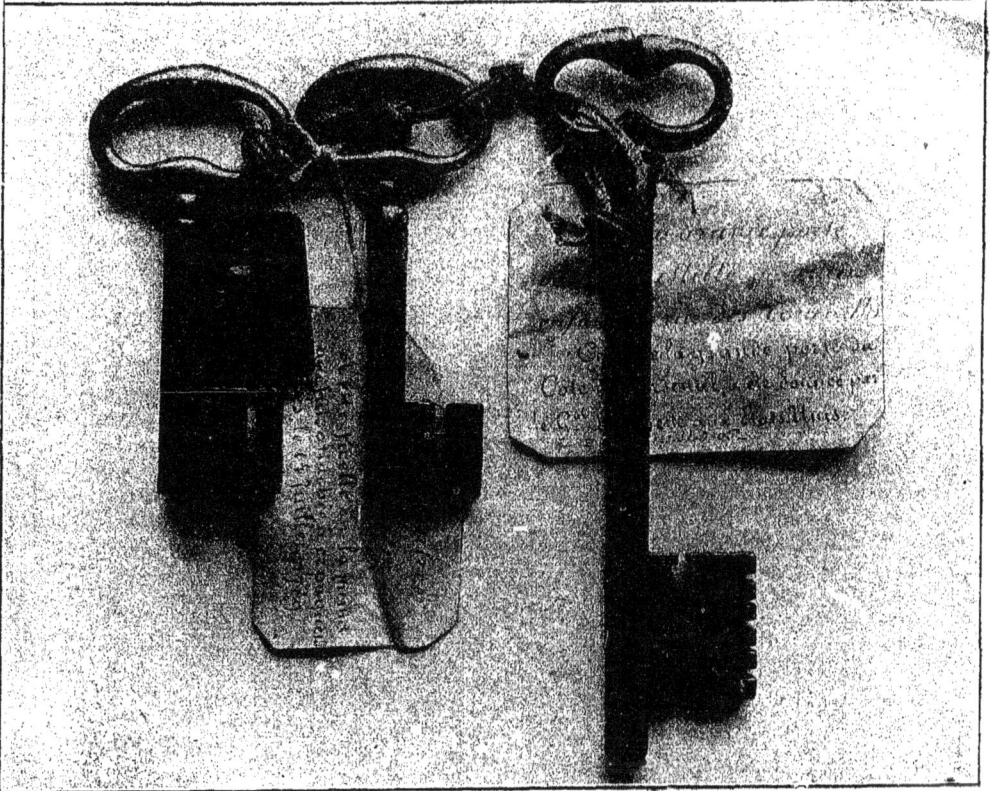

CLÉS DE LA BASTILLE

(Musée Carnavalet)

choisir une nuit très obscure et pluvieuse ; alors, les sentinelles ne se promènent pas et nous serions parvenus à leur échapper ; mais il pouvait pleuvoir à l'instant où nous monterions dans notre cheminée et le temps devenir calme et serein au moment où nous arriverions sur le parapet ; nous pouvions nous rencontrer avec les rondes-majors qui, à chaque instant, le visitent ; il chis que, dans la multitude des débordements de la Seine qui, dans ce cas, remplissait ce fossé, l'eau avait dû dissoudre le sel contenu dans le mortier et le rendre moins difficile à briser ; que, par ce moyen, nous pourrions parvenir à percer la muraille. Pour cela, il nous fallait une virole au moyen de laquelle nous ferions des trous dans ce mortier pour engrener les pointes des deux barres de fer que nous pourrions prendre dans notre cheminée; avec ces deux barres, nous pouvions arracher des pierres et nous faire un passage. Il fut décidé que nous préférerions ce parti. Nous fîmes donc une virole avec la fiche d'un de nos lits, à laquelle nous attachâmes un manche en forme de croix.

Le lecteur qui nous a suivis dans le détail de ces intéressantes opérations partage sans doute tous les sentiments qui nous agitaient. Oppressé comme nous par la crainte et l'espérance, il hâte l'instant où nous pourrons enfin tenter notre fuite; nous la fixâmes au mercredi 25 février 1755, veille du jeudi gras. Alors, la rivière était débordée; il y avait quatre pieds d'eau dans le fossé de la Bastille et dans celui de la porte Saint-Antoine, où nous devions chercher notre délivrance. Je remplis un portemanteau de cuir que j'avais d'un habillement complet pour chacun de nous afin de pouvoir nous changer si nous étions assez heureux pour nous sauver.

A peine nous eût-on servi notre dîner, que nous montâmes notre grande échelle de corde, c'est-à-dire que nous y mîmes les échelons; nous la cachâmes sous nos lits afin que le porte-clés ne pût l'apercevoir dans les visites qu'il devait nous rendre encore pendant la journée.

Nous accommodâmes ensuite notre échelle de bois en trois morceaux, nous mîmes nos barres de fer, nécessaires pour percer la muraille, dans leur fourreau, pour empêcher qu'elles ne fissent du bruit. Nous nous munîmes d'une bouteille de scubac [eau-de-vie de grain], pour nous réchauffer et nous rendre des forces quand nous aurions à travailler dans l'eau jusqu'au cou pendant plus de neuf heures. Toutes ces précautions prises, nous attendîmes l'instant où on nous aurait apporté notre souper. Il arriva enfin.

Je montai le premier dans la cheminée. J'avais un rhumatisme au bras gauche, mais j'écoutai peu cette douleur. J'en éprouvai bientôt une autre plus aiguë. Je n'avais employé aucune des précautions que prennent les ramoneurs; je faillis être étouffé par la poussière de la suie. Ils garantissent leurs coudes et leurs genoux au moyen de défensives de cuir, je n'en avais pas pris.

Je fus écorché jusqu'au vif dans tous ces membres; le sang ruisselait sur mes mains et sur mes jambes : c'est dans cet état que j'arrivai au haut de la cheminée. Dès que j'y fus parvenu, je fis couler une pelote de ficelle dont je m'étais muni; d'Allègre attacha à l'extrémité le bout d'une corde à laquelle tenait mon portemanteau; je le tirai à moi, je le deliai et je le jetai sur la plate-forme de la Bastille. Nous montâmes de la même manière l'échelle de bois, les deux barres de fer et tous nos autres paquets, nous finîmes par l'échelle de corde, dont je laissai descendre une extrémité pour aider Allègre à monter, pendant que je soutenais le reste au moyen d'une grosse cheville que nous avions préparée exprès; je la fis passer dans la corde et la posai en croix sur le tuyau de la cheminée, par ce moyen, mon compagnon évita de se mettre en sang comme moi. Cela fini, je descendis du haut de la cheminée, où je me trouvais dans une posture fort gênante, et nous nous trouvâmes tous deux sur la plate-forme de la Bastille.

Arrivés là, nous disposâmes tous nos effets; nous commençâmes par faire un rouleau de notre échelle de corde, ce qui fit une masse de quatre pieds de diamètre et d'un pied d'épaisseur. Nous la fîmes rouler sur la tour, appelée *la Tour du Trésor*, qui nous avait paru la plus favorable pour faire notre descente; nous attachâmes un des bouts de l'échelle à une pièce de canon et nous la fîmes couler doucement le long de la tour, ensuite nous attachâmes notre moufle et nous y passâmes la corde qui avait trois cent soixante pieds de longueur; je m'attachai autour du corps la corde passée dans la moufle, d'Allègre la lâchait à mesure que je descendais; malgré cette précaution, je voltigeais dans l'air à chaque mouvement que je faisais; qu'on juge de ma situation d'après le frissonnement que cette idée seule fait éprouver. Enfin, j'arrivai, sans aucun accident, dans le fossé. Sur-le-champ, d'Allègre me descendit mon portemanteau et tous les autres objets; je trouvai heureusement une petite éminence qui dominait l'eau dont le fossé était rempli et je les y plaçai. Ensuite, mon compagnon fit la même chose que moi, mais il eut un avantage de plus; je tins de toutes mes forces le bout de l'échelle, ce qui l'empêcha de vaciller autant. Arrivés tous deux au bas, nous ne pûmes nous défendre d'un léger regret d'être hors d'état d'emporter avec nous notre corde et les matériaux dont nous nous étions servis, monuments rares et précieux de l'industrie humaine et des vertus peut-être auxquelles peut conduire l'amou de la liberté.

Il ne pleuvait pas, nous entendions la sentinelle qui se promenait à six toises au plus de nous ; il fallait donc renoncer à monter sur le parapet et à nous sauver par le jardin du gouverneur ; nous prîmes le parti de nous servir de nos barres de fer et de tenter le second moyen que j'ai indiqué plus haut. Nous allâmes droit à la muraille qui sépare le fossé de la Bastille de celui de la porte Saint-Antoine et, sans relâche, nous nous mîmes au travail. Dans cet endroit précisément était un petit fossé d'une toise de largeur et d'un pied et demi de profondeur, ce qui augmentait la hauteur de l'eau. Partout ailleurs, nons n'en aurions eu que jusqu'au milieu du corps, là, nous en avions jusque sous les aisselles. Il dégelait seulement depuis quelques jours, en sorte que l'eau était encore pleine de glaçons ; nous y restâmes pendant neuf heures entières, le corps épuisé par un travail excessivement difficile et les membres engourdis par le froid.

A peine avions-nous commencé que je vis venir, à douze pieds au-dessus de nos têtes, une ronde-major, dont le fallot éclairait parfaitement le lieu où nous étions ; nous n'eûmes pas d'autre ressource, pour éviter d'être découverts, que de faire le plongeon ; il fallut recommencer cette manœuvre toutes les fois que nous reçûmes cette visite, c'est-à-dire à chaque demi-heure. On me pardonnera de raconter un autre événement du même genre, qui, dans le premier moment, me causa une frayeur mortelle et qui finit par me paraître plaisant. Je ne le rapporte que pour être fidèle à la promesse que j'ai faite de ne passer sous silence aucun détail ; mon objet ne peut être que d'égayer ce récit et d'arracher un sourire.

Une sentinelle qui se promenait à très peu de distance de nous, sur le parapet,

vint jusqu'à l'endroit où nous étions et s'arrêta tout court au-dessus de ma tête ; je crus que nous étions découverts et j'éprouvais un saisissement affreux ; mais bientôt j'entendis qu'elle ne s'était arrêtée que pour lâcher de l'eau, ou plutôt je le sentis, car je n'en perdis pas une goutte sur la tête et sur le visage ; dès qu'elle se fut retirée, je fus forcé de jeter mon bonnet et de laver mes cheveux.

Enfin, après neuf heures de travail et d'effroi, après avoir arraché les pierres les unes après les autres avec une peine que l'on ne peut concevoir, nous parvînmes à faire, dans une muraille de quatre pieds et demi d'épaisseur, un trou assez large pour pouvoir passer ; nous nous traînâmes tous deux à travers. Déjà notre âme commençait à s'ouvrir à la joie, lorsque nous courûmes un danger que nous n avions pas prévu et auquel nous faillîmes succomber. Nous traversions le fossé Saint-Antoine pour gagner le chemin de Bercy ; à peine eûmes-nous fait vingt-cinq pas que nous tombâmes dans l'aqueduc qui est au milieu, ayant dix pieds d'eau au-dessus de nos têtes et deux pieds de vase qui nous empêchaient de nous mouvoir et de marcher pour gagner l'autre bord de l'aqueduc, qui n'a que six pieds de largeur. D'Allègre se jeta sur moi et faillit me faire tomber ; nous étions perdus : il ne nous fût plus resté assez de forces pour nous relever et nous périssions dans le bourbier. Me sentant saisir, je lui donnai un coup de poing violent qui lui fit lâcher prise, et du même mouvement je m'élançai et parvins à sortir de l'aqueduc ; j'enfonçai alors mon bras dans l'eau, je saisis d'Allègre par les cheveux et le tirai de mon côté ; bientôt nous fûmes hors du fossé, et au moment où cinq heures sonnaient, nous nous trouvâmes sur le grand chemin.

Transportés du même sentiment, nous nous précipitâmes dans les bras l'un de l'autre ; nous nous tînmes étroitement serrés et tous deux nous nous prosternâmes pour exprimer au Dieu, qui venait de nous arracher à tant de périls, notre vive reconnaissance. On conçoit de pareils mouvements, mais on ne doit pas chercher à les décrire.

Ce dernier devoir rempli, nous pensâmes

à changer de vêtements ; c'est alors que nous vîmes combien il était heureux d'avoir pris la précaution de nous munir d'un portemanteau, qui en contenait de secs ; l'humidité avait engourdi nos membres et, ce que j'avais prévu, nous sentîmes le froid bien plus que nous l'avions fait pendant les neuf heures consécutives que nous avions passées dans l'eau et dans la glace ; chacun de nous eût été hors d'état de s'habiller et de se déshabiller lui-même et nous fûmes obligés de nous rendre mutuellement ce service. Nous nous mîmes mon ami avait hérité des vertus de son père. J'éprouvai bientôt qu'elles lui étaient communes avec son épouse. Ils s'occupèrent peu des dangers qu'ils couraient en réfugiant deux hommes échappés de la Bastille, échappés surtout à la vengeance de la favorite d'un roi ; seulement, ils prirent la précaution de nous loger chez leur tailleur, nommé Rouit, parce qu'il demeurait à l'Abbaye Saint-Germain, où l'on était plus à l'abri des recherches de la police. Là, Dejean et sa femme venaient tous les jours nous secourir, nous consoler

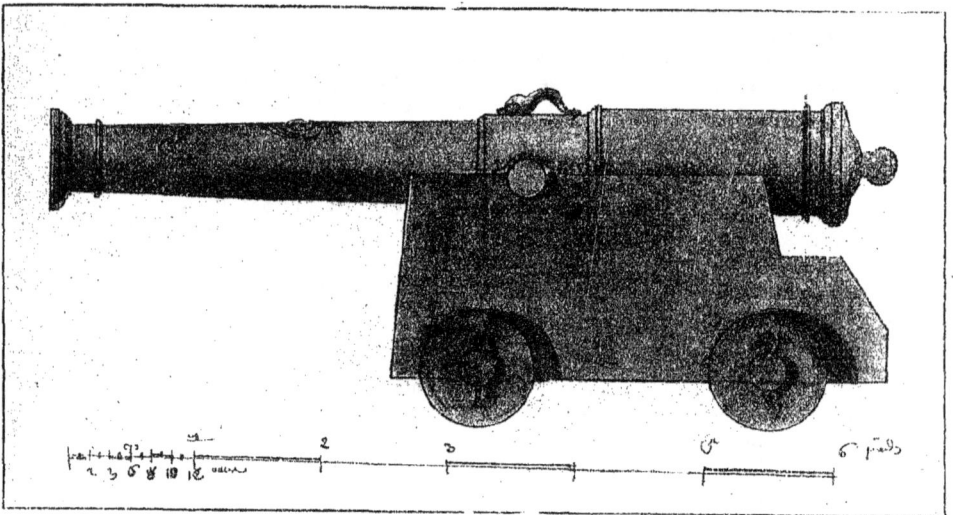

CANONS PLACÉS SUR LE HAUT DES TOURS DE LA BASTILLE

(Dessin de l'architecte Palloy)   (Bibl. nat. ms. nouv. acq. raç, 3422)

enfin dans un fiacre et nous nous fîmes conduire chez M. de Silhouette, chancelier de M. le duc d'Orléans ; je le connaissais beaucoup et j'étais sûr d'en être bien reçu ; malheureusement, il était à Versailles.

Nous nous réfugiâmes chez un honnête homme, que je connaissais également ; c'était un orfèvre, nommé Fraissinet, natif de Béziers. Il m'apprit qu'un sieur Dejean, natif comme moi de Montagnac, et notre ami commun, était à Paris avec son épouse : cette nouvelle acheva de me rendre à la vie. Dejean était fils d'un homme vénéré dans tout le Languedoc par les protestants, qui le regardaient comme leur chef ;

d'Allègre et moi. Chacun d'eux fournissait à nos besoins et, ce qui est admirable, chacun d'eux nous demandait de taire à l'autre ses bienfaits envers nous. Il semble que cette famille respectable ait été destinée à adoucir toute ma vie les amertumes dont elle n'a que trop été remplie, ou, dans des jours plus heureux, à embellir mon existence. Dejean avait une fille âgée alors de douze ans, épouse aujourd'hui du citoyen Arthur, homme respectable et justement respecté, artiste célèbre, et tous deux amis sensibles et généreux. Que ne puis-je laisser échapper ici le secret de mon âme envers eux ! Mais Arthur est

Anglais, il pourrait lire cette page; il croirait que je le loue et je dois craindre de l'offenser.

C'était trop pour la marquise de Pompadour de perdre à la fois deux victimes; et puisque son cœur éprouvait un tel besoin de nous tourmenter, elle dut ressentir une colère bien vive en apprenant que nous venions, par notre fuite, de lui enlever cette précieuse jouissance. Elle devait craindre, d'ailleurs, les effets de notre juste ressentiment; nous pouvions dévoiler au public toutes les horreurs qu'elle avait commises envers nous et dont tant d'autres malheureux étaient encore les victimes; nous pouvions rendre tous nos concitoyens confidents de nos peines et la France entière eût partagé nos transports. Elle le savait; aussi n'a-t-elle jamais rendu, à ce que l'on assure, la liberté à aucun de ceux qu'elle a précipités dans les fers; elle concentrait à jamais dans l'enceinte des cachots leurs soupirs et leur rage.

Instruits de ses craintes et des précautions ordinaires qu'elle employait pour les calmer, nous ne doutions pas que l'on ne mît bien des soins à nous découvrir. Je n'étais plus tenté, cette fois, de m'aller jeter à ses pieds et je n'hésitai pas à m'expatrier, mais il eût été trop imprudent de nous exposer dans ces premiers moments : nous restâmes cachés près d'un mois sous la garde de l'amitié; il fut décidé que nous ne partirions pas tous deux ensemble, afin que si l'un des deux était découvert, son malheur pût profiter à l'autre.

D'Allègre partit le premier, déguisé en paysan, et se rendit à Bruxelles, où il eut le bonheur d'arriver sans accident : il me l'apprit de la manière dont nous étions convenus; alors, je me mis en route pour le rejoindre.

Je pris l'extrait de baptême de mon hôte, qui était à peu près de mon âge : je me munis des mémoires imprimés et des pièces d'un vieux procès, pour pouvoir, dans le cas où j'aurais à rendre compte de mon voyage, justifier un prétexte plausible.

Je m'habillai en domestique, je sortis de nuit de Paris et fus attendre, à quelques lieues, la diligence de Valenciennes; il y avait une place, je la pris; plusieurs fois,

je fus fouillé, interrogé par des cavaliers de maréchaussée; j'annonçais que j'allais à Amsterdam, porter au frère du maître dont j'avais emprunté le nom les pièces dont j'étais muni, et au moyen de toutes les précautions que j'avais prises, j'échappai à la surveillance de tous ceux qui étaient chargés de m'arrêter.

Cependant, je ne me tirai pas toujours de ce pas avec autant de facilité : à Cambrai, le brigadier qui m'interrogeait m'ayant demandé d'où j'étais, sur la réponse que je lui fis que j'étais de Digne en Provence, lieu indiqué sur l'extrait de baptême que j'avais emprunté, il me reprit qu'il y avait vécu dix ans.

Je vis bien qu'il allait entamer, à ce sujet, une conversation dont les suites pourraient me devenir fâcheuses; je conservai toute ma présence d'esprit et, pour détourner les soupçons, je le prévins moi-même par quelques questions relatives aux agréments dont on jouit dans ce pays et à la gaîté presque constante de tous ses habitants. Mais, malgré toute mon adresse, je ne pus échapper au danger que je redoutais; mon prétendu compatriote me parla de quelques personnes fort remarquables du lieu et dont il était difficile de n'avoir pas eu connaissance; mon embarras retraça à mon esprit la fable du dauphin, sur le dos duquel un singe avait cherché un asile au moment d'un naufrage. L'animal marin demanda à l'autre s'il connaissait le Pirée; celui-ci répondit avec effronterie que le Pirée était un de ses meilleurs amis : à ce mot le dauphin leva la tête et, voyant qu'il ne portait qu'un singe, il le jeta à la mer. Je profitai de cette leçon et, sans rien répondre de positif, je parus chercher dans ma mémoire les noms des personnes dont mon interrogateur me parlait, je montrai une grande surprise de ne pas les connaître. « Au surplus, lui dis-je, de quel temps me parlez-vous ? — De dix-huit ans », me répondit-il. Ce mot me mit parfaitement à mon aise; je lui observai qu'alors je n'étais qu'un enfant et que, sans doute, depuis longtemps ces personnes étaient mortes. Cet homme me fit encore d'autres questions; mais, craignant qu'il ne les portât trop loin, je saisis la première occasion qui se présenta de rompre cet entretien, qui commençait à me peser de plus en plus; j'appelai notre conducteur, que je vis passer, et, sous prétexte de terminer avec lui quelques affaires, je pris congé de cet homme et lui tirai ma révérence.

III

(mars-juin 1756)

Arrivé à Valenciennes, je pris le carrosse de Bruxelles. Entre cette première ville et Mons, il y a sur le grand chemin un poteau où sont d'un côté les armes de la France et de l'autre celles de l'Autriche, c'est la limite des Etats. J'étais à pied quand nous y passâmes, je ne pus résister au mouvement qui me précipita sur cette terre, que je baisai avec transport. Je pouvais enfin, ou je croyais du moins respirer en paix. Mes compagnons de voyage, étonnés de cette action, m'en demandèrent la cause; je prétextai qu'à pareil instant, une des années précédentes, j'avais échappé à un grand malheur et que je ne manquais jamais, au moment même, d'en exprimer à Dieu toute ma reconnaissance.

Le lendemain, au soir, j'arrivai enfin à Bruxelles. J'avais passé, en 1747, un quartier d'hiver dans cette ville, je la connaissais déjà; je fus descendre au Coffi, place de l'Hôtel-de-Ville, où d'Allègre m'avait donné rendez-vous. Je le demandai (1) à l'aubergiste.

Sa femme me répondit : « Je ne sais où il est. » Je repris : « C'est moi qui l'ai envoyé loger ici, et il n'y a pas encore huit jour qu'il m'a écrit à Paris et chargé de votre part d'aller voir Lecour, ciseleur du roi, pour lui demander l'argent qu'il vous doit. Vous ne devez pas me faire un mystère de me dire où est d'Allègre. » A quoi elle me répondit : « Il est bien : à bon entendeur demi-mot. » Par ces pa-

roles, je compris bien qu'il avait été arrêté. Cependant je ne fis pas semblant de m'apercevoir de ce malheur. Je lui demandai s'il avait payé sa dépense. Elle me répondit : « Tout est bien payé. » Alors l'hôte me demanda si je ne logerai point chez lui ? Je repris : « Cela n'est point douteux : vous n'avez qu'à me préparer à souper et je reviendrai vers les neuf heures et demie, car j'ai à voir plusieurs personnes. » « Cela suffit, me dit-il, je vais faire écrire votre nom à l'hôtel de ville. » Je sortis vite de chez lui, bien résolu de ne plus y retourner. Je ne fus voir qu'un de mes amis, nommé l'avocat Scoüin, qui ne voulut pas croire que le prince Charles eût consenti à l'enlèvement de d'Allègre. Je le chargeai d'aller le lendemain s'informer de cela et de retirer mon porte-manteau de la diligence, et en le quittant je fus attendre le départ de la barque d'Anvers qui partait à neuf heures du soir. Malheureusement pour moi, il se trouva dans cette barque un Savoyard ramoneur, habillé en dimanche, qui s'approcha de moi en me disant : « A votre air, je connais que vous êtes Français : Allez-vous à Anvers? » Je lui répondis que j'allais à Rotterdam. « Et moi aussi, me dit-il, nous ferons le voyage ensemble. » Arrivés à Anvers, il me dit : « Il vous faut acheter des vivres pour cinq à six jours, crainte que le vent ne devienne contraire. » Il vint m'accompagner pour en faire l'achat. Cela fait il me dit : « Venez avec moi. Je veux vous faire voir les beaux tableaux qu'il y a dans la grande église. » Je le suivis et y étant entré, il vint me dire en confidence : « Monsieur, il y a environ cinq jours qu'on a enlevé un Français dans Bruxelles : c'était un homme comme il faut et de grand esprit. Il s'était échappé d'une prison royale avec un autre prisonnier, et pour n'être pas reconnu en chemin, il s'était habillé en pauvre, et il demandait l'aumône. Arrivé dans Bruxelles, il s'était logé au Coffi, et l'Aman — c'est le nom d'un officier de justice, c'est-à-dire une espèce de prévôt qui arrête le monde — et l'Aman, sous prétexte d'écrire son nom, l'avait mené dans sa maison, et enfermé dans une chambre; et le lendemain on l'a mis dans une chaise de poste et reconduit en France, et il n'y a que moi dans

(1) Latude, qui est des environs de Montpellier, écrit toujours « je demanda », « je regarda », « j'observa »...
Ici commence la partie du mémoire rédigé par Latude lui-même dans sa précision, dont l'original est conservé dans la Bibliothèque impériale de Saint-Pétersbourg et qui mérite infiniment plus de confiance que les mémoires rédigés par Thierry.

tout Bruxelles qui sache cette nouvelle;
et c'est le domestique de l'Aman, qui est
mon bon ami, qui me l'a apprise et bien
défendu de la dire à personne. » Je repris :
« A-t-on arrêté l'autre ?

— Pas encore, me dit-il, mais on ne
le manquera pas. »

J'ai l'esprit assez présent; or, je dis en
moi-même : « Si le prince Charles a donné
les mains à cet enlèvement, que je reconnus bien que c'était celui de d'Allègre, vu qu'on a écrit ton nom à l'hôtel de ville et que tu n'es point allé coucher au Coffi, ni dans aucune auberge de la ville, les personnes qui sont à l'affût pour t'arrêter ne manqueront pas de croire et de se dire qu'il faut que tu te sois mis dans la barque d'Anvers pour passer de là en Hollande. Présentement il n'est pas encore huit heures du matin et la barque ne doit partir qu'à trois heures précises du soir, et il ne faut que quatre heures de temps en poste pour venir de Bruxelles aussi. Par conséquent, l'Aman peut avoir le temps de venir t'arrêter avant que la barque de Hollande parte. » Or, pour éviter ce malheur, je demandai si notre barque ne passait pas à Berg-op-Zoom. Il me dit que non. Je fis l'étonné, quoique je le susse aussi bien que lui, en lui disant qu'il fallait absolument que je passasse à Berg-op-Zoom pour y recevoir le paiement d'une lettre de change, et en même temps je lui dis : « Je vous fais présent de toutes les victuailles que j'ai achetées. » C'est de quoi il fut fort content. Il me remercia fort gracieusement et, en reconnaissance, il voulut m'accompagner jusqu'au dehors de la ville.

En moins de huit heures, j'arrivai dans Berg-op-Zoom. Y entrant, je rencontrai un Suisse qui parlait français, et je le priai de m'enseigner une petite auberge où je pourrais loger à bon marché, parce que l'argent commençait à me manquer. En arrivant à Bruxelles, il ne me restait qu'environ un louis d'or, et je comptais d'en toucher dans cette ville par le moyen des lettres de change de d'Allègre, ou de celles que ma mère devait m'y envoyer et qui nous furent enlevées par Saint-Marc, exempt, et il me fallait encore

JEUNE SAVOYARD
(A. de St-Aubin del J.-B. Tillard sc.)   (Coll. Rothschild)

au moins douze francs pour payer les barques. Ce Suisse me logea chez La Salle, déserteur français, qui s'était établi dans cette ville. Je me trouvai logé chez lui avec un gagne petit et un guzas [un gueux], qui avait fait deux pèlerinages à Rome, et prêt à en faire un troisième. Il se disait être arracheur de dents. Il était tout déguenillé. Ses bas étaient tout percés, de sorte qu'on lui voyait la chair de partout. C'était un homme âgé de cinquante-cinq ans, et tout bouffi. Ce jour-là le curé avait fait dire à La Salle de lui venir parler et ce guzas lui dit : « Je vous prie de ne pas partir sans moi, car j'ai à parler à M. le curé », et je ne doute pas que ce n'était que pour lui demander quelque aumône.

Dans Berg-op-Zoom, il y a toujours plusieurs régiments, et, dans chacun, il y a un chirurgien major, et en outre il y a les maîtres chirurgiens de la ville, et je crois qu'on aura lieu d'être étonné que le gouverneur de cette ville, ce jour-là, eut eu recours a ce vilain pour lui arracher des dents. Il lui fit présent d'un ducat, et c'est avec ce ducat que ce guzas avalait de l'eau-de-vie, comme si elle n'avait été que de l'eau simple. Etant ivre, il se mit à parler d'une aubergiste que l'hôte connaissait. Elle demeurait dans un village à quelques lieues de Rotterdam. Puis, tout d'un coup, il se lève de bout, appuyant ses deux points sur ses côtés, et il se mit à dire en branlant la tête.

« Il faut que j'écrive à cette femme ! Il faut que j'écrive à cette femme ! Oui, parbleu, il faut que je lui écrive ! » Et puis, s'adressant à moi, il me dit : « Monsieur, savez-vous écrire ? » Je lui répondis que oui : « Oh ! me dit-il, je vous en prie,

JEUNE SAVOYARD
(A. de St-Aubin del J.-B. Tillard sc.) (Coll. Rothschild).

écrivez-moi cette lettre. — Avec plaisir, lui dis-je alors. » L'hôte mit sur la table une feuille de papier, plume et encre, et ce guzas me dicta les paroles que voici :

« Madame, je suis à Berg-op-Zoom, et je me porte très bien. Au premier jour je viendrai vous voir. Faites mes compliments à votre mari. Je suis votre, etc... »

J'ai oublié le nom de ce guzas et celui de la femme à laquelle il écrivait ; mais, après avoir cacheté sa lettre, il me dicta cette adresse : « A Madame... Madame N..., à la poste restante, à Rotterdam. » Mais je lui dis : « Cela n'est point ainsi que l'on adresse une lettre ; il faut mettre le nom du village où elle demeure, sans quoi cette lettre ne lui sera point rendue. » Il me répondit : « Cela ne fait rien : quand elle ira à Rotterdam, elle l'ira chercher à la poste. » Quant à moi, qui attendais d'être arrivé à Amsterdam pour envoyer mon adresse à ma mère, je fus charmé de l'expédient que me suggérait inconsciemment ce guzas, parce que j'avais grand besoin d'argent ; et, pour en avoir dix à douze jours plus tôt, sur-le-champ j'écrivis à ma mère de m'envoyer une lettre de change et d'adresser ainsi ma lettre : « A Monsieur d'Aubrespy, à la poste restante, à Amsterdam », et, par la

LA VI LLE DE BRUXELLES

LA VILLE BRUXELLES

(d'après une estampe conservée à la Bibliothèque nationale,

malédiction du démon, c'est là que cette lettre fut interceptée. Mais il est certain que ce malheur ne me serait point arrivé, sans cet ivrognasse qui fut cause que je fus arrêté, parce que je n'aurais écrit à ma mère que d'Amsterdam, et je lui aurais dit, comme je fis dans la seconde que je lui envoyai, d'adresser ma lettre à M. Clerque, ou enfin, si je n'avais pas trouvé Clerque, je lui aurais dit d'adresser mes lettres sous enveloppe à mon hôte, et par ce moyen je n'aurais point été arrêté.

Le 13 d'avril 1756, j'arrivai dans Berg-op-Zoom, et je fus entraîné de rester huit jours pour attendre une barque, qui partit le 18, jour de Pâques, et j'arrivai le lendemain à Rotterdam, et, à midi, je me mis dans une autre barque, et le lendemain matin j'arrivai dans Amsterdam, qui était le 20 avril. Je me mis à chercher les adresses des gens de chez moi. On me dit que M. Elie Angely, négociant, était diacre de l'église wallonne, et qu'il avait

GAGNE-PETIT
par Duplessi-Bertaux   (Coll. Georges Hartmann)

chez lui un registre qui contenait les noms et les adresses de tous les Français qui étaient établis dans cette ville et qu'il demeurait tout auprès de l'hôtel de ville. Je fus chez lui, et je le priai d'avoir la bonté de me donner les adresses des personnes de Montagnac. Il me répondit : « Nous avons ici Cazelles, Lardat, Clerque. » Je repris : « Je connais toutes ces personnes, et elles me connaissent aussi. » Alors il me demanda si j'étais venu pour rester dans cette ville ou si je ne faisais que passer. Je lui dis que j'y étais venu jusqu'à ce que j'eusse accommodé une affaire qui m'était arrivée en France. Il me demanda ce que c'était que cette affaire, et si je ne pouvais l'en ins-

truire. « Vous me paraissez être un honnête homme, lui dis-je, et je n'ai rien de caché pour vous » ; et je lui racontai tout ce qui m'était arrivé et à d'Allègre aussi.

Après avoir ouï tout, il me demanda si je n'avais point de lettres de recommandation. Je lui répondis qu'ayant échappé de la Bastille, je n'avais point osé aller voir aucun de mes amis, excepté un bijoutier de Montagnac qui demeurait à Paris et que c'était lui qui m'avait prêté de l'argent pour sortir du royaume de France. Alors il me dit : « Si celui-là voulait m'écrire en votre faveur, non seulement nous nous emploierions pour vous, mais même nous vous accorderions un secours d'argent. » Je repartis : « Je suis bien certain que celui qui m'a prêté de l'argent vous écrira en ma faveur, mais même qu'il vous priera très fortement de me rendre service. » — « Eh bien, me dit-il, voilà mon adresse ; vous n'avez qu'à la lui envoyer. » Je la pris et en même temps je le priai de nouveau de me donner les adresses de Cazelles, de Lardat et de Clerque. Il me répondit : « Ces gens-là ne sont pas à leur aise. » A quoi je lui dis : « Monsieur, je ne suis pas un homme à être à charge à personne, j'ai un peu de bien en fonds, et quand j'aurais eu le malheur de perdre ma mère, mes parents ne manqueraient point de me secourir avec mon propre bien, et je suis très certain qu'avant que le mois prochain soit passé, ils ne manqueront pas de m'envoyer des lettres de change qui pourront m'acquitter des services qu'on m'aura rendus, et en outre je vous dirai que j'ai plusieurs talents qui peuvent me tirer d'affaire : je sais les mathématiques, c'est-à-dire que je puis être ingénieur où je veux, ou architecte ; je sais l'arpentage, la division des champs. J'entends un peu la médecine, la chirurgie, et j'ai encore beaucoup de commis qui peignent plus mal que moi. Quant à l'arithmétique, il n'y a aucune sorte de règles que je ne fasse sur-le-champ, c'est-à-dire que je sais l'addition, la soustraction, la multiplication, la division, la règle de trois ou la règle d'or. Je sais les parties aliquotes et les fractions des fractions, les règles inverses, l'extraction de la racine quarrée et de la racine cube, les décimales et l'algèbre.

« Or, avec tous ces talents, par le moyen des personnes que vous venez de me nommer, qu'il y a fort longtemps qu'elles sont ici, qu'elles doivent connaître beaucoup de monde, je pourrai trouver à me placer et à me tirer d'affaire sans les incommoder. Mais aujourd'hui je suis dans un état pitoyable ; c'est pourquoi je vous supplie en grâce de me donner l'adresse d'un de mes pays. » Il me répondit : « Je ne vous donnerai l'adresse d'un de vos pays que lorsque j'aurai reçu la lettre de Paris, et avec un secours d'argent ; que si quelque chose se tramait contre vous aux Etats, j'en aurai vent et je vous en avertirai. » Je repris : « Mais monsieur, il faut au moins quinze jours avant que de pouvoir recevoir cette réponse ; et comment puis-je passer tout ce temps-là ? Il ne me reste plus pour toute ressource que deux misérables sols, et je ne sais où donner de la tête. » Il me répliqua : « Vous n'avez qu'à faire comme vous pourrez, et je ne vous donnerai ces adresses qu'après avoir reçu la lettre de recommandation de Paris. » Je sortis de

sa maison, mais intérieurement j'enrageais comme tous les diables contre lui d'un refus si cruel.

Dans cette grande perplexité je me ressouvins de Fraissinet, et je pensai qu'il ne me serait point difficile de le trouver, étant banquier. Effectivement, en peu de temps je trouvai son adresse au marché aux fleurs. J'y fus, et ayant trouvé sa maison je frappai à sa porte. Un jeune homme, que je croyais être son fils, vint m'ouvrir. Je lui demandai si M. Fraissinet y était : Il me répondit que oui. « Je vous prie, lui dis-je, de m'y faire parler. — Et que voulez-vous lui dire ? » Je repris : « Comme il est de Montpellier, je ne doute pas qu'il ne connaisse Cazelles, Clerque et Lardat, qui sont de Montagnac comme moi, et je viens le prier d'avoir la bonté de me donner une de ces adresses. » A quoi il me répondit brutalement : « Hé ! il a bien d'autres affaires qu'à vous donner des adresses », et il me ferma rudement la porte au nez. Or, voyant le refus injuste d'Elie Angely et la brutalité de ce commis, et n'ayant pour toute ressource que deux misérables sols, et dans une ville éloignée de plus de trois cents lieues de chez moi, il est vrai que si Dieu ne m'avait retenu je me serais jeté dans un canal la tête la première.

Enfin, ne sachant où donner de la tête, je fus implorer la miséricorde d'un Hollandais, avec qui j'étais venu de Berg-op-Zoom jusqu'à Amsterdam. C'était un petit aubergiste qui demeurait dans une cave. Ce réduit était composé de deux chambres : dans l'une il y avait trois lits — c'était là où

ESCAMOTEURS ET ARRACHEURS DE DENTS
par Duplessi-Bertaux   (C ll. Georges Hartmann)

il faisait la cuisine — et dans l'autre un lit où il couchait avec sa femme. Il s'appelait Jean Teerhoorst et avait pour enseigne : *à la Villa de Groningue.* Il entendait quelques mots de français ; je fus donc le trouver et le priai de me faire le plaisir de me mais tous mes lits sont pris. Pour vous, cherchez à coucher, et venez manger ici. » Je mis ma main à ma poche, et je lui fis voir que je n'avais que deux sous et que je ne savais où aller chercher un lit. « Pour vous, me dit-il, vouloir coucher à mes

Gezicht van de groote markt, met het beelt van Erasmus.

Conspectus Fori Majoris, cum statua Erasmi.

Pet: Schenk exc: Amstelod:

ROTTERDAM : GRANDE PLACE AVEC LA STATUE D'ERASME

Gravé par P. Schenk
(Bibl. de l'Arsenal)

prendre chez lui et de me faire crédit, et que bientôt je le paierais bien. En lui disant ces paroles, les larmes qu'il vit couler de mes yeux lui touchèrent le cœur ; il me prit la main, il me la serra en me disant : « Moi avoir pitié d'un chien et encore plus avoir pitié d'un homme. Pour vous, venez, venez toujours manger ici. Moi connaître que vous avez un bon cœur ; pieds et de ma femme, moi le veux bien. » Je lui répondis : « Moi être content de coucher sur une chaise ou sur une table. — Eh bien, moi bien vouloir que vous restiez ici... etc. » Enfin ce fut cet honnête homme qui eut pitié de moi : il me fabriqua un lit d'une espèce d'armoire, et il me donna à manger jusqu'à ce que j'eusse trouvé M. Clerque, c'est-à-dire pendant plus d'un mois. Dans cet intervalle, c'est-à-dire vingt-trois jours après avoir écrit à Paris, M. Elie Angely m'envoya chercher, et il me dit qu'il avait reçu une lettre du bijoutier, et en même temps il me fit présent de quinze florins, c'est-à-

Il me dit : « Feu mon épouse était de Montagnac : elle était une Gelly. Je connais toute votre famille, et je ne doute pas que cela ne fasse un très sensible plaisir à M. Clerque de vous voir. Allons, mettons-nous à table, et après dîner nous irons

Spaanfche Kaei, te zien naar de Groote Markt en Draaibrug.

Confpectus actae Hispanicae verfus Forum majus &c.

Pet. Schenk exc. Amftelod.

cum Privil.

ROTTERDAM : LES QUAIS

Gravé par P. Schenk

(Bibl. de l'Arsenal)

dire d'environ trente-une livres de France.

Je pris cet argent-là, que je rendrai bien vite, d'abord que je serai sorti de prison, avec les intérêts. En même temps, il me remit une lettre que ce bijoutier m'avait mise dans la sienne et me donna l'adresse de Lardat, chirurgien, en me disant qu'il me mènerait chez mes autres pays. Je fus donc chez Lardat, natif de Saint-Pargoire.

le voir. Cela fait le plus honnête homme du monde et Dieu le bénit : il le comble de biens. » Le lendemain, je fus encore chez Lardat, qui me proposa de retourner chez Clerque. Je lui répondis que, dans le misérable état où je me trouvais, je craignais qu'il ne crût que j'allais moins pour le voir que pour lui demander quelque service, et que d'abord que j'aurais reçu l'argent que j'attendais, nous l'irions voir ensemble. Il me répliqua que Clerque était un fort galant homme, qu'il avait un esprit bien fait. Je repris :

« Deux ou trois jours sont bientôt passés.
— Comme il vous plaira, me dit-il. »
Nous passâmes la demi-journée ensemble

me priez encore de dîner ou de souper.

— Comment, me dit-il, je ne m'attendais point à un pareil compliment de votre part. Et pourquoi voulez-vous me priver d'avoir le plaisir de vous donner à manger ? »

Je repris :

Gezicht van de Vismarkt over de Loovehaven te zien.   Conspectus Fori Piscatorii trans aquam.

ROTTERDAM : QUAIS SUR LE MARCHÉ AUX POISSONS
(Gravé par P. Schenk)   (Bibl. de l'Arsenal)

et il ne voulut pas me permettre de sortir sans avoir soupé. Le lendemain j'y retournai, et je lus la gazette qu'on lui portait tous les jours. Il voulut encore me retenir à souper, mais je lui dis :

« Monsieur, je m'estime trop heureux de la bonté que vous avez de souffrir que je vienne passer tous les jours deux ou trois heures chez vous, et je prendrai pour une marque de votre ennui si vous

« Que je mange ou que je ne mange pas, je paie toujours de même à mon auberge, et c'est à cause de cela que, sans aucune nécessité, je ne veux pas vous être à charge.

— Si ce n'est que cela, me dit-il, plus de mauvais compliments : mettons-nous à table. »

Cependant cinq à six jours après il rencontre Clerque et il lui dit :

« Il est arrivé ici un de vos pays, Masers d'Aubrespy.

— Où est-il ? »

Lardat lui répondit :

« Je sais où il loge, mais il vient me voir tous les jours chez moi, et tel jour nous fûmes chez vous, mais vous étiez sorti.

ou son fils, et, croyant que je crevais de soif, il fallut boire à la hollandaise. Il ne m'avait jamais vu ; je me mis à lui parler de ma famille : « Mais, me dit-il, nous sommes parents du côté de votre mère, et ne saviez-vous pas ma maison ? » Je lui répondis qu'il y avait neuf jours que je

LA HAYE, VUE DE LA POISSONNERIE

Gravé par Anna Beck

(Bibl. de l'Arsenal)

— Oh ! lui dit-il, je vous en prie, d'abord qu'il viendra menez-le-moi, et si je suis sorti, vous n'avez qu'à m'attendre. »

Impatient de me voir, il fut le lendemain chez Lardat. Il dîna chez lui et m'attendit jusqu'à neuf heures du soir. Le lundi je fus encore chez Lardat ; il me raconta ce qui s'était passé : « Allons, me dit-il, allons vite le voir : il meurt d'impatience de vous embrasser. » Nous y fûmes et, en entrant chez lui, il vint me sauter au cou, comme si j'eusse été son frère

la savais. « Et pourquoi n'êtes-vous pas venu plus tôt me voir ? » Je repris : « Dans le misérable état où je me trouve, je n'ai pas osé, crainte que vous ne crussiez que je venais moins pour vous voir que pour vous demander quelque service. Mais j'attendais de l'argent et alors je n'aurais pas manqué de vous venir voir. — Comment ! me dit-il, c'est bien quand vous n'auriez plus eu besoin de rien qu'il fallait attendre de venir me voir ! » et, en jetant les yeux sur ma chemise qui était fort noire, il me fit monter dans une belle chambre bien étoffée, pavée de marbre à compartiment bleu et blanc, et me fit mettre une de ses chemises. Il me mena chez son chapelier et me fit présent d'un chapeau fin et de tous mes autres besoins, et il

MATELOT HOLLANDAIS

(Bibl. de l'Arsenal)

ne voulut plus absolument que je retournasse dans mon auberge. Il me donna une chambre chez lui, et toute la différence que lui et son épouse faisaient de moi et de trois enfants qu'ils avaient, c'est qu'ils leur laissaient demander leurs besoins et qu'à moi ils prévenaient jusqu'aux moindres de mes fantaisies.

Je ne fis point un mystère à Clerque, ni à Elie Angely, ni à Lardat de l'affaire qui m'avait forcé de venir en Hollande ; mais tous haussaient les épaules en me disant que cela n'était rien. Pourtant la crainte de retomber dans de nouveaux

malheurs me fit avoir recours aux conseils de plusieurs personnes sages, et je leur dis les paroles que voici :

« Messieurs, je vous prie de m'assister de vos conseils sur la malheureuse affaire qui est cause que je suis sorti de France et venu me réfugier dans Amsterdam, et de me dire librement ce que vous pensez, et soyez certains que je vais vous dire la vérité. Car si je disais un seul mensonge ou si je cherchais à m'excuser, je ne vous tromperais pas vous autres, mais je me tromperais moi-même. Or, voici le fait :

« En 1749, il y eut une révolution à la Cour de France, et tous les esprits étaient animés contre Mme la marquise de Pompadour, parce qu'on croyait qu'elle en était la cause, et en même temps on disait que ses ennemis cherchaient à s'en venger en l'envoyant à l'autre monde, et ce bruit était si vrai qu'il se répandit jusque dans Marseille, où mon compagnon d'infortune, M. d'Allègre, un an après moi, vint à peu près sur le même prétexte se faire fourrer à la Bastille. Mais, pour revenir à mon affaire à moi, à force d'entendre dire partout que les ennemis de Mme de Pompadour cherchaient à l'envoyer à l'autre monde, je crus lui rendre un grand service et lui sauver la vie en lui envoyant un symbole hiéroglyphique instructif et relatif à ce que j'avais ouï dire, afin de la faire rester sur ses gardes contre leurs entreprises.

« Mon symbole hiéroglyphique était une boîte de carton, où j'avais mis une poudre grotesque, que j'avais composée moi-même, qui n'avait aucune vertu nuisible ; ce qui fut prouvé par plusieurs expériences ; et, en outre, je m'offris sur-le-champ à en faire toutes sortes d'épreuves sur moi-même. Cette boîte ayant été mise à la poste le 27 avril 1749, je fus à Versailles dire ces propres paroles à Mme la marquise de Pompadour : Qu'il y avait environ quatre heures qu'en me promenant aux Tuileries deux personnes s'étaient rencontrées tout auprès de moi et qu'elles s'étaient dit tout bas : « Eh bien, est-ce « fait ? » et que l'autre avait répondu : « Je t'assure que demain elle ne cou- « chera pas avec le roi », et que, m'étant douté qu'il se passait quelque chose de mauvais contre elle, je les avais suivies et vues mettre un paquet à la poste, et que je venais l'avertir de se tenir sur ses gardes contre toutes sortes de paquets. Ma boîte étant arrivée, je fus grandement remercié. L'on me présenta un présent d'argent, mais je le refusai; je ne voulus pas le recevoir absolument. Je dis à Mme de Pompadour que je m'estimais trop récompensé d'avoir eu le bonheur de lui rendre service et en même temps je lui recommandai fortement de se tenir sur ses gardes contre toutes sortes de paquets. Je fus prié d'aller rendre compte de tout cela à M. le comte d'Argenson [ministre de la Guerre, avec le département de Paris], et elle me donna le sieur Quesnay, son médecin, pour m'y accompagner. Après que je lui eus fait mon compte rendu, ce ministre m'envoya à M. Berryer, lieutenant général de police, et celui-ci m'envoya à la Bastille, où je lui déclarai tout ce qui s'était passé. Quatre mois après, je fus transféré de la Bastille dans le donjon de Vincennes, et quatorze mois après je m'échappai de cette prison, le 25 juin 1750, à une heure après midi, sans faire aucune fracture, c'est-à-dire qu'ayant trouvé toutes les portes ouvertes je m'enfuis, et au bout de six jours après, ne me sentant coupable d'aucun crime, je me livrai moi-même, comme un agneau, entre les mains paternelles du roi, par l'entremise du sieur Quesnay, son médecin ordinaire. Je ne croyais pas, par cet acte de bonne foi, forcer Sa Majesté à me faire grâce, mais à me rendre la justice qui m'était due. Sur mon adresse que j'avais envoyée à Quesnay, je fus arrêté et mis à la Bastille, dans un cachot pendant dix-huit mois, et ensuite dans une chambre ordinaire et mis en compagnie avec M. d'Allègre; mais après sept années de souffrances, vu qu'on avait abusé de la confiance que j'avais mise dans l'équité du roi, et ne voyant aucune fin à mes maux, je m'échappai une seconde fois de la Bastille avec d'Allègre, la nuit du 25 au 26 de février dernier, et suis venu me réfugier en Hollande...

« Voilà, messieurs, leur dis-je, de point en point tout ce qui m'est arrivé. Je vous prie de me dire nettement ce que vous pensez et ce que vous me conseillez de

faire. » Or, voici les paroles qu'ils me dirent :

« S'il y avait eu quelque chose de nuisible dans votre boîte, les flatteurs pourraient vous faire une querelle d'Allemand, vous dire que vous pouviez mourir en che-

FEMME DE MATELOT HOLLANDAIS
(Bibl. de l'Arsenal)

min, et lui arriver de mal à elle. *Secundo* : Si vous aviez pris l'argent qui vous fut offert, on pourrait vous traiter de fripon. *Tertio* : Si vous aviez compromis quelqu'un, ce serait un crime ; mais n'y ayant rien de nuisible dans votre boîte et l'ayant encore avertie à l'avance de son arrivée, et sans lui inspirer aucun mauvais soupçon directement contre ses ennemis connus, et n'ayant pas voulu recevoir des présents, et le bruit courant réellement qu'on cherchait à l'envoyer à l'autre monde, cela n'est point un crime. C'est un service, mais voici ce qui empoisonne votre service : M⁻ la marquise de Pompadour a le pouvoir souverain en main ; c'est elle qui donne tous les emplois, et l'on peut croire aisément que, par le moyen de votre boîte, vous vouliez vous introduire dans ses bonnes grâces et par ce moyen obtenir quelque bonne charge. Cependant, vu toutes ces circonstances et à prendre votre affaire par le plus mauvais côté, au pis aller on ne peut vous accuser que d'avoir voulu surprendre son amitié, vous introduire dans ses bonnes grâces par une fable officieuse, et cela n'est pas un cas de sept années de prison. Mais ce qu'il y a de surprenant et même qui étonne, c'est que, après votre première évasion, après vous être livré généreusement vous-même entre les mains du roi, on ait abusé de votre bonne foi et dans un temps où vous aviez déjà souffert plus que vous n'aviez mérité. C'est indigne d'abuser ainsi de la confiance.»

Généralement tous se récrièrent extrêmement sur ce point. Enfin leur résultat fut « qu'à prendre mon affaire à la rigueur, en considérant la raison qui m'avait fait agir, c'est-à-dire le bruit qui courait qu'on cherchait à envoyer la marquise de Pompadour dans l'autre monde, et que j'avais refusé le présent qui me fut offert, que cela n'était pas un cas à mériter plus d'une année de prison, et par conséquent que je pouvais équitablement demander à M⁻ la marquise de Pompadour le dédommagement de la perte de mon temps et des maux qu'elle m'avait fait souffrir injustement depuis six années ». En même temps ils me conseillèrent de commencer à demander cette réparation poliment, et que si elle ne se rendait point à la prière et me forçât d'en venir aux invectives, aux menaces de la décrier, qu'alors je devais me cacher avec soin, crainte qu'elle ne me fît assassiner.

Tous les amis que j'avais consultés dans Paris m'avaient dit de même que la marquise de Pompadour m'avait fort maltraité, et que si je pouvais avoir le bonheur de sortir hors du royaume, je n'aurais pas de la peine à me faire bien dédommager. Ainsi ceux de Paris et les personnes sages d'Amsterdam, tous me conseillèrent de demander un dédommagement. Mais moi,

malgré les conseils, j'écrivis à M⁻ la marquise de Pompadour, et, au lieu de lui demander un dédommagement de la perte de mon temps et des maux qu'elle m'avait fait souffrir injustement, je lui demandai humblement pardon du malheur que j'avais eu de lui avoir déplu ; je la priai de faire attention que si Dieu pouvait être trompé, il ne ferait point un crime impardonnable à celui qui lui avait dit une fable officieuse pour tâcher de mériter ses bonnes grâces, et que si elle savait la raison qui m'avait fait agir, elle ne pouvait me faire un crime que d'avoir aspiré à vouloir les siennes [ses bonnes grâces], et que de tous les crimes il n'y en avait pas un seul qui méritât si bien d'être pardonné que celui-là ; qu'au reste j'étais fort jeune quand ce malheur m'arriva, et que j'avais souffert sept années, et que je la suppliais de grâce de vouloir bien oublier ce trait de jeunesse et de me permettre de revenir tranquillement passer le reste de mes jours dans ma patrie...

Cette lettre, bien loin de désarmer cette magicienne, ne servit qu'à faire dépenser plus de cinquante à soixante mille livres au roi pour venir me faire arrêter dans Amsterdam. Toutes les personnes à qui je communiquai mes affaires dans Amsterdam, toutes m'assurèrent que les Etats ne me livreraient pas et que je pouvais être fort tranquille. M. Elie Angely, qui est dans les affaires d'Etat de cette république, puisqu'il tient chez lui les registres de tous les Français qui sont dans Amsterdam, comme j'ai déjà dit, me promit que s'il se tramait quelque chose contre moi, il le saurait et il m'en instruirait.

De plus étant sage et discret, j'avais lieu de croire que la marquise de Pompadour m'ayant fort maltraité, elle ne me refuserait point l'accommodement que je lui avais demandé ou enfin qu'elle me laisserait tranquille ; mais les remords et la crainte sont l'apanage des mauvaises consciences. Dans le temps que je cherchais à faire la paix, d'un autre côté cette implacable magicienne avait envoyé Saint-Marc en Hollande pour m'y arrêter. Cet exempt ne savait point où je logeais, mais le démon l'eut bientôt instruit, et voici comment. Je priai un jour le fils aîné de

AMSTERDAM : L'HÔTEL DE VILLE

Clerque d'aller à la poste pour voir si la lettre que j'attendais de ma mère, où devait se trouver une lettre de change, n'était point arrivée. Son père qui était présent me dit : « Cousin, le facteur qui me porte mes lettres est un fort honnête homme ; je le connais : je vais le prier de retirer cette lettre. » Je repris : « N'en faites

dit que c'était un honnête homme et qu'il ne vous livrerait pas. »

Cependant dans cet intervalle, la lettre que j'attendais de ma mère à la poste restante arriva, et me fut interceptée par ledit Saint-Marc, exempt. Or, après avoir examiné cette lettre et reconnu le banquier qui devait me compter l'argent de la lettre

AMSTERDAM : LE PORT

rien, cousin, crainte de malheurs : j'aime mieux la recevoir deux ou trois heures plus tard. »

Cependant, après que j'eusse été arrêté, Saint-Marc me dit : « Il y a tant de jours que je savais que vous étiez logé chez Clerque. Dans la nuit j'ai visité le dehors de sa maison : il y a deux issues. » Je lui demandai comment est-ce qu'il avait pu me découvrir ? — « C'est, me dit-il, un facteur de la poste qui m'en a instruit, et par un des amis de Clerque je voulus lui faire offrir cent louis d'or s'il voulait se prêter à vous livrer, mais il me

de change qu'il y avait dedans, il remit le tout à la poste, et le fils de Clerque, à qui j'avais recommandé d'aller tous les jours à la poste, la retira et me l'apporta. J'en fis la lecture tout haut devant son père et un vieux Français nommé Boissonnier, aveugle ; mais, tout aveugle qu'il était, Boissonnier avait de l'esprit et une bonne tête. Clerque parla le premier et me dit : « Marc Fraissinet, qui doit faire le paiement de votre lettre de change, est de chez nous, de Montpellier. C'est mon marchand de vin : demain je vous accompagnerai chez lui. » Alors l'aveugle prit la parole et me dit : « Monsieur, gardez-vous-en bien, d'aller chez Marc Fraissinet. Je sais très certainement que les exempts, qui arrêtèrent ici le chevalier de la Roche-Guérault furent plusieurs fois chez lui. » De plus, en adressant la parole à Clerque : « Vous savez, dit-il, que c'est lui qui a fait arrêter un tel juif. »

qu'il lui avait confiée, ne lui en envoya pas seulement le quart. Le juif ayant compté son argent et s'étant aperçu de cette friponnerie, dans l'espérance qu'il ne serait point arrêté, sort de la barque, rentre dans Amsterdam pour se faire rendre le reste de son argent. Mais malheureusement il fut arrêté et mis en prison. Ce trait fit beaucoup

AMSTERDAM : LES MURS DE LA VILLE

(Gravé par Allard)

(Bibl. de l'Arsenal)

L'affaire de ce juif avait fait un bruit extraordinaire : il devait une somme considérable à un Français. Celui-ci pria Marc Fraissinet de le faire arrêter. Le juif, en ayant eu vent, laissa tout son argent à un autre juif, qu'il croyait être son bon ami et fut vite se mettre dans une barque. Etant en sûreté, il manda à son confrère de lui porter son argent ; mais celui-ci au lieu de lui envoyer la somme entière,

de tort à la réputation de la nation juive. Mais en particulier on savait fort mauvais gré à Marc Fraissinet de s'être chargé de faire arrêter ce juif, parce qu'un honnête homme ne se charge jamais de pareilles commissions, et c'est précisément à cause de ce dernier trait que Boissonnier me dit : « Gardez-vous bien d'aller chez Marc Fraissinet, mais vous n'avez qu'à agir de la manière suivante : Allez-vous-en, vous et votre cousin, chez M. Elie Angely, c'est un homme d'une probité reconnue. Il est intime ami avec Marc Fraissinet. Vous n'avez qu'à lui passer votre lettre de change en son nom et il ira chercher votre argent et par ce moyen vous ne risquerez rien. »

Le lendemain, bien loin de me faire au

dans un cachot, les fers aux pieds et aux mains, couché sur de la paille sans couverture pendant quarante mois sans relâche.

De plus, par la lettre de ma mère, j'appris qu'elle était à Béziers auprès d'une de mes tantes qui s'était cassé un bras.

Voilà les malheurs qui m'arrivèrent de-

AMSTERDAM : QUAI SUR LE MARCHÉ AUX FLEURS

(Bibl. de l'Arsenal)

moins accompagner par le cousin Clerque, ce traître de banquier joua très bien son personnage : il m'amusa pendant près d'une demi-heure, et dans ce temps-là sa femme envoya chercher l'agent Saint-Marc, et je fus arrêté chez lui le 1er ou le 2 juin 1756, et conduit dans un cachot de l'hôtel de ville. Environ dix à douze jours après je fus conduit en France à la Bastille, et en y arrivant le 9 juin 1756 on me mit

puis le 3 avril 1756 jusqu'au 2 du mois de juin suivant.

IV

PROJETS POUR LE BIEN DU ROYAUME, RÉDIGÉS A LA BASTILLE (1757-1762).

Comme vous venez de le voir dans la section précédente, en arrivant à la Bastille, je fus mis dans un cachot avec les fers aux pieds et aux mains, couché sur de la paille sans couverture pendant quarante mois sans relâche. Les poils de ma barbe avaient treize pouces de longueur.

. . . .

Dans ce cruel état, je me mis à faire travailler mon esprit ; je fis un projet militaire pour faire prendre à tous les officiers et sergents des fusils en place des espontons et de leurs hallebardes. J'envoyai ce projet au roi le 14 avril 1758. Sur-le-champ il fus mis à exécution et par conséquent je renforçai les armées du roi de plus de vingt-cinq mille bons fusiliers. Ce projet,

n'en fallait pour pensionner deux mille veuves d'officiers à deux cent cinquante livres chacune, et huit mille veuves de soldats à cent francs. Mais il est sans doute que ceux qui examinèrent ce projet, en voyant qu'en mettant un seul liard sur chaque lettre, venue de loin ou de près, cela rapportait 1.346.153 lb. 16 s. 11 1 13 d. qu'en mettant deux liards cela rapporterait le double et ainsi en proportion. Comme l'Etat avait besoin d'argent on se servit de mon calcul, c'est-à-dire qu'au lieu de n'augmenter le port des lettres de la poste

LETTRE DE CACHET FERMÉE

qui non seulement devait me faire délivrer de prison en me faisant une fortune honnête, ne me tira pas seulement des fers, ni du cachot où j'étais.

Quatre mois après, c'est-à-dire le 3 de juillet suivant 1758, j'envoyai un second projet à Louis XV pour pensionner les pauvres veuves des officiers et des soldats, surchargées d'enfants, qui avaient perdu leurs maris à la défense du royaume, c'est-à-dire que je proposais au roi d'augmenter le port de chaque lettre de la poste, venue de près ou de loin, d'un liard de plus et c'est ce qui devait produire la somme de 1.346. 153 lb. 16 s. 11 1/13 d. toutes les années. Or, je faisais voir à Sa Majesté qu'il y avait d'argent plus qu'il

venues de loin ou de près, que d'un liard de plus et donner cet argent aux pauvres veuves, on les a augmentées de plus d'un sol chacune et en suivant les proportions de l'éloignement. Par conséquent vous devez voir qu'on n'a fait que changer le sens de mon projet, et que c'est à moi-même à qui Sa Majesté doit avoir l'obligation des douze millions de revenus de plus que ses fermes de poste lui rapportaient toutes les années. Or, ce projet, encore bien loin de me faire adoucir ma peine, ne servit qu'à me faire resserrer plus étroitement, car sur le champ l'usage du papier me fut ôté. En même temps le sieur Chevalier, major de la Bastille, qui est encore vivant, vint me défendre, de la part du

LAURENT ANGLIVIEL DE LA BEAUMELLE

(Dessin de Carmontelle)   (Musée Condé à Chantilly)

lieutenant général de police, de lui envoyer encore des projets, sans doute pour m'empêcher de demander la récompense de ces deux projets qui étaient en exécution. Cependant je ne me rebutai point. Faute de papier, avec de la mie de pain je fis des tablettes que je pétris avec de la salive et sur ces tablettes je composai un système de finances.

les plus importantes de tout le royaume et même des pays étrangers. Ils élirent entre eux le père Griffet pour être notre confesseur, qu'on disait être un des douze cordons bleus de l'Ordre. Il fallait donc que ce Père eût beaucoup d'esprit et de capacité. Or, je priai ce dernier d'examiner ce système de finances et ce qu'il y a de certain, c'est que le Père Griffet me dit

LES CACHOTS DE LA BASTILLE (ENTRÉE DES VAINQUEURS LE 14 JUILLET 1789)
Dessiné par Houet, gravé par Huyot
(Musée Carnavalet)

Personne n'ignore que les jésuites ne reçoivent dans leur corps que des gens d'esprit, et par conséquent que pour pouvoir s'avancer dans les grades il fallait en avoir beaucoup. On n'ignore pas non plus que les jésuites étaient les plus fins, les plus rusés politiques de toute l'Europe, et l'on peut juger s'ils avaient choisi entre eux un sujet médiocre pour le fourrer dans les affaires d'Etat, c'est-à-dire pour le faire le confesseur des prisonniers d'Etat et savoir par ce moyen les secrets et les affaires

plus de cent fois en le lisant : « Mais vous avez beaucoup d'esprit, mais il faut que vous ayez bien lu, bien étudié » et en finissant de l'examiner : « Je ne vous croyais pas tant d'esprit, me dit-il, j'irai demain sans faute voir M. de Sartine pour le prier de vous accorder du papier, pour que vous puissiez le lui envoyer. » Il y fut, et à son retour, voici la réponse qu'il me fit : « J'ai parlé au lieutenant général de police ; il m'a répondu avec un ton de mépris : « Ah ! nous n'avons pas besoin d'aller chercher des systèmes de finances à la Bastille ». Cependant j'ai pourtant obtenu qu'il vous accordât du papier pour le lui envoyer. » Sur le champ je le transcrivis sur du papier et le 13 février 1760, je l'envoyai à M. de Sartine, et depuis ce jour-là on ne m'en a jamais dit un seul mot. J'en ai gardé une copie et le temps fera connaître à tout le monde si ce système est bon ou mauvais.

Sur plusieurs remarques que j'avais faites sur les horreurs de la famine, je fis un quatrième projet pour prévenir ce terrible fléau, c'est-à-dire que je proposai au roi de faire bâtir une abondance dans chaque province et les remplir de blé, et voici le moyen que j'avais trouvé pour lui fournir d'argent plus qu'il n'en fallait pour pouvoir venir à bout de cette grande et importante entreprise. Pour cet effet je proposais à Sa Majesté d'ordonner à tous les curés du royaume d'avoir, chacun dans son église, quatre registres pour enregistrer les mariages ; que le premier serait relié en maroquin rouge, tranche dorée en or, et intitulé : *Registre des gens de distinction ;* le second relié en maroquin vert et tranche dorée en argent et intitulé : *Registre de la bourgeoisie ;* le troisième relié en veau, tranche peinte de rouge et intitulé : *Registre des artisans,* et le quatrième uniquement couvert de parchemins et intitulé : *Registre des pauvres,* ou enfin, pour ne pas blesser les conditions pauvres qu'on pouvait les intituler *Registre d'or,* parce que la tranche de ce premier registre en devrait être dorée ; le second, *Registre d'argent ;* le troisième *Registre de veau,* et le quatrième intitulé *Registre de la Modestie ;* ou qu'on les pouvait intituler simplement *premier Registre, second Registre, troisième Registre,* et *quatrième Registre,* et qu'en même temps quand on viendrait pour se marier tous les curés tiendraient ce langage aux nouveaux mariés : « La famine est rare, mais elle est fort cruelle. Depuis que Louis XV règne, on en a senti plusieurs fois la cruauté. Sa Majesté veut prévenir ce terrible fléau. Pour cet effet, le roi a ordonné d'avoir dans chaque église les quatre Registres que voilà : dans le premier, intitulé *Registre de distinction,* on donne tant pour pouvoir y faire enregistrer son mariage. Cet argent n'est point destiné pour les coffres du roi,

ni pour le mien, mais il est destiné pour faire des Abondances et les remplir de blé pour le donner gratuitement à tout le monde en temps de calamité, et si Dieu vous donne des enfants, ce sera dans ce Registre où on inscrira les baptêmes de même que les morts qui arriveront dans votre famille. Dans le second, intitulé *Registre de la bourgeoisie* il en coûte tant. Dans le troisième, intitulé *Registre des artisans,* tant, et dans le quatrième, intitulé *Registre des pauvres* ou *de la modestie,* il n'en coûte rien du tout. Que si vous faites enregistrer votre mariage dans l'un de ces trois premiers registres, vous et vos enfants vous aurez part à une belle loterie royale, qui se tirera toutes les années, c'est-à-dire que vous aurez l'espérance de pouvoir gagner dix à douze ou quinze mille livres, et qu'un de vos enfants sera fait gentilhomme, chevalier, à qui le roi donnera dix à douze ou quinze cents livres de pension pour le reste de ses jours ; ainsi, vous n'avez qu'à choisir dans lequel des quatre registres vous voulez faire inscrire votre mariage. » Par ce peu de paroles vous voyez le point capital de ce projet et pour l'autoriser j'y ajoutai les propres paroles que voici :

« Attention ! — Le 25 du mois de janvier dernier 1761, je fis examiner ce projet-ci au confesseur de la Bastille, qui est le père Griffet, qui a eu l'honneur de prêcher devant Votre Majesté et voici les propres paroles qu'il m'a dit : « Monsieur, « le plus grand mal de la France, c'est « de ne point savoir prévenir les malheurs ; « il faut que nous soyons plongés dedans « pour y penser, car si aujourd'hui il nous « survenait une famine, dans les circons- « tances ou les affaires se trouvent, nous « serions tous perdus. »

Mais M. de Sartine... au lieu de faire servir la résolution de M. Hérault pour autoriser mon projet, la mit en exécution en étouffant mon projet, et par ce moyen il a fait faire par toutes les communautés de Paris toutes les provisions de blé que vous voyez de faites présentement, et c'est ce qui lui a fait beaucoup d'honneur, et l'on m'a dit que pour le récompenser de ce service, le roi le fit conseiller d'Etat. Ainsi pour se conserver un honneur et une récompense, qui ne lui appartiennent point, il a pris la résolution de me faire périr entre quatre murailles.

Un an après lui avoir envoyé ces quatre projets, je lui en envoyai un cinquième le 15 août 1762, où je faisais voir très clairement au roi, que, par le moyen d'un seul bataillon, il était très aisé de donner la force à une colonne ordinaire, qui n'est composée que de huit rangs de soldats, de seize hommes de hauteur dans toute son étendue de quelque longueur qu'elle pût être. Or, dans ce projet j'avais offert au roi de lui donner mon coup d'esprit qui était pour forcer nos soldats à vaincre ou à mourir. Mais ce projet-ci ne m'a point été plus heureux que les autres. M. de Sartine l'étouffa et c'est ce qui m'empêcha d'envoyer au roi un sixième projet pour empêcher nos soldats de déserter. Ce projet-ci a de quoi étonner tout le monde avant que d'en savoir le nœud gordien, c'est dis-je, en accordant à nos soldats la permission de déserter que j'ai trouvé le moyen de les en empêcher.

V

Vu que par les prières et les larmes et surtout par les bonnes raisons, ni par les différents services que j'avais rendus à l'Etat, je ne pouvais m'arracher des implacables mains de la cruelle marquise de Pompadour, je pris la résolution de l'attaquer d'une autre manière. Pour cet effet je composai un mémoire terrible contre elle, où une grande partie de ses cruautés et de ses voleries étaient prouvées à ne pouvoir en douter, et ce mémoire était adressé au roi avec mes projets et beaucoup d'autres pièces.

Quiconque aurait vu ce paquet dans la Bastille, de cent mille personnes il ne s'en serait pas trouvé une seule qui ne m'eût dit : « Si vous avez le bonheur de faire sortir ce paquet hors d'ici, à bon port, il est certain qu'avant huit jours la marquise de Pompadour vous aura rendu votre liberté et votre fortune. » Cependant le 21 de décembre 1763, de dessus les tours de la Bastille je jetai ce paquet dans la rue Saint-Antoine, et ce fut deux demoiselles, qui étaient sœurs, qui le trouvèrent [il s'agit des demoiselles Lebrun, filles d'un perruquier]. Sur-le-champ elles le furent porter chez La Beaumelle, mais on leur répondit qu'il était en Hollande. Mais comme j'avais prévu à toute sorte de malheurs, au bas de son adresse, j'avais dit que si on ne le trouvait point, de tirer cette enveloppe, et qu'on trouverait une seconde adresse. On l'ôta et on trouva qu'il s'adressait en seconde main à M. le chevalier de Paradilles (ce n'est pas le véritable nom de cette personne). On le lui apporta, mais il ne voulut pas le lire. Les deux demoiselles, vu qu'elles n'avaient point trouvé La Beaumelle, et que le chevalier de Paradilles ne l'avait pas voulu recevoir, ou lire ces papiers, s'en retournèrent à leur maison, et après avoir ôté la seconde enveloppe, elles trouvèrent les instructions que voici :

« Que si malheureusement la personne, qui trouvera ce paquet, ne trouve point ni la Beaumelle, ni Paradilles, que si elle sait écrire, je la prie de tirer une certaine quantité de copies de mes écrits, et d'en envoyer la première copie à la marquise de Pompadour et le reste aux autres personnes que je leur ai indiquées. Que si cependant elle ne se sent pas capable de diriger tout cela, elle doit en ce cas chercher une personne d'esprit de sa connaissance, en lui promettant de ma part un présent de vingt-cinq mille livres. » Ce dernier parti fut pris c'est-à-dire que ces deux filles eurent recours à un homme d'esprit. J'avais recommandé très expressément de travailler nuit et jour, mais à peine cet homme eut-il mis la plume à la main pour tirer plusieurs copies de mes écrits et en faire les envois qu'on vint le harceler pour lui faire accepter un bon emploi qu'il y avait de vacant dans une province. D'autre part, le père de ces demoiselles, fit dans ce moment un faux pas qui faillit le

homme le copiste ne pouvant plus aller travailler chez ces filles, ou ces filles ne peuvent plus aller chez lui pour le presser de travailler pour moi, cet homme ne se sentant plus pressé par ces deux filles, laissa là mon ouvrage, et il accepta l'emploi.

Ces deux filles savaient l'heure précise où j'allais me promener sur les tours de la Bastille et jamais l'une des deux ne manquait de venir me saluer, et le plus souvent toutes deux ensemble et par les signes de main et de leur tête qu'elles me faisaient, ils me paraissaient toujours avantageux ; car, quand par les signes que je leur faisais moi-même avec ma main d'écrire vite et de faire les envois de mes paquets, il me semblait qu'elles me répondaient qu'on y travaillait et qu'incessamment on les allait envoyer. Enfin au bout de trois mois on m'instruisit secrètement que la marquise de Pompadour était malade. Alors je ne manquai pas de croire que c'était à cause de sa maladie qu'on

ENVELOPPE D'UNE LETTRE ÉCRITE PAR LATUDE
A LA MARQUISE DE POMPADOUR
(Bibl. de l'Arsenal, archives de la Bastille, ms. 12692)

faire tuer le long des degrés. Or, en voyant leur malheureux père étendu dans un lit avec une côte enfoncée, vous pouvez bien juger que ces deux pauvres filles furent toutes éperdues et qu'elles ne purent plus quitter leur père... Dès lors, cet

était resté si longtemps à faire l'envoi de mes paquets. Cependant dans ce temps-là un officier de la Bastille monta dans ma chambre et me dit : « Monsieur, écrivez quatre paroles à Mᵐᵉ la marquise de Pompadour, et vous pouvez être certain qu'en

24 Xbre 1762

335

Monseigneur,

je vous supplie de grace D'avoir la bonté de faire tenir ma lettre à Madame la Marquise de Pompadour, voila quatorze années que mon corps pourrit entre quatre Murailles, je perds ma chere vüe, je n'en puis plus, je n'en puis plus, je creve, pour L'amour de dieu ayez pitié de moy.
j'ay l'honneur d'être avec un très profond respect,

Monseigneur,

De Vôtre Grandeur,

votre très humble
et très obeissant
serviteur Danry

à la Bastille le 24 decembre 1762

LETTRE DE LATUDE (DANRY) AU LIEUTENANT DE POLICE, LUI DEMANDANT DE FAIRE PASSER UNE LETTRE
A LA MARQUISE DE POMPADOUR

(Bibl. de l'Arsenal, Archives de la Bastille, ms. 11692)

moins de huit jours votre liberté vous sera rendue. » Je répondis au major que les prières et les larmes ne faisaient qu'endurcir le cœur de cette cruelle femme, et que je ne voulais point lui écrire. Cependant il revint le lendemain, et il me tint le même langage, et moi je lui répondis les mêmes paroles que le jour auparavant. A peine fut-il sorti, que Daragon, mon porte-clefs, entra dans ma chambre en me disant : « Croyez M. le major quand il vous dit qu'avant huit jours votre liberté vous sera rendue, si vous lui écrivez [à Mᵐᵉ de Pompadour] ; c'est qu'il en est bien certain, et je crois même qu'à cause que vous avez si longtemps souffert, elle vous fera une pension de cinq à six mille livres de rente pour le reste de vos jours, etc... »

Le surlendemain, cet officier vint encore pour la troisième fois me dire : « Pourquoi vous obstinez-vous à ne vouloir écrire tant seulement quatre paroles à Mᵐᵉ la marquise de Pompadour pour recouvrer votre liberté dont vous êtes privé depuis si longtemps ? Je vous réponds qu'en moins de huit jours elle vous sera accordée. »

Je remerciai cet officier, c'est-à-dire M. Chevalier, major de la Bastille, pour la troisième fois, en lui disant que j'aimerais mieux mourir que d'écrire encore à cette implacable mégère. Il s'en fut, et, sans me tromper, je puis dire aujourd'hui qu'il était fort irrité contre moi de ce que je refusais de suivre son bon conseil, et il avait raison. Cependant six à huit jours après, mes deux demoiselles vinrent me saluer, et en même temps elles déployèrent un rouleau de papier où il y avait en gros caractères ces mots d'écrits : « La marquise de Pompadour est morte. »

A dire la vérité, je vous proteste que cette nouvelle me fâcha extrêmement, car je ne souhaitais point la mort de cette méchante femme, mais uniquement sa disgrâce, bien certain que je trouverais les moyens de me faire bien payer les maux qu'elle m'avait fait souffrir injustement. En outre, depuis plus de quinze années, tous les officiers de la Bastille me promettaient sans cesse, d'abord, que le roi changerait de maîtresse, sur-le-champ ma liberté me serait rendue. La mort de mon ennemie, la marquise de Pompadour, était mille fois pire qu'un changement, et, après avoir souffert dix-sept années injustement, jugez si j'avais tort d'attendre qu'à tout instant on m'allait rendre ma chère liberté.

VI

SUR LE POINT D'ÊTRE MIS EN LIBERTÉ, LATUDE ÉCRIT UNE LETTRE D'INJURES AU LIEUTENANT DE POLICE : IL EST TRANSFÉRÉ AU DONJON DE VINCENNES (16 août 1764).

La marquise de Pompadour mourut le 19 d'avril 1764, et deux mois après, c'est-à-dire le 29 juin, M. de Sartine vint à la Bastille, m'accorda audience, et dès l'abord, me dit de ne plus parler du passé, et qu'au premier jour il irait à Versailles demander au ministre la justice qui m'était due. Six semaines passèrent. Il y avait plus de trois mois que ma partie était morte, et on ne me parlait pas plus de me rendre ma liberté que d'abolir la taille et la capitulation. De mon côté je ne dormais point J'écrivais à M. de Sartine, ensuite j'envoyais chercher tous les officiers les uns après les autres et je leur disais : « Messieurs, tous vous m'avez assuré mille fois qu'au premier changement de maîtresse ma liberté me serait rendue. Ceci est pire qu'un changement : la marquise de Pompadour, ma partie, est morte depuis plus de trois mois; la loi est expresse : à la mort de nos rois on ouvre les portes de toutes les prisons royales. Cette loi a lieu à mon égard, pourquoi donc ne me rend-on pas ma liberté? » Sans me dire mot, ils haussaient les épaules, mais ils n'osaient point me parler, crainte de quelque indiscrétion de ma part. Je me mis à écrire tous les jours, sans en manquer un seul, au lieutenant-général de police; je lui envoyai même jusqu'aux vingt-quatre lettres de l'alphabet, en le suppliant d'en tirer des paroles qui pussent lui inspirer de la compassion pour moi. Néanmoins à force de le conjurer, il me fit dire par le major qu'il avait parlé, et que le ministre lui avait répondu qu'il n'était pas encore temps.

Dans le paquet dont je vous ai parlé ci-dessus, que j'avais fait sortir de la Bastille la 21 décembre 1763, j'y avais mis dedans plusieurs copies de lettres raisonnées, mais fort aigres, que j'avais écrites à ce magistrat, où je lui reprochais à lui-même bien des faits qu'il n'aurait point voulu que personne en fût instruit, en recommandant à La Beaumelle ou à Paradilles, ou à la personne qui trouverait ce paquet d'envoyer une copie de tous les papiers qu'il contenait à M. de Sartine, pour l'obliger à forcer la marquise de Pompadour d'accommoder cette affaire, pour éviter qu'on ne fît les copies de ces lettres avec les autres papiers qui concernaient cette femme. Ce paquet étant sorti heureusement de la Bastille, je disais en moi même : Ces deux filles assurément n'ont pas manqué de chercher un homme d'esprit pour travailler pour toi. Cet homme, pour si peu entendu qu'il soit, reconnaîtra l'importance de tous ces papiers. Or, en lisant les copies des lettres que tu as envoyées à M. de Sartine, il verra : 1° Que ce magistrat est cause de plus de seize millions de perte pour avoir étouffé le projet des Abondances, que tu lui as envoyé depuis quatre ans ; 2° Par les remarques que tu as faites au bas du projet pour pensionner les pauvres veuves de nos militaires, surchargées d'enfants, il verra qu'on n'a fait que changer le sens de ce projet, et par conséquent que tu as donné plus de douze millions de revenus au roi, toutes les années, sur la ferme des postes ; 3° Que par ton projet militaire, qui est encore aujourd'hui même en usage dans toute l'infanterie de France, tu as renforcé nos armées de plus de vingt-cinq mille bons fusiliers pendant les cinq dernières années de guerre, et que par les récompenses de ces projets, le ministre et le lieutenant général de police auraient

dû te rendre la liberté. Mais encore pour si peu entendu que cet homme-là soit, il ne doit pas ignorer qu'à la mort de nos rois, par l'autorité des lois du royaume, on ouvre les portes des prisons royales, et par conséquent qu'à la mort de la marquise de Pompadour, M. de Sartine t'aurait dû rendre la liberté, et vu les reproches que tu lui as faits de sacrifier la gloire du roi, le bien de l'Etat, et la conservation du peuple, pour plaire à cette femme, il ne pourra pas manquer de connaître que M. de Sartine s'est laissé corrompre par le marquis de Marigny pour te faire périr, vu que depuis cinq mois que sa sœur est morte, il ne t'a point rendu encore ta liberté ; mais encore il suffit que cet homme ait les preuves de ton innocence en main et des services que tu as rendus à l'Etat, en envoyant une copie de tous ces écrits aux personnes que tu lui as indiquées, il est certain qu'en peu de jours il t'aura délivré. Or, comme ces filles ne manquaient jamais de venir me saluer, toutes les fois que j'allais me promener sur les tours de la Bastille, parce que je leur en avais indiqué l'heure ; pour sortir de prison, avec ma main je leur fis signe d'envoyer les copies de mes papiers aux personnes que je leur avais indiquées dans les instructions que je leur avais données. Or, par leur mouvement de tête et des mains, elles me firent connaître qu'elles avaient compris les signes que je venais de leur faire. Le lendemain elles vinrent ; et d'abord que je parus sur les tours de la Bastille, elles tirèrent un mouchoir de leurs poches et s'en frappèrent rudement sur leurs jupes et ensuite elles jetèrent plusieurs poignées de feuilles de fleurs par terre. Or, par ces feuilles de fleurs, par les gestes, par les coups de mouchoir, je crus que celui qui avait entrepris mon affaire leur avait dit qu'il allait envoyer une copie de mes écrits au tribunal des maréchaux de France, une autre au Parlement, une troisième au chancelier, aux princes du sang et aux autres personnes que je leur avais indiquées, et que M. de Sartine allait être perdu, car il ne faut pas avoir de l'esprit pour ne pas voir que ce magistrat insultait la personne du roi en faisant périr sous ses propres yeux un infortuné qui lui avait donné plus de douze millions de revenus toutes les années sur la ferme des postes, et ren forcé ses armées pendant les cinq dernières années de guerre de plus de vingt-cinq mille bons fusiliers, et en outre causé plus de seize millions de perte sur mon projet des Abondances...

Cependant, j'aurais bien voulu me tirer de la peine sans lui faire du mal, car je lui pardonnais de bon cœur de m'avoir retenu dans les fers pendant tout le temps que la marquise de Pompadour avait vécu, par la crainte de déplaire à cette méchante femme en me rendant la justice qui m'était due. D'un autre côté je lui savais bon gré de ce qu'environ deux mois et demi après la mort de cette implacable mégère, sur une lettre raisonnée que je lui avais écrite, il m'avait fait porter une lettre de sa part par M. Chevalier, major de la Bastille, où il y avait les propres paroles que voici :

« Vous direz à la quatrième Comté (à la Bastille on ne nomme les prisonniers que par les noms des chambres qu'ils occupent (1) que je travaille à le délivrer efficacement... » et sur ce dernier mot le major me dit plusieurs fois : « Faites bien attention à ces mots : que je travaille à le délivrer efficacement. Ce mot efficacement signifie plus que la liberté. A bon entendeur demi-mot. » Cela voulait dire qu'il travaillait à me faire dédommager par le marquis de Marigny, frère de Mme de Pompadour. Croyant que cela était véritable, je lui avais autant d'obligation de sa bonne volonté que s'il m'avait fait réellement dédommager. Ainsi, comme je n'ai pas un cœur ingrat, assurément j'aurais bien voulu pouvoir sortir de prison sans lui faire aucun mal. Mais je me trouvais fort embarrassé après avoir vu ces gestes du mouchoir. Cela semblait m'annoncer sa perte certaine, car je sais que, quoiqu'une parole ne soit pas véritable, très souvent elle suffit pour perdre une personne, et cela aurait bien été des figues d'un autre panier, si l'homme qui avait entrepris ma défense avait envoyé les copies de mes papiers à

toutes les personnes que je lui avais dit. Or je dis en moi-même : « Si je l'instruis doucement de tout ce qui se passe contre lui, c'est-à-dire des malheurs qui vont fondre sur sa tête, il est certain qu'il ne te croira pas, et cependant il va être perdu) ; mais un honnête homme trouve toujours mille expédients pour éviter de faire du mal à un autre, et c'est ce que je fis à l'égard de M. de Sartine, et voici mon raisonnement : « Si je lui écris doucement, il ne te croira point ; mais en lui écrivant une lettre forte par les expressions terribles et les menaces, tu pourras venir à bout de lui faire prendre vite la résolution de te rendre promptement ta liberté, car Sartine a de l'esprit, et il jugera aisément qu'un prisonnier ne serait jamais assez hardi pour lui écrire pareille lettre, si les malheurs que je lui annonçais n'étaient véritablement prêts à lui arriver, et je crus que pour les éviter, étant en faute de son côté, qu'il me rendrait vite ma liberté pour aller étouffer tout cela. D'un autre côté je me dis : « Si ta lettre ne fait par l'effet que tu en attends, il te mettra au cachot pour quelques jours. Mais l'homme qui te secourt par l'envoi de tes papiers, t'en aura bientôt délivré. » Mon choix fut bientôt fait. J'aimai mieux m'exposer à être mis au cachot pendant quinze jours que de le perdre, et en conséquence je lui écrivis cette lettre forte. Sartine donna l'ordre de me mettre au cachot, au pain et à l'eau et, dès le même moment, il m'écrivit une lettre, que le major vint me lire, où il y avait les propres paroles que voici :

« ... Que j'avais tort de l'accuser de la longueur de ma prison ; que s'il en avait été le maître, il y avait longtemps qu'il m'aurait rendu ma liberté », et il finissait sa lettre en me disant qu'il y avait des Petites-Maisons pour mettre les fous. A quoi je dis au major : « Nous verrons si dans quelques jours il aura le pouvoir de m'y mettre. »

Il ne m'ôta pas la promenade de dessus les tours de la Bastille ; mais il est certain que, le dimanche après, quand il fut à Versailles pour rendre compte à son ordinaire de toutes les affaires de Paris, il ne manqua pas d'instruire, de toutes les menaces que je lui avais faites, le comte de Saint-

---

(1) Cette expression, « la quatrième Comté », désignait la quatrième chambre de la tour de la Comté.

Florentin, duc de la Vrillière, et il n'est pas douteux que ce ministre lui répondit que s'il était vrai que j'eusse fait sortir tous ces papiers de la Bastille, et qu'on vînt à les envoyer au parlement et au tribunal des maréchaux de France pour l'attaquer juridiquement ; il leur enlèverait toutes ces plaintes. Ainsi, M. de Sartine, étant rassuré par le ministre, arriva de Versailles le lundi 3 août : il expédia un ordre et, le surlendemain, qui était le mercredi 5 (1), c'est-à-dire neuf jours après avoir reçu ma lettre forte, je fus mis au cachot au pain et à l'eau. Cependant, loin de faire paraître que j'en étais fâché, je me mis à chanter, parce que je croyais qu'on allait faire l'envoi de mes papiers, qui assurément m'auraient arraché infailliblement du cachot et de la prison, malgré l'assurance du ministre, d'autant plus que le roi s'en serait pris à lui-même pour m'avoir voulu faire périr après lui avoir rendu plusieurs services.

Il n'est point douteux que mon porteclés rapportait aux officiers toutes les paroles que je lui disais, et que ceux-ci ne manquaient pas d'en instruire M. de Sartine ; et cela acheva de lui mettre la peur

(1) En 1764 le 3 août tombait un vendredi et le 5 août un dimanche.

au ventre. En effet, la nuit du 15 au 16 septembre [lisez : août] 1764, à minuit précis, on vint m'appeler dans le cachot et l'on me conduisit dans la salle du gouvernement de la Bastille. Là je trouvai le major avec le sieur Rouillé, exempt, qui me dit : « Monsieur, n'ayez point de peur. M. de Sartine m'a chargé de vous dire de sa part que, pourvu que vous soyez tranquille, au premier jour il vous rendrait votre liberté, et comme il a vu que votre tête s'échauffait, il m'a chargé de vous transférer à Midimontant [sans doute pour Ménilmontant], dans un couvent de moines pour vous faire prendre l'air. On aura bien soin de vous, et ensuite on vous accordera votre liberté. Il faut, me dit-il, que je m'assure de votre personne », et en conséquence il me fit enchaîner, mes deux bras par derrière le dos, puis il me fit mettre les fers aux mains, et l'on me conduisit dans un fiacre. Là on me mit encore une autre chaîne de fer à mon cou. Ils la firent passer au-dessous de mes deux jarrets, puis un des trois recors, qui était entré dans le fiacre avec moi, tira un bout de cette chaîne, de sorte que mon visage se trouva entre mes deux genoux, et avec une de leurs mains, ils me fermèrent la bouche pour m'empêcher de crier et au lieu de me mener à Midi-montant, ils me conduisirent dans le donjon de Vincennes.

LE DONJON DE VINCENNES

(Par Israël Silvestre)   (Bibl. de l'Arsenal)

VII

(23 novembre 1765).

Je fus donc transféré dans le donjon de Vincennes, la nuit du 15 au 16 de septembre [lisez août] 1764. Environ neuf heures après, feu M. de Guyonnet, lieutenant de roi, vint me voir, accompagné du sieur Laboissière, major, et de trois porte-clés, Desmarest, Monchalin et Tranche, et il me dit les propres paroles que voici : « M. de Sartine m'a ordonné de venir vous dire de sa part que pourvu que vous fussiez un peu de temps tranquille, qu'il vous accorderait votre liberté. M. de Sartine est un fort honnête homme : vous pouvez être certain qu'il vous tiendra sa parole. » Et, en même temps, il me dit : « Vous lui avez écrit une lettre extrêmement forte. Il vous faut lui faire des excuses ; je vous donnerai du papier tant que vous en voudrez, et pourvu que vous suiviez mes conseils vous pouvez compter que vous serez bientôt délivré, etc. »

Comme je n'avais écrit cette lettre à M. de Sartine que par un trait d'amitié, c'est-à-dire pour le garantir de malheur, sur-le-champ je mis la main à la plume et lui fis voir les véritables raisons qui m'avaient forcé à m'exposer à me faire mettre au cachot et à déranger même toutes mes affaires pour le garantir de malheur, et en même temps je lui demandai pardon de tous les mots qui avaient pu l'offenser, et que je le reconnaissais pour un honnête homme et mon bienfaiteur. Cette lettre fit tout l'effet que je pouvais souhaiter : sur-le-champ il m'accabla de ses bontés. Que si je lui avais écrit cette lettre forte dans le dessein de l'offenser, en le voyant se venger par tant de traits de générosité, je ne me serais jamais pardonné à moi-même de l'avoir offensé par cette lettre injurieuse.

Cependant, il se passa un ou deux mois sans que les personnes qui avaient mes papiers fissent rien du tout de ce que je lui avais annoncé. Cette négligence était capable de lui faire accroire que tout ce que je lui avais dit n'était pas vrai. Or voici la cause de cet abandon : Après ma troisième évasion, quand je fus voir les deux demoiselles, elles me dirent que, ne m'ayant plus vu me promener sur les tours de la Bastille, elles avaient cru que j'étais mort.

Au surplus M. de Sartine me traitait bien : je craignais que ces personnes ne fissent l'envoi de mes papiers, et qu'ils ne le perdissent : c'est pourquoi je le priai d'avoir la bonté de m'envoyer M. Duval son secrétaire !, et que j'espérais, par certains signaux, lui faire envoyer à lui-même une copie de ces papiers. Or, il eut la bonté de me l'envoyer le 23 de novembre 1764. Nous dînâmes tous les deux. M. Duval était un homme d'esprit. Je lui racontai tout et il trouva cette affaire fort importante. Il me dit que si ces personnes envoyaient une copie de ces écrits à M. de Sartine, il ne tarderait point à venir me voir et à me rendre ma liberté. Je lui donnai plusieurs affiches qui furent appliquées dans Paris, mais les demoiselles Lebrun me dirent qu'elles ne les avaient point aperçues.

En dînant je demandai à M. Duval pourquoi M. de Sartine ne m'avait point rendu ma liberté à la mort de la marquise de Pompadour, que la loi était expresse à ce sujet. En haussant les épaules il me dit : « Je ne suis pas le maître. A sa mort j'ai fait voir la loi à M. de Sartine ; je lui ai dit qu'il fallait qu'il rendît la liberté à tous les prisonniers de cette femme. » Mais il me répondit : « Qu'est-ce que cela vous « fait ? » Je repris : « Mais pourquoi donc ne me rend-il pas ma liberté ? Je n'ai point fait de mal à personne. Pourquoi me fait-on souffrir injustement ? Je vous supplie de m'en faire connaître la cause. » Voyant que je le pressais vivement, il me répondit : « Si la marquise de Pompadour avait vécu encore un an, il vous aurait bien fallu rester encore cette année. »

Mais encore cette année étant finie, le 19 avril 1765, pourquoi ne me rendit-on pas ma liberté et aux autres prisonniers aussi ? car je sais bien que je n'ai point été le seul retenu en prison.

A Vincennes, je devins encore une fois très malade ; toutes mes facultés physiques et morales s'affaiblissaient de jour en jour davantage. Le gouverneur M. de Guyonnet, eut pitié de moi. Il était honnête et sensible. Il me fit donner une chambre commode et me procura une promenade de deux heures par jour dans les jardins du château.

Cependant, ne voyant aucune fin à ma longue souffrance, j'avais pris la résolution de me secourir moi-même. Certain que M. de Silhouette était un homme de grand esprit et qu'il m'avait promis nombre de fois de me rendre service, j'eus recours à lui, et en conséquence je lui envoyai de fort bons papiers par un bas officier qui me paraissait être un homme fort entendu, car il avait été pendant plusieurs années sergent d'affaires dans un régiment. Je promis à celui-ci de lui donner mille écus, et en outre un emploi, et pour lui faire voir que j'étais en état de remplir ces deux promesses, je lui donnai le paquet tout décacheté, et lui dis de l'examiner auparavant, et, après l'avoir cacheté, de le porter à M. de Silhouette. Je lui remis ce paquet le 19 août 1765 et le lendemain, il fut au Petit-Bry ; mais son suisse lui dit que M. de Silhouette était à une autre de ses maisons de campagne et qu'il ne reviendrait que dans huit ou dix jours ; mais au lieu de laisser ce paquet à son suisse, qui le lui aurait envoyé, ou enfin qui le lui aurait remis en arrivant, il remporta ce paquet chez lui. Je lui fis des reproches de ce qu'il ne l'avait point laissé. Il me répondit que c'étaient des papiers de trop grande conséquence et qu'il avait eu garde de les laisser à son suisse.

Le suisse dit à mon bas officier que M. de Silhouette ne reviendrait que dans huit à dix jours. Or, la veille du jour que mon bas officier devait partir pour porter pour la seconde fois mon paquet à Petit-Bry, il était de garde à la porte du petit parc. Le lieutenant de roi alla dîner chez M. l'Archevêque de Paris à Conflans : en conséquence il monta dans son carrosse et passa à la porte du parc. Mon bas officier crut qu'il ne reviendrait que vers les trois ou quatre heures du soir, et par conséquent qu'il n'avait rien à craindre d'aller dîner chez lui, sans attendre qu'un autre de ses camarades vînt le remplacer. Mais à peine fut-il sorti du corps de garde, que le lieutenant de roi retourna sur ses pas parce qu'il apprit en chemin que M. l'Archevêque était à Paris. Au travers de la portière de son carrosse, il aperçut qu'il manquait un soldat de la garde. Il demanda où il était et on lui répondit qu'il était

RES URBANAS   MORIBUS ORNAI
LEGIBUS EMENDA   HOU EP. LLM

GABRIEL DE SARTINE, LIEUTENANT GÉNÉRAL DE POLICE

(Peint par L. Vigée, gravé par Littret)   (Bibl. de l'Arsenal)

allé dîner, et sur-le-champ il l'appointa de dix gardes. Or, pendant ces dix gardes qui font onze jours, il ne fut pas possible à mon bas officier d'aller porter mon paquet à Petit-Bry. L'envoi de mon paquet en fut retardé pendant plus de vingt jours, parce qu'à son premier voyage mon bas officier l'aurait dû laisser au suisse... Il faut observer que M. le comte de Saint-Florentin venait de s'estropier par un fusil qui avait crevé dans ses mains et qu'il était à l'extrémité, car tout le monde croyait qu'à son âge, il n'aurait point la force de résister à l'amputation de son bras. Or mon paquet était pour fournir une occasion favorable à M. de Silhouette d'aller parler au roi et par ce moyen de remonter sur l'eau, et ce grand retard renversa toute cette affaire.

Toutes les fois que ce bas officier venait, je le pressais extrêmement de travailler pour moi, et toujours je lui faisais de nouveaux présents. Enfin certain jour il me dit : « La première copie est presque finie. » Quatre jours après, qui était le 6, il me dit tout bas : « Hier au soir, j'ai envoyé votre premier paquet à M. de Sartine par la petite poste. » Alors je lui dis : « Quoiqu'il m'ôtera la promenade du fossé, n'ayez point peur. Vous n'avez qu'à faire tout ce que je vous ai dit au pied de la lettre, et soyez certain que tout ira bien. » Il me répondit qu'il le ferait. Il me dit que, le 5 novembre 1765, il avait envoyé une copie de mes papiers à M. de Sartine par la petite poste et qu'il avait donné quatorze sous de port. Ce paquet n'arriva pas à destination, car il est plus que certain que, dans l'espace de dix-huit jours que je restai encore à m'échapper le 23 dudit mois, M. de Sartine m'aurait ôté la promenade du fossé ou rendu ma liberté, parce que dans ce paquet je lui faisais dire que, si avant huit jours il ne m'avait pas délivré, on prendrait d'autres moyens pour me faire élargir. Or, il est évident que, dans l'espace de dix-huit jours, M. de Sartine, soit en bien, soit en mal, m'aurait fait sentir la réception de ce paquet ; il était d'une trop grande importance pour lui, pour ne pas en être ému.

Or pendant l'espace de dix-sept jours, car le dix-huitième je m'échappai, qui était le 23 de novembre 1765, on doit bien s'imaginer que j'étais dans des transes affreuses parce que ce paquet devait décider de mon sort. Jugez de l'impatience que je devais avoir de parler à mon bas officier pour savoir au vrai s'il avait envoyé le paquet à M. de Sartine, ou s'il m'en avait imposé.

Or, il arriva que deux demoiselles le prièrent de venir chez elles pour leur apprendre à écrire, et l'heure lui fut donnée entre deux et trois, qui était précisément le seul moment qu'il pouvait me parler quand il était de garde. Il est certain que ces deux demoiselles ne lui donnaient tout au plus que quarante sols par mois chacune et moi je lui donnais en présent plus d'un écu par semaine. En outre je lui avais promis mille écus avec un bon emploi dans mon projet des Abondances, s'il était mis en exécution...

Ce bas officier manqua trois gardes de suite de venir me parler pour aller donner leçon à ces deux demoiselles.

Sur ces entrefaites, un démon s'empara de mes sens et m'entraîna comme malgré moi hors du donjon de Vincennes, le 23 du mois de novembre 1765, à 4 heures précises du soir ?

M'échapper, c'était me replonger dans de nouveaux malheurs.

Le sieur Loyal était un bas officier, qui m'avait offert nombre de fois tous ses services, même jusqu'à l'argent qu'il avait dans sa bourse, mais je le remerciais de toutes ses offres, et pour répondre en quelque sorte à toutes ses politesses, je ne manquais jamais, toutes les fois qu'il venait me garder dans le fossé, de lui faire faire collation avec du vin, des biscuits et autres choses semblables. Je ne manquais pas de lui remplir de temps en temps sa tabatière de mon tabac et de lui faire d'autres petits présents de cette nature. Ce fut lui qui se trouva de garde le jour où je m'échappai.

Le 23 novembre 1765 je me promenais, sur les 4 heures du soir ; le temps était assez serein : tout à coup il s'élève un brouillard épais ; l'idée qu'il pouvait favoriser ma fuite se présente sur-le-champ à mon esprit ; mais comment me délivrer de mes gardiens, sans parler de plusieurs sentinelles qui fermaient tous les passages ?

J'en avais deux à mes côtés avec un sergent : ils ne me quittaient pas une seconde. Je ne pouvais pas les combattre ; leurs armes, leur nombre et leurs forces physiques les rendaient supérieurs à moi : je ne pouvais me glisser furtivement et m'éloigner d'eux ; leurs fonctions étaient de m'accompagner, et de suivre tous mes mouvements ; il fallait un trait de hardiesse qui les atterrât en quelque sorte, et qui me permît de m'élancer pendant qu'ils chercheraient et rassembleraient leurs idées. Je m'adresse impudemment au sergent ; je lui fais remarquer ce brouillard épais qui venait de s'élever si subitement : « Comment, lui dis-je, trouvez-vous ce temps? — Fort mauvais, monsieur », me répondit-il ; je reprends à l'instant avec le ton le plus calme et le plus simple : « Et moi, je le trouve excellent pour m'échapper. » En prononçant ces mots, j'écarte avec chacun de mes coudes les deux sentinelles qui étaient à mes côtés; je pousse avec violence le sergent, et je vole. J'avais déjà passé près d'une troisième sentinelle qui ne s'en était aperçue que lorsque je fus plus loin ; toutes se réunissent, on entend crier de tous côtés : Arrête! arrête! A ce mot les gardes s'assemblent, on ouvre les fenêtres; tout le monde court; chacun crie et répète: Arrête! arrête! Je ne pouvais échapper.

A l'instant même je conçois l'idée de profiter de cette circonstance pour me frayer un passage à travers la foule de ceux qui s'apprêtaient à m'arrêter. Je crie moi-même plus fort que les autres : Arrête! au voleur, au voleur, arrête! Je fais avec la main le geste qui indique ce mouvement que le voleur était devant ; tous trompés par cette ruse et par le brouillard qui la favorisait, m'imitent, courent et poursuivent avec moi le fuyard que je paraissais indiquer. Je devançais beaucoup tous les autres, je n'avais plus qu'un pas à franchir ; déjà j'étais à l'extrémité de la cour royale : il ne restait qu'une sentinelle, mais il était difficile de la tromper, parce que nécessairement le premier qui se présenterait devait lui paraître suspect, et son devoir était de l'arrêter. Mon calcul n'était que trop juste : aux premiers cris qu'elle avait entendus, elle s'était mise au milieu du passage qui était, à cette place, très

étroit : pour surcroît de malheur elle me connaissait, elle se nommait Chenu. J'arrive, elle me barre le chemin, en me criant d'arrêter ou qu'elle me passait sa baïonnette à travers le corps. « Chenu, lui dis-je, votre consigne est de m'arrêter, et non de me tuer. » Je ralentis ma course, je l'abordai lentement; lorsque je fus près de lui, je m'élançai sur son fusil ; je le lui arrachai des mains avec tant de violence que ce mouvement, auquel il ne s'attendait pas, le fit tomber par terre ; je sautai par-dessus son corps en jetant son fusil à dix pas de lui, dans la crainte qu'il ne le tirât sur moi et cette fois encore je fus libre.

Je me cachai facilement dans le parc ; je m'étais écarté du grand chemin, je sautai par-dessus le mur, et j'attendis la nuit pour entrer dans Paris. Je n'hésitai pas à me rendre chez les deux jeunes personnes avec lesquelles j'avais lié connaissance du haut des tours de la Bastille, et qui avaient paru me servir avec tant de zèle : elles me prouvèrent bientôt qu'elles avaient puisé dans leur âme celui qu'elles m'avaient montré, et que je leur avais réellement inspiré l'intérêt le plus tendre et le plus pressant. Elles me reconnurent parfaitement bien, et me reçurent avec affection ; elles me croyaient mort, parce qu'elles ne pouvaient penser que si j'eusse été libre, je n'aurais pas tardé à leur faire donner de mes nouvelles. J'appris alors qu'elles se nommaient *Lebrun*, que leur père était perruquier ; l'une d'elles est morte depuis, et à ce moment, un de leurs frères est établi dans le même emplacement. Il y fait un commerce de parfumerie.

Dans la même minute que je fus échappé, un officier vint au corps de garde du donjon : ce perfide Loyal fut au-devant de lui, et avec un empressement extraordinaire il lui dit : « On n'a qu'à envoyer vite, vite, à Petit-Bry, chez M. de Silhouette, il y est. Oui, monsieur, je suis sûr qu'il y est, et on l'arrêtera là, ou tout au moins chez M. le maréchal de Noailles; mais qu'on commence d'envoyer vite la maréchaussée chez M. de Silhouette. C'est là qu'on le trouvera, j'en suis certain. »

Dans la minute, l'officier de garde fut rendre compte au lieutenant de roi de tout ce que Loyal lui avait dit et M. de Guyonnet vint le rendre à Sartine, qui, sur-le-champ, donna des ordres à la maréchaussée d'aller au Petit-Bry, chez M. de Silhouette, pour m'arrêter et lui dire de vive voix, ou par écrit par l'exempt, que c'était à sa considération qu'il m'avait accordé la promenade du fossé, parce que je m'étais réclamé de lui et qu'en échappant j'avais mis beaucoup de monde dans la peine et qu'il le priait très instamment de me livrer à la maréchaussée.

Or, jugez de l'impression que cette fourbe dût faire contre moi dans l'esprit de M. de Silhouette, à tous ses domestiques et aux gens du village de voir dans sa cour une troupe d'archers et de s'entendre demander par le prévôt... Aussi, le lendemain, quand je fus chez lui, il me fut impossible de pouvoir lui parler et même de savoir des nouvelles des papiers que je lui avais envoyés par mon bas officier...

J'avais également fait porter des paquets chez le maréchal de Noailles.

Comme je ne doutais pas que M. de Sartine ne manquerait pas de mettre des espions à l'entour de l'hôtel de Noailles, je ne jugeai pas à propos d'y aller. Mais j'envoyai chercher M. de Cluzeaux, qui était chirurgien du roi et du maréchal de Noailles, qui logeait dans son hôtel. Le lendemain d'après mon évasion, qui était le 24 novembre [lisez 14 octobre] 1765, il vint me voir chez un de ses amis. Je lui exposai succinctement une partie de mes affaires et il me dit de lui envoyer mes papiers et qu'il ferait tout son possible pour me rendre service. Je promis de les lui envoyer pour lui faire voir plus amplement mon innocence et les trois services que j'avais déjà rendus à la France. Alors, il me dit : « Comme je ne suis pas toujours à l'hôtel et que M. Houssé n'en sort presque jamais et qu'il est un de vos bons amis, vous n'avez qu'à les lui envoyer et il me les remettra. » Nous nous quittâmes et je fus chez les personnes qui me les gardaient. C'étaient les papiers que j'avais fait sortir de la Bastille le 21 décembre 1763. Je priai les demoiselles Lebrun d'aller les porter le lendemain à M. Houssé, trésorier de M. le maréchal de Noailles, à son hôtel, rue Saint-Honoré. Elles furent les lui porter, mais malgré toutes les instances que ces deux demoiselles lui firent de recevoir ces papiers, ou seulement de les lire, il s'obstina à ne pas vouloir recevoir ce paquet ni même à en lire un seul mot.

Le 25 novembre 1765, j'écrivis à M. de Sartine une lettre et je lui proposai l'accommodement que voici : « Le roi, monsieur, se sert de mon projet militaire depuis l'année 1758 et si j'en demandais la récompense, qui m'en est due, au ministre de la Guerre, assurément il ne me la refuserait pas ; mais j'ai réfléchi que je ne puis lui demander cette récompense sans entrer dans un détail qui ne vous ferait point honneur, et, pour éviter cela, je vous propose de m'avancer dix mille écus sur la récompense qui m'est due de ce projet militaire avec votre parole d'honneur par écrit que tout le passé sera enseveli dans un oubli éternel, que, sur-le-champ, je viendrai moi-même à votre hôtel vous porter tous mes papiers... et que si vous vouliez avoir la bonté de consentir à cet accommodement, vous n'aviez qu'à faire faire deux croix noires, une sur une des portes des Tuileries, c'est-à-dire sur celle qui est vis-à-vis du pont Royal, et l'autre sur la porte du premier marchand de bois qu'on trouve en sortant de Paris par la porte Saint-Antoine, sur le chemin de Bercy, vis-à-vis la Bastille. »

Sur-le-champ, Sartine remit ma lettre à trois exempts en leur ordonnant d'aller faire ces deux croix sur la porte et d'opérer de cette manière ; ils les font sur deux grandes feuilles de papier et vont les appliquer sur ces deux portes en les laissant à la merci de tout le monde... A peine ces exempts eurent-ils appliqué ces deux feuilles de papier, qu'ils les virent arracher, de leurs propres yeux, car celle de la porte des Tuileries, trente-neuf minutes après qu'elle fut appliquée, fut enlevée par un vendeur d'eau-de-vie, et celle de l'écurie par le commis du marchand de bois... et, au lieu de rappliquer ces deux feuilles de papier, les exempts s'en retournèrent fort tranquillement à l'hôtel du magistrat pour venir lui rendre compte de leur bêtise.

Les mille écus que M. de Sartine promit de donner à la personne qui lui porterait mon adresse me forcèrent d'aller implorer la miséricorde du magnanime prince de Conti. Tout le monde vante beaucoup les vertus de ce héros, mais si tout le monde connaissait aussi bien que moi son humanité, son bon cœur et surtout sa noble générosité, tout le monde vanterait bien davantage cet illustre père des malheureux. J'échappai de ma prison le 23 novembre 1765 et le 2 du mois suivant je fus à l'Isle-Adam. Je me gardai bien d'en imposer à ce prince, car je n'aurais point trompé Son Altesse, mais je me serais trompé moi-même. Instruit de mes affaires par les papiers que je lui avais envoyés la veille de mon départ, non seulement il me promit d'envoyer son secrétaire chez M. de Sartine pour accommoder mes affaires, mais même, ce qui prouve encore plus la grandeur de son âme bienfaisante, c'est qu'il me força à recevoir deux présents en espèces d'or. Ce n'est pas par ingratitude que j'ai tu ces deux traits de sa générosité dans mon premier Mémoire, mais cela n'est que pour en mieux parler, si jamais Dieu me fait la grâce de me délivrer de mon long martyre; car si je n'avais point de langue, je ferais comme le barbier de Mydas, qui faisait dire aux roseaux : « Mydas, le roi Mydas a des oreilles d'âne ! » et moi, avec mon doigt, je graverais sur toutes les pierres que si la fortune donnait une couronne aux hommes de haute vertu, que quand elle donnerait un empire à l'auguste prince de Conti elle lui donnerait pourtant beaucoup moins qu'il ne mérite. .

En arrivant à l'Isle-Adam, je fus conduit chez son secrétaire, nommé M. Le Blanc. Il me reçut fort gracieusement. Je lui communiquai mes affaires, je lui fis lire plusieurs de mes ouvrages, et quand il fut à mon projet militaire, il me dit : « On a fait prendre des fusils à tous les officiers et sergents en place de leurs espontons et hallebardes, dans le temps que M. le comte de Clermont commandait l'armée en 1758, j'étais alors son secrétaire. » Je repris : « C'est précisément dans ce temps-là que j'envoyai ce projet au roi, vous n'avez qu'à regarder la date, et je n'ai point reçu encore aucune récompense ; mais il n'est point douteux que si

vous vouliez me tendre une main secourable, il ne vous serait point difficile de me faire obtenir de ce projet une récompense proportionnée à ce service. »

Ensuite, je lui dis : « Voici mon projet des Abondances, je vous prie de l'examiner avec attention et vous verrez clairement que ces deux projets me feront une fortune honnête... Je croirais vous offenser si je vous présentais de l'or ou de l'argent pour vous exciter à me secourir, mais j'offre à vos entrailles de miséricorde une souffrance de dix-sept années, en vous assurant que jusqu'à mon dernier soupir, nuit et jour, la dernière goutte de mon sang sera à votre service. »

Il me répondit : « Je ne suis point intéressé; votre état me touche plus que tout au monde, car il ne faudrait point avoir un cœur pour n'être point touché de votre longue captivité... Le prince est fort humain, il a des entrailles paternelles et de miséricorde et vous pouvez être certain que je vais faire tout mon possible pour vous tirer d'affaire. Vous n'avez qu'à écrire au bas officier de la garnison de Vincennes de m'envoyer à moi-même vos autres papiers et je vais travailler pour vous comme si c'était pour moi-même. A côté de moi, me dit-il, demeure une dame qui est de tout auprès de chez vous, de Pézenas, je vous conduirai chez elle. » J'ai oublié son nom et je ne lui demandai point le rang qu'elle tenait auprès de ce prince, mais je m'imagine que c'est une dame de condition et que, sans miracle, elle pourrait bien être alliée avec MM. les barons de Fontès, de Miramont, d'Audiffret, de Vic, etc.. qui sont tous proches parents de mon père. Mais quand même il n'y aurait pas d'alliance, je suis moralement certain que cette dame se serait fait un sensible plaisir de me tendre une main secourable pour obliger les principaux nobles de sa ville. Enfin, M. Le Blanc me dit : « J'irai tout à l'heure parler au prince et, après dîner, vous n'avez qu'à revenir ici. » Sur les trois heures, je ne manquai point de me rendre dans sa chambre, et d'abord qu'il m'aperçut : « Je suis très charmé, me dit-il, de vous apprendre cette bonne nouvelle. Le prince m'a chargé moi-même d'aller de sa part chez M. de Sartine pour accommoder vos affaires par la douceur et la modération. Ainsi, voilà vos affaires qui sont dans la meilleure situation du monde. Cependant, le prince me recommande de vous dire de faire en sorte de ne point vous laisser arrêter avant que je n'aie parlé, et en même temps il m'a ordonné de vous donner tant de louis d'or, et dans cinq à six jours, j'irai à Paris avec Son Altesse et c'est alors que j'irai parler à M. de Sartine. Le prince m'a remis vos papiers, il les a tous lus; voyez s'il n'y a rien d'égaré? » Je les regardai et je lui dis que non...

Mais, malheureusement, je lui dis alors : « Voudriez-vous avoir la bonté d'en faire une seconde lecture? » Quand il fut à mon dernier ouvrage, qui est le meilleur, c'est-à-dire mon projet des Abondances, je lui dis : « Je vais vous laisser ces papiers », il me répondit : « Je ne puis absolument garder aucun de vos écrits. » Et vous venez de voir que, huit jours auparavant, M. Houssé ne voulut point recevoir mon projet ni même le lire, que quatre jours après, le chevalier de Paradilles se chargea de me copier un Mémoire, et que le lendemain il me le fit rendre par son épouse, sans l'avoir copié ni même lu...

A mon retour de l'Isle-Adam, par un petit billet je priai mon ami Paradilles de venir dîner avec moi pour l'instruire de toutes les bontés que le vertueux prince de Conti avait eues pour moi. Il vint, et comme c'est un homme de lettres et qu'il a beaucoup d'esprit, je le priai d'examiner quelques-uns de mes projets et de me dire, en bon ami, ce qu'il en pensait, afin de m'épargner la honte de passer pour un sot en les présentant au ministre. Après les avoir examinés, il me répondit que mes projets étaient des diamants bruts, mais qu'ils n'en étaient pas moins bons et qu'il ne leur manquait que le poli. Ensuite, en dînant, nous nous mîmes à parler de mes affaires, et comme c'est un homme qui a fort bon cœur, il m'offrit de nouveau ses services; il me dit qu'il pouvait encore m'arriver quelque malheur que je ne pouvais pas prévoir et que si je voulais lui donner une copie de mes papiers, il travaillerait pour moi...

Je pris cet ami au mot. C'est un gentil-homme : il est cadet et par conséquent il n'est pas riche, mais en revanche il a beaucoup d'esprit. Or, pour l'exciter mieux encore à me secourir, je lui fis sentir d'une manière délicate que je lui ferais un présent de douze mille livres. Alors il me dit : « J'ai un bon ami, qui, s'il en est besoin, m'aidera à tirer des copies de vos ouvrages pour les envoyer à la Cour et dans la ville. » Je repris : « Si cet ami vous aide à travailler pour moi, vous n'avez qu'à l'assurer de ma part que je lui ferai un présent de mille écus. » A cette promesse il me dit : « Cinquante louis suffiront. »

Le lendemain au soir je fus chez lui, et je n'y trouvai encore que son épouse tout effarouchée, et elle se mit à me dire : « Aujourd'hui avec mon mari nous avons été dîner telle part chez un de nos amis, et il s'y est trouvé à table avec nous un chanoine de la sainte chapelle de Vincennes. Mais au récit qu'il nous a fait je reconnais que c'est vous-même qui avez échappé de cette prison. Tenez, n'avez-vous pas dit ces paroles aux soldats qui étaient à vous garder : *Comment trouvez-vous ce temps-ci?* Et ils vous répondirent : *Fort mauvais,* et vous reprîtes : *Et moi, je le trouve fort bon pour échapper,* et en même temps vous vous enfuîtes. Tous les soldats qui vous ont laissé échapper sont au cachot... et ce chanoine adressait toujours la parole à mon mari, en le regardant fixement, comme s'il avait été instruit que mon mari savait où vous étiez... Il nous a dit que M. de Sartine était fort en peine de vous et qu'il vous faisait chercher dans Paris .. Nous ne voudrions pas pour tout au monde qu'il vous arrivât un malheur dans notre maison. C'est pourquoi nous vous prions de ne pas y venir souvent »; et en même temps elle me tendit la lettre toute cachetée que j'avais donnée la veille à son mari pour aller chercher mes papiers à Vincennes; mais il fallait voir cette dame, oui, il aurait fallu la voir pour pouvoir en juger comme il faut : elle était hors d'elle-même, dans une épouvante terrible, et les paroles qui sortaient de sa bouche étaient comme des coups de foudre qui me perçaient de part en part. Je ne crois pas qu'on trouvât quatre personnes dans tout Paris qui, pour tout l'or du monde, voulussent descendre du haut des tours de la Bastille dans le fossé sur une échelle de corde. J'en ai descendu moi-même à minuit, et j'ose dire que j'avais mille fois moins peur de la mort que de l'épouvante horrible que cette femme m'inspira...

Jamais je n'ai été peureux... Mais depuis

faire arrêter chez lui, à côté de son suisse, le 17 de décembre 1765, par le sieur Fleuri, exempt des hoquetons du roi.

Si je ne me trompe, ce fut le 10 de décembre que j'écrivis au duc de Choiseul... Pour ne pas manquer à ma promesse, le 15, à dix heures du soir, je partis de Paris, par les voitures ordinaires de la Cour, qu'on appelle pots-de-chambre, et j'arrivai à la

LE CHATEAU DE FONTAINEBLEAU

(Par Israël Silvestre)

(Bib'. de l'Arsenal)

le moment que cette dame m'eut parlé avec ces transports extraordinaires, je ne pensai plus aux promesses du vertueux prince de Conti, qui certainement m'aurait tiré d'affaire, si le plus abominable de tous les malheurs ne m'avait conduit entre les mains... de qui, grand Dieu? du duc de Choiseul, ministre de la Guerre, qui, sans avoir écouté une seule de mes paroles, me fit arrêter dans sa propre maison et conduire dans le plus affreux de tous les cachots du donjon de Vincennes.

Le duc de Choiseul eut la cruauté de me

pointe du jour à Fontainebleau. Je fus tout droit à l'appartement du duc de Choiseul, et comme il n'était point levé encore, je me fis donner par son suisse une feuille de papier, et je lui écrivis quatre mots pour lui apprendre que j'étais arrivé et le prier de me faire appeler d'abord qu'il serait levé. Avant que de partir de Paris j'avais cacheté mon projet des Abondances et mis son adresse par-dessus, par raison que si je venais à être arrêté le long du chemin, je dirais aux personnes qui m'arrêteraient que j'étais porteur de ce paquet et que je devais le remettre moi-même entre les propres mains du duc de Choiseul. Enfin je donnai ce paquet avec la petite lettre à son suisse, et il fut dans sa chambre lui porter le tout. A son retour, il me dit qu'à onze heures son maître m'accorderait audience. Je sortis pour m'aller faire accommoder et manger un morceau, et sur les dix heures, en re-

point de peur... ce n'est que pour lui parler. » Alors, je tirai son suisse à part et lui dis à l'oreille : « Si dans une heure je ne suis pas de retour, vous n'avez qu'à dire à votre maître que je viens d'être arrêté à votre côté. » Il me répondit qu'il ne l'oublierait pas, et je me mis à suivre cet exempt qui me mena dans un lieu qui ne me parut pas être une prison, et il me laissa dans

PALAIS DE FONTAINEBLEAU : L'ESCALIER DU FER A CHEVAL

(Par Israël Silvestre) (Bibl. de l'Arsenal)

tournant chez lui, je le vis entrer dans sa chaise à porteurs et aller vers le château. En attendant son retour, je me mis à parler avec son suisse et un officier, et environ demi-heure après, le sieur Fleuri, exempt des hoquetons du roi, que je ne connaissais pas, arriva en me disant : « M. le duc de Choiseul m'a ordonné de venir vous chercher pour lui parler. » Je lui répondis : « C'est ici que je dois lui parler et non ailleurs. — Il faut, me dit-il, que vous ayez la bonté de me suivre », et il me prit par le pan de ma redingote, qu'il lâcha tout de suite, en me disant : « N'ayez

cette maison sous la garde de deux hoquetons. Il sortit ensuite pour aller faire son rapport, et à son retour il me dit : « M. le comte de Saint-Florentin m'a chargé de vous dire qu'il était bien fâché que vous n'ayez pas eu recours à lui, que si vous lui aviez écrit de la prison où vous étiez, il vous aurait rendu la justice qui vous était due, et que, comme vous étiez venu à Fontainebleau pour demander au roi de vous livrer entre les mains de son Parlement, il allait expédier un ordre pour vous y conduire. » Je lui répondis : « Dites à M. le comte de Saint-Florentin que les méchants fuient la justice, et que moi je la cherche, que j'étais venu à Fontainebleau pour l'obtenir du roi même ; que néanmoins je lui étais bien obligé de m'expédier cet ordre ; que volontairement, de moi-même j'irais me constituer prisonnier dans la Conciergerie de Paris. » Ouï ces paroles, il sortit. Cependant, un instant après, il entra un autre exempt, nommé Le Vasseur, et il me dit d'un air courtois : « Monsieur, c'est moi qui vais avoir l'honneur de vous conduire. »

Moi qui craignais quelque surprise, je lui dis : « Dans quelle prison m'allez-vous mener? » Il fut tout interdit, en me disant : « Pourquoi me demandez vous cela ? » Je repartis : « Il est bien juste à moi de savoir dans quelle prison vous m'allez mener... » Il reprit en cinq à six pauses : « Mais je vous mène... Mais je vous mène... Mais je vous mène... Mais pourquoi me demandez-vous cela ? » Je lui répliquai : « Je vous le demande pour le savoir. » Il reprit encore : « Mais je vous mène... » et à chaque parole il s'arrêtait en regardant fixement les deux hoquetons qui étaient à me garder, pour lire dans leurs yeux ce qu'il devait me répondre, et toujours répétant : « Mais je vous mène... Mais je vous mène... » Et puis tout à coup, comme un homme qui se dépite : « Mais je vous mène à la Conciergerie. » A ce mot de Conciergerie, je lui dis : « J'en suis charmé ; au-moins dans cette prison je pourrai me défendre, et je ne périrai point faute de justice. » Alors cet exempt, prenant un air enjoué, me dit en riant : « Ma foi, j'ai été bien embarrassé, car je n'osais pas vous dire que j'avais ordre de vous mener dans la Conciergerie de Paris ; je croyais que cela vous ferait de la peine. »

Ainsi par le moyen de ce mensonge on évita tout éclat et on vint à bout, à la faveur de la nuit, de me conduire dans le donjon de Vincennes sans bruit. En y arrivant je fus mis dans le cachot noir. En entrant dans cet endroit affreux, je me mis à dire tout haut : « Est-ce ainsi qu'on rend justice à la Cour de France! O traître Choiseul, le roi ne nous a pas donné un ministre dans ta personne, mais le plus scélérat des hommes. Ame basse, est-ce

ainsi que tu rends justice à un innocent? Est-ce ainsi que tu dois traiter un infortuné qui a rendu trois services à la France? » En entendant ces paroles, un porte-clés, nommé Monchalin, me coupa tout court, en me disant d'un ton de bourreau : « On ne saurait trop vous maltraiter, car vous êtes cause qu'on a pendu le sergent de garde qui vous a laissé échapper ! » O ciel! il ne m'aurait pas été si affreux de voir entrer dans ce caveau un réchaud plein de charbons ardents pour faire rougir des tenailles et m'en voir arracher les entrailles que d'entendre cette horrible nouvelle que je crus véritable et qui pourtant ne l'était pas. Sur-le-champ je perdis la parole et me fusse donné cent coups de poignard moi même dans mon sein, si j'en avais eu un, pour avoir été cause qu'on avait pendu cet innocent qui avait fait assurément son possible pour m'empêcher d'échapper.

VIII

LATUDE EST RÉINTÉGRÉ A VINCENNES.

Quatre jours après avoir été arrêté à Fontainebleau et mis dans le plus affreux cachot du donjon de Vincennes, le lieutenant général de police m'envoya trois exempts pour m'interroger sur ce qui s'était passé pendant les vingt-cinq jours que j'avais été dehors, et ces messieurs commencèrent à m'accabler de sottises : « Morbleu, me disent-ils, M. de Sartine vous a fait un pont d'or ! Car si vous vous étiez bien conduit, vous auriez aujourd'hui trente mille livres avec votre liberté. Pourquoi donc ne lui avez vous pas envoyé l'adresse d'un de vos amis, que vous lui aviez promise, pour lui faire porter les dix mille écus que vous lui aviez demandés avec sa parole d'honneur par écrit que tout le passé était oublié? » Je leur répondis : « C'est parce qu'il ne m'a pas fait faire les signaux que je lui avais demandés. » Sur-le-champ tous les trois me dirent à la fois : « Vous en avez menti, car f....., c'est nous autres mêmes qui avons fait ces deux croix noires sur deux grandes feuilles de papier qu'on pouvait voir d'une lieue de loin, et nous les avons appliquées toutes les deux à la pointe du jour, une à la porte des Tuileries, et l'autre sur la porte de l'écurie d'un tel marchand de bois. La première fut enlevée trente-neuf minutes après par un vendeur d'eau-de-vie, et l'autre fut ôtée environ quarante-quatre minutes après avoir été appliquée, par le commis du marchand de bois, en ouvrant la porte du grand chantier. Je leur dis :

« Mais il fallait que que vous eussiez totalement perdu l'esprit et le génie pour avoir si mal fait ces signaux ?

— Que nous ayons perdu l'esprit ? C'est, mordieu, vous-même qui êtes un fou et qui mériteriez d'être mis aux Petites-Maisons », et sans se donner la patience d'attendre la fin de mon discours : « Vous demandez, me dirent-ils, vingt-cinq mille écus de votre projet militaire, et, sacre ! ce n'est pas vous qui l'avez donné. Il y a plus de douze années qu'il était en usage avant que vous l'eussiez envoyé, car, dans le temps du siège de Prague, tous les trois nous étions sergents et nous avions des fusils, et tous les officiers aussi ! »

Je repris :

« J'ai aussi bien fait que vous toutes les campagnes d'Allemagne et de Flandre, et je suis sûr et certain qu'alors tous les officiers et sergents avaient des spontons et des hallebardes. » Ils me répondirent encore fort poliment : « Vous en avez menti ! » Je leur répliquai sur le même ton :

« C'est vous autres qui en avez menti, et non pas moi, et dans la minute je vais vous prouver, et sans réplique, que vous êtes trois sots et trois imposteurs. Allez-vous-en, leur dis-je, au bureau de la Guerre, et vous verrez que l'ordre du roi n'a été donné aux officiers et aux sergents de prendre des fusils en place des spontons et des hallebardes qu'après le 14 du mois d'avril 1758. Or je vous demande, cette année-là, le roi ordonna-t-il de faire prendre des fusils aux soldats ? Non assurément parce que Sa Majesté savait bien que chaque soldat en avait un. Or, si les officiers et les sergents en avaient eu de même que les soldats, avant le mois d'avril 1758, il est certain et évident que le roi ne leur aurait point donné cet ordre. A cette preuve qu'avez-vous à répliquer ?

— Qu'avons-nous à répliquer ? me dirent-ils ? C'est qu'on ne taxe pas le roi. On prend ce qu'il donne. »

Enfin, après que ces trois exempts m'eurent bien dit des sottises, car il me semble qu'ils n'étaient venus que pour insulter à ma misère, je fus reconduit dans le cachot noir.

Un moment après ils y revinrent tous trois. En entrant dans ce lieu affreux, ils me dirent : « Vous êtes bien mal ici. Cependant nous avons un ordre de M. de Sartine pour vous en faire sortir sur-le-champ, si vous voulez dire les noms des personnes à qui vous avez laissé vos papiers, en vous protestant de sa part qu'il ne leur sera fait aucune peine. » Voici la réponse que je leur fis : « Je suis entré ici honnête homme, et j'aimerais mieux mourir mille fois que de faire une lâcheté. Allons, f...-moi le camp ! » . . . . .
. . . .
Le 19 d'avril 1766, je cachai dans mon paquet de linge sale une chemise, où j'avais écrit sur le dos et dans les manches, et en même temps j'avais prié la blanchisseuse de la porter à son adresse. Cette chemise écrite fut aperçue par les porte-clés et portée chez M. de Guyonnet, lieutenant de roi, qui refusa absolument de lire cet écrit, et sur le champ il ordonna aux porte-clés de la blanchir eux-mêmes...

Enfin, vu que je ne pouvais écrire ni parler au lieutenant de roi, le 10 de juin 1766, je me mis à crier : « Miséricorde, qu'on me rende justice ! » Mais la justice qu'on me rendit fut de me mettre dans le cachot noir pendant deux mois. L'année suivante 1767, le 3 de septembre, je chargeai mon porte-clés de dire à M. de Guyonnet que ne pouvant venir me parler, je le priais d'avoir la bonté de me permettre de lui écrire à lui-même. Un moment après il revint tout effarouché dans ma chambre en me disant : « Monsieur, je ne parlerai jamais plus de vous. J'ai failli à être mis au cachot par M. de Guyonnet, pour lui avoir répété les quatre paroles que vous m'aviez chargé de lui dire. Depuis douze années, oui, monsieur, depuis douze années que je suis ici, je n'avais pas encore vu M. de Guyonnet si furieux et si terrible qu'aujourd'hui. » Je repris : « Mais cela n'est pas possible ? — Comment, me dit-il, vous croyez que je vous en impose. Attendez. » Il appela un de ses camarrades nommé Tranche, qui vint me dire : « Monsieur, mon camarade ne vous en impose pas, car j'étais présent quand M. de Guyonnet l'a menacé de le fourrer au cachot... »

Le 23 juillet 1767, M. de Sartine, vint ici dans le donjon de Vincennes. Le sieur Fontaillan, chirurgien, qui voyait mon martyre, le pria de m'accorder un moment d'audience. Il lui répondit :

« Je ne veux plus, qu'on me parle de ce prisonnier ! »

M. de Guyonnet, lieutenant de roi à Vincennes, mourut le 3 octobre 1766.

Le roi lui donna pour successeur, M. de Rougemont.

Deux mois après sa réception, c'est-à-dire le 21 décembre 1767, je le priai d'examiner plusieurs de mes papiers, avec deux Mémoires... Je lui remis encore en différentes reprises quatre autres Mémoires, et voici la réponse qu'il me fit le 6 mars 1768 :

« Par les obligations de ma charge j'ai été forcé de dire au ministre et au lieutenant général de police, que vous m'aviez confié vos papiers ; mais n'ayez point de peur. Tous les deux en sont charmés, mais ils m'ont défendu absolument de vous les rendre. »

Je crus rencontrer un moyen de distraire mes ennuis, et peut-être en faisant des connaissances utiles, de trouver des amis qui pourraient me tendre un jour une main secourable. C'était d'établir une correspondance avec tous les prisonniers, sans sortir de ma chambre où j'étais surveillé avec la plus grande attention. Ce projet n'était pas d'une exécution facile, mais il me suffisait qu'elle ne fût pas impossible, pour que j'osasse l'entreprendre.

Il fallait, pour parvenir à cette exécution, percer l'énorme muraille du donjon du côté du jardin, où tous les prisonniers allaient prendre l'air. Pour cela, je n'avais que mes mains. Je me rappelai bien qu'une année auparavant, pendant une de mes promenades dans ce jardin, j'avais ramassé un vieux tronçon d'épée et la verge de fer d'un seau qui m'étaient tombés sous la main, et que je les avais soigneusement cachés pour les trouver au besoin : mais ils étaient au jardin, et pour tout au monde, les officiers du château ne m'auraient accordé la promenade dont j'avais deux fois si adroitement abusé pour me soustraire à leur surveillance et m'évader.

J'avais observé que lorsqu'il y avait une réparation à faire dans la chambre d'un prisonnier, comme il était expressément défendu d'en laisser voir aucun aux ouvriers, on le faisait sortir au moment où l'on travaillait ; et ordinairement, quand cela ne devait pas être long, on le conduisait au jardin. Pour forcer mes geôliers à me faire sortir de ma chambre, je cassai deux carreaux de ma vitre : j'eus grand soin d'indiquer un accident qui avait occasionné cette étourderie ; on n'eut aucun soupçon, et tout arriva comme je l'avais prévu. On fit venir le lendemain un vitrier : pendant qu'il réparait ce dommage, on me conduisit au jardin, où l'on m'abandonna après avoir fermé sur moi la porte à double tour. Je courus vite où j'avais caché mes outils ; je les trouvai : je mis le tronçon dans ma culotte, et la verge de fer autour de mon corps sous ma chemise. Dès que les carreaux furent remis, on vint me prendre ; on me conduisit dans ma chambre, où je remontai avec l'air de la plus grande tranquillité, mais au fond bien satisfait, et fort occupé de savoir à quel usage j'allais employer mes deux instruments.

Les murs du donjon ont au moins cinq pieds d'épaisseur ; ma verge de fer en avait à peine trois de longueur. J'avais eu soin de l'aiguiser sur un grès, et elle pouvait me servir à percer la pierre ; mais il était impossible qu'elle la perçât de part en part. Je n'entrerai pas dans le détail de toutes les opérations que je fis pour y parvenir, des peines inouïes que j'eus à surmonter, et de la douleur que je me causai plus d'une fois avant de réussir à faire ce trou ; qu'il me suffise de dire que j'y employai vingt-six mois, pendant lesquels j'abandonnai, je repris cent fois cet ouvrage ; que j'usai de toutes les ressources que m'avaient déjà procurées plus d'une fois mes connaissances dans les mathématiques, et le génie de la liberté qui m'enflammait toujours : enfin, j'en vins à bout. Ce trou existe encore dans le mur du donjon ; l'artiste qui veut apprécier les difficultés incompréhensibles de ce travail, le regardera peut-être comme un des chefs-d'œuvre de l'industrie : il est situé dans la cheminée à l'endroit que l'ombre du manteau rendait le plus obscur ; j'avais choisi cette place, parce qu'elle m'exposait moins à être découvert dans les fréquentes visites que l'on fait des chambres.

J'arrangeai avec du plâtre et du gravier une espèce de mastic, dont je fis un bouchon. Il fermait ce trou si hermétiquement, qu'il était impossible de rien soupçonner, avec quelque attention qu'on eût examiné le mur : dans ce trou j'avais glissé une forte et longue cheville que j'ôtais à volonté, et qui n'avait pas tout-à-fait la longueur du trou ; afin que si on venait à en remarquer dans le jardin l'embouchure que j'avais eu l'attention d'ouvrir très peu à cette extrémité, on ne trouvât, en sondant le trou, qu'une profondeur de deux ou trois pouces, ce qui ôterait tout soupçon.

Ce grand œuvre, étonnant peut-être aux yeux de l'observateur, étant achevé, je réunis plusieurs morceaux de bois, au moyen d'une ficelle que m'avaient procurée encore les fils de mes chemises et de mes draps, et je m'en fis un bâton long de six pieds. Je connaissais l'instant où l'on conduisait les prisonniers au jardin ; d'ailleurs, je pouvais, à travers mes barreaux, apercevoir la porte ; elle était toujours ouverte quand personne n'était à la promenade, et je l'entendais fermer toutes les fois qu'on y avait laissé un prisonnier.

Lorsque tout fut préparé, comme je viens de l'indiquer plus haut, je saisis le premier moment où j'aperçus un prisonnier seul à la promenade. Je passai dans le trou mon bâton au bout duquel j'avais attaché un ruban ; le prisonnier l'eut bientôt aperçu ; il approche, il regarde, tire la ficelle et le bâton qui débordait du trou ; je le retenais fortement de mon côté ; il sent de la résistance : n'osant pas même soupçonner qu'un prisonnier eût percé ainsi le mur de sa chambre, il ne savait ce que cela pouvait signifier ; je lui dis de s'approcher : « Est-ce le diable, s'écria-t-il, qui me parle ? » Je calmai ses frayeurs ; je

lui appris quel était mon sort : il me dit à son tour qu'il se nommait le baron de Venac, capitaine au régiment de Picardie, fils du comte de Beluse, natif de Saint-Chéli, précisément du même pays que moi. La conformité de nos malheurs devait nous rapprocher encore davantage ; ils avaient la même cause. Depuis dix-neuf ans il expiait le tort d'avoir donné à la marquise de Pompadour un avis qui, en intéressant son existence, pouvait aussi humilier son orgueil. Nous convînmes des précautions à prendre pour continuer à l'avenir ces délicieuses conférences.

Je parvins par les mêmes moyens à lier connaissance avec presque tous les prisonniers du donjon.

Le premier que je connus, au moyen du trou et du bâton, fut un gentilhomme de Montpellier ; il se nommait le baron de Vissec ; ce nom me fit trembler, je crus que c'était un de mes frères : il me rassura. La marquise de Pompadour le fit arrêter sur le soupçon qu'il avait mal parlé d'elle ; depuis dix-sept années il gémissait, dans cette prison, du malheur de lui avoir inspiré des soupçons. Il était malade et très faible, il pouvait à peine se tenir debout ; notre conversation parut l'intéresser et lui plaire ; il me promit qu'il continuerait à venir le plus assidûment que sa mauvaise santé le lui permettrait à nos rendez-vous ; je ne l'ai pas revu depuis : j'ignore s'il est mort peu de temps après, si sa faiblesse l'a empêché de sortir de sa chambre, ou si on lui a rendu sa liberté, ce qui est peu vraisemblable, car il paraît qu'on l'avait aussi envoyé à Vincennes pour l'y oublier.

Je vis aussi un magistrat du parlement de Rennes qui était enfermé pour avoir pris part à la trop fameuse affaire de M. de la Chalotais.

Un ecclésiastique nommé l'abbé Prieur, de Paris, s'était mis dans la tête de faire une nouvelle orthographe, qui avait pour but d'écrire beaucoup de mots de notre langue avec le moins de lettres possible ; et dont l'utilité, selon lui, consistait à ménager quelques rames de papier à ceux qui en emploient.

Cet homme, plein de sens d'ailleurs, s'était avisé d'écrire au roi de Prusse : il savait combien ce souverain accueillait et protégeait les talents ; il jugea les siens dignes de lui, et lui en offrit l'hommage. Il forma sa lettre de mots de sa composition, ce qui sans doute devait la rendre indéchiffrable ; elle fut ouverte à la poste, selon l'usage d'alors. Probablement les ministres, qui ne purent y rien comprendre, crurent voir des hiéroglyphes dont le sens mystérieux les effraya ; et ils firent conduire le pauvre abbé Prieur à Vincennes, pour un fait pour lequel il eût à peine mérité d'être enfermé aux Petites-Maisons, et condamné à y apprendre notre dictionnaire. Ce malheureux y était depuis sept années, j'ai appris par le porte-clés, nommé Bélard, qu'il y était mort.

Je vis ensuite le chevalier de la Rochegérault, arrêté à Amsterdam, parce qu'il était soupçonné d'être l'auteur d'un brochure qui avait paru contre la marquise de Pompadour : il y avait vingt-trois années qu'il était enfermé, et il m'a fait serment, par tout ce qu'il y a de plus sacré, qu'il ne connaissait pas même cette malheureuse brochure. Non seulement on ne lui opposait aucun fait, aucune preuve qui l'accusât, mais on ne daignait pas même l'admettre à se justifier, on refusait de l'entendre. C'est ainsi, au surplus, qu'on en agissait avec tous les autres. Que venait donc faire, me dira-t-on, M. de Sartine dans tous ces châteaux, si son devoir était de visiter les prisonniers, de les entendre et de les juger ? Oui, tel était son devoir, il est vrai ; mais il ne connaissait, il ne remplissait que ceux qui pouvaient lui attirer les regards et l'admiration : il sacrifiait tout à ses passions, et toutes ses passions à son amour-propre ; ce sentiment ne pouvait l'engager à faire le bien que lui seul eût connu. Que lui importait d'être honnête homme dans l'enceinte d'une prison !

Il y venait souvent pour que le public sût qu'il y venait ; pour qu'on crût, d'après lui, qu'il en surveillait le régime, et qu'il adoucissait les maux des infortunés qu'il y avait rencontrés.

Un autre prisonnier, nommé Pompignan de Mirabelle, qui causait aussi quelquefois avec moi, le connaissait parfaitement bien.

J'étais entré en correspondance avec M. de Pompignan de Mirabelle, dans l'espérance de pouvoir lui rendre quelque service. Cela fut au commencement du mois de mai de l'an 1769, qu'à la faveur du trou que j'avais fait à la muraille je lui tendis mon hameçon. Il l'aperçut, et en voyant que ce billet s'adressait à lui-même, à sa seconde promenade dans le jardin, qui arriva trois jours après, il me rendit sa réponse qui était conçue dans ces termes : « ...Quant à la proposition que vous me faites d'entrer en correspondance avec vous, Dieu me préserve de faire une pareille faute contre les règles de cette prison... ni de faire la moindre œuvre qui puisse déplaire à M. de Sartine, qui a plus de bontés pour moi que je ne mérite. Sachez, cher monsieur, que si je suis en prison, ce n'est point pour avoir commis aucun crime et je n'ai point de honte à vous en dire le sujet.

« J'étais dans un café. Il y eut une personne inconnue qui récita deux vers. Pour mon malheur je les retins, et comme c'étaient deux vers nouveaux, j'eus la faiblesse de les réciter à plusieurs personnes, sans croire faire de mal. Cela fut rapporté à la police et je fus averti que M. de Sartine me devait faire arrêter. Plein de confiance en sa probité, en son honneur et sa justice, je fus le trouver en son hôtel et lui répétai ce qu'on m'avait dit, et en même temps je lui dis que j'étais prêt à me rendre dans la prison qu'il m'indiquerait. Il m'ordonna de me rendre dans cette prison-ci et sur-le-champ je m'y rendis tout seul. Depuis ce jour-là, on m'a interrogé au sujet de ces deux vers ; j'ai dit la chose comme elle s'était passée, mais on me répond : « Vous en connaissez l'auteur, et « comme sans doute il est un de vos amis, « vous voulez l'épargner, vous ne voulez « pas dire son nom, vous êtes un têtu. » Hélas ! Dieu m'est témoin que je leur ai dit la vérité. Mes juges ne soupçonnent point que j'en sois l'auteur. Ils daignent au moins me rendre cette justice qui me console beaucoup ! Si je pouvais vous rendre quelque service, je le ferais de bon cœur, mais par vous-même vous pouvez juger de mon impuissance. Ainsi, ne pouvant vous être d'aucune utilité, je ne dois pas, à mon âge, m'exposer mal à propos aux mauvaises grâces de M. de Sartine, qui a mille bontés pour moi. C'est pourquoi je vous prie de ne plus me présenter aucun de vos billets... afin de ne pas me forcer à vous faire l'impolitesse de ne point le prendre... Je crains bien que ce trou, quoique très petit, ne cache un grand précipice. C'est pourquoi je vous conseille en bon ami de le bien fermer et de ne pour deux vers, un magistrat si vertueux vous ait retenu pendant cinq ans et demi en prison... Comme il n'ignore point que vous avez soixante-dix ans... vous devez croire qu'au premier jour il va vous rendre votre liberté... et que, par conséquent, il est à présumer que bientôt il pourra vous être possible de me rendre service dans le malheur extrême où je me trouve... à moi

RÉDUCTION DE LA BASTILLE, TAILLÉE DANS L'UNE DES PIERRES DU MONUMENT
(Par l'architecte Palloy)   (Musée Carnavalet)

jamais plus l'ouvrir, et vous n'en aurez point de regret... etc... »

Sa lettre était beaucoup plus étendue et mille fois mieux écrite, mais je ne répète que ce que je crois être nécessaire.

Comme par les rapports avantageux que j'avais entendu faire de lui et que par sa lettre j'avais reconnu que ce prisonnier était un homme vertueux, je ne perdis point de temps, je mis la main à la plume et lui écrivis les paroles que voici : « Si M. de Sartine est si honnête homme, si humain, si compatissant, si juste, si équitable que vous dites, il est étonnant que,

qui suis un homme et qui souffre depuis le 1er mai 1749... » En un mot, je remplis cette lettre de toutes les plus tendres expressions que mon long martyre put me suggérer ; je la mis dans la sienne et je les lui donnai toutes les deux à la fois.

Mon billet ne manqua pas de faire tout l'effet que je m'étais attendu, car à sa première promenade il me fit le signal d'ouvrir mon trou pour recevoir sa réponse, et voici les paroles qu'elle contenait :

« Mon cher monsieur, je n'ai pu lire votre lettre sans verser des larmes ; je suis homme comme vous et j'ai un cœur. Dites-moi donc tout ce que vous croyez qu'il m'est possible de faire pour vous. Il n'y a aucun péril où je ne me hasarde généreusement pour vous tirer du précipice où vous êtes. Vous n'avez qu'à me donner vos adresses et de bonnes instructions... Si vos instructions ne sont pas prêtes, je les prendrai à la première promenade... Ce n'est pas dans la vue d'aucun intérêt que j'entreprends de vous secourir, mais uniquement pour l'amour de Dieu, et s'il m'arrive quelque malheur, il m'en tiendra compte, cela me suffit. »

Comme il me fallait plus de deux heures pour préparer toutes mes instructions, je le remerciai de sa noble générosité et lui dis que la première fois qu'il viendrait, je lui donnerais tous les papiers qui étaient nécessaires pour me délivrer.

Trois jours après, qui était le 16 mai 1769, c'est-à-dire deux jours après la Pentecôte, il me fit passer la réponse que voici :

« Mon cher monsieur, si ce qu'on est venu me dire hier est vrai, dans peu de jours je ne serai point ici, car M. le lieutenant de roi vient de m'annoncer ma liberté de la part de M. de Sartine. Que Dieu soit béni ! Que sa sainte volonté soit faite ! Si vos instructions sont prêtes, faites-les-moi passer vite et ensuite vous achèverez de lire ma lettre à votre aise... »

Sur le-champ, je lui fis passer mon paquet, où j'avais mis de bonnes instructions pour M. le comte de la Roche-Dumaine, qui était fort malade dans ce temps-là, afin qu'il me secourût promptement. Cependant, à son retour, M. de Pompignan me fit repasser tous les papiers que je lui avais confiés trois jours auparavant, accompagnés d'une lettre où il me disait :

« Mon cher monsieur, je ne suis pas curieux, assurément, mais si on n'a point de confiance à un médecin, il ne faut pas se livrer entre ses mains... Il est sans doute que les personnes à qui vous m'adressez sont instruites de la cause de votre détention ; en ce cas, je les exciterai de tout mon pouvoir à vous secourir. »

Le 13 février 1769, M. de Sartine donna des ordres aux maçons de fermer avec du plâtre tous les trous qu'ils aperce-vraient dans la muraille du jardin, et quoique mon trou fût extrêmement petit, car à peine le petit doigt y aurait entré dedans, il fut bientôt trouvé et bouché...

Ce petit trou fermé ne manqua pas de mettre l'alarme et la terreur dans les cœurs de tous mes confrères. Tous croyaient que le mystère était découvert, car il suffit d'être malheureux pour mettre les choses au pire, et quoique je ne sois point peureux de mon naturel, je vous dirai franchement que je ne tremblai guère moins que tous les autres, et après fort longtemps que ce trou fut bouché, j'eus beaucoup de peine à me décider si je percerais ce plâtras... Enfin, je pris la résolution de percer ce bouchon de plâtre, en recommandant à mes confrères de le bien boucher, après m'avoir parlé, avec un autre petit morceau de la même matière, et tout cela fut fait dans la minute...

Mais la correspondance que j'avais établie avec les prisonniers fut, certain jour, découverte. Des mesures nouvelles renversèrent toutes mes affaires de fond en comble. Alors, je me vis réduit à attendre tout de la miséricorde de Dieu, et comme très souvent elle est fort tardive, ma peine n'en était pas moins grande. Enfin, dans le temps où je croyais tout perdu, il vint un rayon de lumière, ou, si vous voulez, un rayon d'espérance, c'est-à-dire que le 11 de février 1770, le lieutenant de roi vint me voir dans ma chambre et il me dit : « M. de Sartine vous a accordé la permission de lui écrire. »

Je le remerciai de cette bonne nouvelle, attendue depuis six ans, en lui disant que quand j'aurais pensé, je lui ferais demander la quantité de papier qui m'était nécessaire.

Dans la journée, je minutai dans ma tête ce que j'avais à écrire, et le lendemain, je dis à mon porte-clés de lui demander deux feuilles de papier à la tellière et une demi-feuille de papier commun pour faire un brouillon, une plume neuve avec un canif, parce que je ne pouvais écrire qu'avec les plumes que j'avais taillées moi-même.

Un moment après, il revint avec une seule feuille de papier à la main et une plume taillée, qui peut-être aurait été excellente pour un autre, mais pour moi, non, en me disant que M. le commandant ne m'en avait pas voulu accorder davantage, qu'il s'était offert lui-même à répondre du canif, mais qu'il n'avait pas voulu le lui donner.

Je lui envoyai dire que quand le Magistrat [lieutenant de police] accordait la permission de lui écrire, il entendait qu'on donnât la quantité de papier qui était nécessaire pour l'instruire de tous les faits qu'il voulait savoir et que, pourvu que je lui en rendisse un fidèle compte, il ne pouvait raisonnablement me refuser la quantité de papier que je lui demandais pour me défendre et que je le priais de m'envoyer le major, qui peut-être lui ferait mieux entendre raison que le porte-clés. Il me fit répondre que M. de Sartine lui avait ordonné de me donner une feuille de papier et qu'il ne m'en donnerait pas davantage.

Quand cette feuille de papier fut écrite, je voulus y joindre une seconde feuille de mon papier écrite que j'avais dans mon coffre, pièce très importante à lui envoyer. Or, en voulant cacheter ces deux feuilles ensemble, le porte-clés me dit : « Monsieur, cela ne se peut pas. » Je lui répondis : « Je crois, par ma foi, que vous vous moquez de moi : j'écris au Magistrat... Ce n'est point à vous à regarder ce que je mets dans sa lettre... Eh bien ! vous n'avez plus rien à redire. » Il répliqua : « Monsieur, vous ne la cacheterez point. Il faut auparavant que j'en demande la permission au commandant, sans quoi il me mettrait au cachot.

— Eh bien ! lui dis-je, vous n'avez qu'à y aller. »

A son retour, il me dit : « M. le commandant m'a défendu absolument de vous laisser mettre votre feuille de papier dans la lettre que vous devez envoyer à M. de Sartine... »

Je pris la résolution de déclarer à M. de Sartine que j'avais percé la terrible muraille du donjon et que par ce moyen j'étais entré en correspondance avec une grande partie des prisonniers.

Cependant, comme il était défendu à mon porte-clés de sortir absolument un seul mot d'écrit de ma chambre, je fis dire au lieutenant de roi de venir me parler, que j'avais quelque chose d'important à lui communiquer... Enfin, vu qu'il ne voulait pas venir absolument, je le fis prier de m'envoyer au moins le major et, à force d'importunités, il me l'envoya le 28 de septembre 1770. Mais ce fut véritablement un opéra d'enfer pour faire sortir ce Mémoire, qui n'était alors que de vingt cahiers, de ma chambre pour l'envoyer à M. de Sartine. Imaginez-vous qu'il me fallut combattre un mois entier.

Il est certain que ce Mémoire devait faire décider du sort de plus de la moitié des prisonniers qui sont dans le donjon, mais je dois croire qu'il n'a point été remis au lieutenant général de police.

En conséquence, depuis le 1ᵉʳ de novembre que je l'avais envoyé jusqu'au 9 de mars suivant 1771, je fis prier au moins plus de soixante fois le lieutenant de roi de venir me parler ou de m'envoyer le confesseur. En voyant son obstination à ne pas me répondre, je m'imaginai que le lieutenant de roi ne faisait point son devoir, et... le 9 de mars 1771, à huit heures précises du soir, je dis à la sentinelle qui faisait la ronde les propres paroles que voici :

« Sentinelle, écoute : je te prie de faire savoir à M. de Sartine qu'il y a cinq mois que le numéro premier demande le confesseur et qu'il le supplie en grâce d'avoir la bonté de le lui envoyer. »

La sentinelle fut faire son rapport au lieutenant de roi et celui-ci, sur-le-champ, envoya le major avec les trois porte-clés, qui vint me tirer de ma chambre, et il me conduisit dans un caveau où il n'y avait qu'une poignée de fumier pour me coucher et une simple couverture.

Cela fut dans ce lieu horrible où le confesseur vint me voir au bout de 16 jours, le 25 mars. En entrant, il me dit :

« O mon Dieu, que je suis fâché de vous voir dans ce lieu affreux ! Qu'avez-vous donc fait ? » Je lui répondis que c'était à cause de ce que j'avais dit à la sentinelle le 9 de ce mois à huit heures précises du soir.

Il reprit alors : « Mais si ça n'est que cela, ça n'est rien.

— Quoique cela ne soit rien, voilà pourtant seize jours que je suis ici au pain et à l'eau.

— Je vais, me dit-il, vous en faire sortir. »

Je repris : « Je crois que vous n'aurez pas grand'peine, en disant à M. de Sartine que je ne suis dans ce lieu horrible que pour l'amour de lui, c'est-à-dire pour lui rendre service. Je lui expliquai l'affaire et en même temps je lui dis que le 1ᵉʳ novembre de l'année dernière 1770, je lui avais envoyé un grand mémoire à ce sujet, et que je croyais qu'il avait été étouffé.

Je commençais de lui expliquer ce que mon mémoire contenait, quand on ouvrit la porte du caveau pour dire au confesseur qu'on le priait de se dépêcher, et qu'il y avait plusieurs personnes à la porte dans un carrosse qui l'attendaient pour partir. Or, se voyant appeler, il me dit : « Vous voyez bien qu'on m'attend : je n'ai pas le temps de rester davantage. »

Je l'arrêtai en lui disant : « Monsieur, encore un moment ; j'ai à vous remettre un petit mémoire pour M. de Sartine avec quelques autres papiers.

— Faites donc vite, me dit-il, car je crève de froid, et en outre vous voyez qu'on m'attend. » Je lui remis ce mémoire, daté du 6 mars 1771, avec une copie de mon projet des abondances, de mon projet militaire et des postes. Je le priai d'examiner lui-même tous ces papiers, et ensuite de les porter à M. de Sartine...

Huit jours après, qui était le 2 avril, il vint me voir comme il me l'avait promis et en entrant dans le caveau, il me dit : « Ah ! mon Dieu, que cela me fait de la peine de vous trouver encore ici ! » Je lui répondis : « Ma foi, monsieur, après vous avoir si bien instruit de tout, je ne croyais pas que vous m'y trouveriez encore aujourd'hui. Est-ce que vous n'avez point parlé à M. de Sartine ?

— Je lui ai parlé, me dit-il, mais il m'a répondu que le lieutenant de roi lui avait rapporté que vous faisiez du bruit, du tapage, et que par vos cris vous troubliez tout l'ordre de la maison.

— Un petit moment », lui dis-je ?

J'ouvre la porte du caveau, je fais entrer mon porte-clés et je lui dis : « Tranche, je vous prie de dire la vérité devant

monsieur... Avez-vous jamais ouï faire une seule plainte contre moi ? » Il me répondit : « Non, monsieur. » Alors je lui dis de sortir du caveau et, en m'adressant au confesseur, je lui dis : « Hé bien, monsieur, vous avez entendu cet homme : il se garderait bien de dire un seul mensonge contre le lieutenant de roi, car il serait perdu ; ainsi vous voyez bien mon innocence et la méchanceté de M. de Rougemont, lieutenant de roi.

— Oui, me dit-il, je vois tout cela.

— Enfin, lui dis-je, présentement parlons d'affaires... Qu'avez-vous fait du mémoire que je vous ai remis il y a huit jours ?

— J'en ai fait l'usage que je devais en faire.

— Comment, monsieur, est-ce ainsi qu'on en use ? Devez-vous me faire un mystère de cela à moi ?

— Croyez-moi, parlons de sortir du cachot : je crève de froid... Vous me faites pitié, je vous aime en Jésus-Christ.

— Monsieur, je vous suis bien obligé : encore une fois il n'est pas difficile de me faire sortir de ce lieu horrible, y ayant été mis pour rendre service à M. de Sartine. Car assurément, il ignore tout ce qui se passe pour le perdre.

— Je n'oublierai rien de tout cela : je m'en vais, car je crève de froid. »

Alors j'appelai le porte-clés, je lui fis sortir la chandelle hors du caveau et tirer tout seulement une porte sur lui. Ensuite je dis au confesseur : « Vous voyez bien, monsieur, que je n'ai pas une seule goutte d'air, et qu'à midi je ne vois pas plus clair qu'à minuit.

— Hélas, monsieur, je vois l'horreur de votre situation : il n'est pas besoin que vous m'en disiez davantage. J'ai un cœur, j'ai de la compassion. Je vais vite parler à M. de Sartine pour vous tirer d'ici, et à la fin de la semaine prochaine, je viendrai vous voir sans y manquer. » Il m'embrassa et il s'en fut...

Le 2 avril, le confesseur, en me quittant me promit de venir me voir sans faute à la fin de la semaine prochaine, et cependant ne vint-il que cinquante jours après dans le caveau où j'étais encore au pain et à l'eau...

IX

Cependant cinquante-trois jours après que je fus mis dans ce caveau, c'est-à-dire le 1ᵉʳ mai 1771, contre mon attente le lieutenant de roi vint m'y voir au travers du guichet. A voir sa contenance, il n'y eût personne qui n'eût dit qu'il ne venait que pour insulter à ma misère.

« Eh bien, me dit-il, je vous avais bien fait avertir que si vous criiez, vous seriez mis au cachot. » Je lui répondis : « Cela est vrai, monsieur, mais si vous aviez fait votre devoir, je n'y aurais point été mis du tout ; car voilà plus de quinze mois que je n'ai pas passé une seule semaine sans vous faire prier respectueusement d'avoir la bonté de venir me voir. Et pourquoi ne venez-vous pas me voir, quand vous visitez les autres ? » Il me répondit : « Parce que vous parlez toujours de la même chose » (1). (Entendez qu'il voulait me dire que je lui parlais de ces ensorcellements...)

... « Si vous me parlez encore une seule fois d'ensorcellement, vous pouvez compter que je ne viendrai jamais plus vous voir. »

... Or, je demande si, sans avoir véritablement un démon horrible dans le corps, M. de Sartine et M. de Rougemont, pour avoir demandé le confesseur, m'auraient tenu pendant cent sept jours dans un caveau, couché sur une poignée de fumier, avec une simple couverture, et soixante-quatorze jours au pain et à l'eau. Il est réel que si le chirurgien ne m'avait donné de temps en temps une petite fiole d'huile pour mes coliques, dont j'avais soin de garder un peu pour en répandre quelques gouttes sur mon pain, il est réel que je serais mort.

Le 8 du mois de novembre 1772, M. de Sartine vint ici dans le donjon de Vincennes. Il y avait plus de six ans que je n'avais pu lui parler ni même lui écrire. Ce jour-là, il m'accorda une audience de cinq à six minutes. En me présentant devant lui je lui demandai la raison pourquoi il me retenait en prison et de me faire voir le crime que j'avais commis. Il me répondit que je le savais bien. Je repris : « Je l'ignore et je vous prie de me le faire voir. »

— Je vous l'ai fait voir plusieurs fois.

— Vous, monsieur, vous m'avez fait voir que j'ai commis un crime ? Jamais. Mais, s'il est vrai que j'ai commis un crime, faites-le voir devant ces trois messieurs que voilà. Pensez que votre silence va prouver l'injustice affreuse dont vous m'accablez. » En se voyant ainsi pressé, il me dit, en la présence du lieutenant de roi, du major et de son commis :

« Vous avez dit des sottises affreuses contre le roi, contre le ministre et contre moi ! »

Je n'y pus tenir : « Moi, j'ai dit des sottises affreuses contre le roi ? Je vous défie, monsieur de me faire voir une seule personne au monde, ni aucun écrit, qui puisse me convaincre d'avoir jamais dit une seule parole qui ait pu déplaire à Sa Majesté, et comme il n'est pas de la justice de faire périr un homme avant de l'avoir convaincu, vous me ferez voir ces preuves, vous me les ferez voir. »

En voyant que j'allais entrer en fureur et le presser violemment de me faire voir ces preuves, il me dit : « Vous demandez un avocat pour examiner votre mémoire en votre présence ? Au premier jour je vous l'enverrai : soyez certain que je vous tiendrai ma parole. »

Cette promesse apaisa le courroux qui s'était emparé de moi, certain que je suis que mon sort dépend de l'examen de ce mémoire et qu'en m'envoyant cet avocat, dans peu de jours j'allais être libre, et c'est à cause de cela que je ne le pressai pas de me faire voir les preuves de son injuste accusation. Mais, prenant un ton plus doux, je lui dis : « Puisque vous me promettez de m'envoyer un bon avocat, j'ose vous représenter que cette affaire réussirait bien mieux en votre honneur et gloire, si auparavant vous vouliez bien avoir la bonté de m'envoyer le sieur Receveur, exempt, qui écrit extrêmement vite, pour tirer une copie de ce mémoire sur du beau papier, afin que l'avocat le puisse examiner avec plus de facilité.

— Eh bien, me dit-il, soyez certain

---

(1) Latude s'était mis dans la tête que Mᵐᵉ de Pompadour était une magicienne qui avait ensorcelé le roi, tous ceux qui l'approchaient, et tous ceux qui avaient à s'occuper de ses affaires à lui, Latude.

qu'avant trois jours je vous enverrai cet exempt. »

Dans cette audience, il ordonna au lieutenant de roi de me donner du papier blanc pour m'occuper, et la permission de lui écrire toute les fois que je le jugerais nécessaire. Enfin, six jours après, qui était le 14 dudit mois de novembre 1772, au lieu d'un exempt il m'en envoya deux. Il est inutile de répéter ici toutes les paroles que je leur dis, et celles qu'ils me répondirent, on trouve la subtance dans les lettres que j'ai écrites depuis au magistrat et que je vais transcrire ici :

Copie mot pour mot de la lettre que j'ai envoyée deux fois de suite à M. de Sartine... datée du 25 de décembre 1772. Néanmoins, je ne pus la faire cacheter et partir que le 10 de janvier de l'année suivante 1773, et la seconde fois elle partit le 2 de février suivant, avec un commencement différent :

« Monsieur,

« Vous êtes trop sage pour ignorer les devoirs de votre charge, qui sont d'écouter sans cesse les plaintes et les prières des malheureux et s'il s'en trouve sous le soleil un peu plus à plaindre et plus digne de votre compassion que moi, c'est lui que vous devez secourir. Mais aussi, si parmi tous les prisonniers qui sont sous votre juridiction, il ne s'en trouve pas un seul qui ait été pendant des années entières, privé du feu et de la lumière, soixante-neuf mois dans des cachots ou des caveaux horribles, trois mois au pain et à l'eau, et quarante mois sans relâche les fers aux pieds et aux mains, couché sur de la paille, sans couverture — comptez que le tout fait vingt-quatre années de souffrances, hélas ! Un si cruel traitement semble digne de votre compassion. Mais, monsieur, si la mort efface toutes sortes de crimes, quelle abomination peut-on me convaincre d'avoir commise pour qu'une seule mort ne soit pas capable de me faire expier ce prétendu forfait ? Où sont mes accusateurs ? Où est le procès-verbal, signé de ma propre main, qui puisse prouver que j'ai été convaincu d'avoir fait ou souhaité le moindre mal à qui que ce soit au monde ? Où sont les noms des juges qui ont entendu, qui ont prononcé, ma sentence, mon arrêt ? Mais

encore si la mort expie toutes sortes de crimes, pourquoi n'a-t-elle pas expié le m'en ? Et je puis prouver incontestablement que j'ai souffert tous les douloureux tourments non pas d'une mort, mais de mille... Par tout l'univers on met des bornes aux punitions ; pourquoi n'en met-on pas une à la mienne ? Cependant tout le monde dit que Louis XV a un cœur paternel pour tout son peuple, qu'il est le plus doux, le plus humain et le mieux faisant de tous les rois de la terre, et que vous, monsieur de Sartine... sur qui il se repose pour rendre la justice qui est due à tous les prisonniers qui sont dans ses secrets, vous êtes un homme d'honneur et de probité, et que par votre douceur, par votre humanité, vous vous êtes attiré l'amour et la vénération de tout le peuple. C'est pourquoi j'ai tout lieu de croire que, depuis neuf ans, il y a certainement quelque chose de surnaturel qui vous irrite et vous anime sans cesse injustement contre moi... et que sans un ensorcellement évident, vous n'auriez pas manqué assurément de m'envoyer l'avocat que vous m'avez promis...

« Un magistrat tel que vous ne doit point ignorer que, dans une si grande et si longue souffrance, un homme n'est pas toujours maître de lui-même, et par conséquent que si j'ai eu le malheur de vous offenser, vous devez plutôt attribuer ces offenses à la violence des maux dont vous m'accablez, et qui m'ont peut-être fait perdre quelquefois le jugement.

« Enfin, je vous conjure par les devoirs de vos charges, par la compassion que vous inspire l'état misérable où vous me voyez depuis vingt-quatre années, de me tenir la parole d'honneur que vous avez eu la bonté de me donner, c'est-à-dire de m'envoyer le bon avocat que vous m'avez promis, et en reconnaissance de cette grande grâce, je prierai Dieu de répandre de plus en plus sa sainte bénédiction sur vous et sur toutes les personnes qui vous sont chères. J'ai l'honneur d'être avec un très profond respect, monsieur,

« Votre très humble et très obéissant serviteur.

« HENRI MASERS ».

Pour la seconde fois j'envoyai cette lettre, le 2 février 1774. Je ne transcrirai point ici la copie de la troisième lettre, que j'envoyai à M. de Sartine le 28 février suivant, ni de la quatrième envoyée le 14 de novembre de ladite année, ni de la cinquième envoyée le 26 de février 1775, parce que ce ne sont que des répétitions. Je vais tout seulement transcrire ici celle du 14 mai 1774.

« Monsieur,

« Si par pure méchanceté j'avais eu le malheur d'offenser un aussi honnête homme que vous, je ne me pardonnerais jamais moi-même. Vous serait-il possible d'augmenter ma peine, je dirai toujours que ce n'est point assez. Que dans une captivité de plus de trois cents mois de durée, il est échappé de ma bouche ou de ma plume quelque parole qui ait pu vous déplaire, daignez jeter les yeux sur mon misérable état... et certainement un homme d'esprit comme vous n'aura pas de peine à concevoir que, dans un aussi long martyre, on n'est pas toujours maître de soi-même et par conséquent vous devez plutôt attribuer ces offenses à la violence des maux dont je suis accablé qu'à la volonté de mon cœur...C'est pourquoi je viens en esprit me jeter à vos pieds pour renier mes fautes supposées, que dans l'excès de mes maux j'aurais pu commettre à votre égard, car je ne m'en souviens pas, et en même temps vous en demander pardon...

« Monsieur, je n'en puis plus, je ne

LE MARQUIS DE MARIGNY, FRÈRE DE LA MARQUISE DE POMPADOUR

(par Cochin)

(Bibl. nat., estampes)

dors ni nuit, ni jour. Que si vous n'avez pitié de moi dans l'ennui qui me presse, je vais perdre certainement l'esprit. Eh, quel plaisir aurez-vous de me voir prendre par les cheveux et traîner de force dans un cachot... Daignez donc promptement m'envoyer ce bon avocat, ou M. de Lassaigne, notre médecin, ou un de ses commis, ou M. Chevalier, major de la Bastille. Celui-ci est un homme de bon sens. Je sais qu'il vous est fort attaché. De plus, il est instruit de toutes mes affaires, et par conséquent vous pouvez vous reposer sur lui comme sur vous-même.

« Monsieur de Sartine, imaginez-vous de me voir en votre présence, les mains jointes et les larmes aux yeux, vous demander cette pitoyable grâce. Miséricorde ! miséricorde ! miséricorde ! Illustre père des malheureux ne me désespérez point... Ne quittez donc pas cette lettre d'entre vos mains, sans avoir ordonné de m'envoyer une de ces quatre personnes, et un peu matin, afin qu'elle ait le temps d'écouter tout ce que j'ai à lui dire pour vous en rendre compte à vous seul. Monsieur, plus de vingt-cinq années de souffrances parlent pour moi à vos entrailles paternelles et de miséricorde.

« J'ai l'honneur d'être, avec un très profond respect, monsieur,

« Henri Masers »

Dans le donjon de Vincennes, ce 14 mai 1774.

Par tous les démons de l'enfer, c'est M. de Rougement, lieutenant de roi, qui gouverne le donjon, et ses visites sont plus rares que les éclipses du soleil. Quoique je le fasse prier fort souvent d'avoir la bonté de venir me voir, je l'ai vu passer des quinze mois entiers sans mettre le pied dans ma chambre. Excepté un seul porte-clés qui vient me porter à manger, je ne vois uniquement que le chirurgien, une fois toutes les semaines, quand il vient me raser. Ce fut par le moyen de celui-ci que j'obtins une visite de M. de Lassaigne, notre médecin, le 15 février 1774. Il entra dans ma chambre à quatre heures et demie du soir; accompagné du lieutenant de roi et du chirurgien. Après qu'ils furent assis, je m'adressai au médecin, et lui dis les propres paroles que voici :

« Monsieur, je vous ai demandé pour vous communiquer un cas très extraordinaire, et je ne doute pas qu'en ouvrant la bouche vous ne me preniez pour un homme qui a perdu l'esprit. Cependant, si vous voulez vous donner la peine de m'écouter jusqu'à la fin, vous verrez assurément que Dieu m'a fait la grâce de me conserver mon bon sens. » Il me dit : « Vous n'avez qu'à parler, je vous écouterai. » Alors, je lui dis : « Monsieur, je vous dirai que je suis détenu ici par un malheur horrible, c'est-à-dire par un coup d'ensorcellement. » A ce mot le lieutenant de roi prit la parole et me dit : « Monsieur, parlez de vos maladies. » Je lui répondis : « C'est bien aussi d'une maladie que je parle à monsieur, qui depuis neuf années m'empêche de dormir la nuit et le jour, » et comme j'allais continuer mon discours, le lieutenant de roi me coupa encore tout court, en me disant : Il est défendu à monsieur de prendre connaissance de vos affaires. » Je lui répondis : « Monsieur, ce n'est point de la cause de ma détention que je veux parler à M. le médecin, mais d'un cas qui est véritablement du ressort de la médecine. — M. le médecin ne vous doit écouter que quand vous lui parlerez de vos maladies, et si vous lui parlez de toute autre chose, nous allons sortir. — Mais, monsieur, doit-on laisser périr le monde, faute de les écouter ? Je ne veux parler à monsieur que des choses qui ne concernent point du tout mes affaires. »

Alors le lieutenant de roi se leva, en disant au médecin : « Allons, monsieur, allons-nous en. » Il obéit; moi, pour l'arrêter, je me jette à genoux au-devant du médecin, en le conjurant au nom de Dieu de m'écouter... Sans me donner le temps d'en dire davantage, le lieutenant de roi passe entre le médecin et moi pour tenter de me l'arracher, en lui disant : « Allons, sortons ! » Moi, je repasse entre eux; en un mot, si vous aviez vu le lieutenant de roi à me couper à tout instant la parole, à passer entre M. de Lassaigne et moi, pour l'empêcher de m'écouter, et moi entre lui et le médecin, que je tenais rencogné entre ma malle et la porte pour l'empêcher de sortir, il est certain qu'il vous aurait été impossible de pouvoir éviter de dire : « Mais ce n'est pas M. de Rougement, c'est un démon qui a pris sa figure, pour empêcher ce prisonnier de découvrir ses ensorcellements à ce médecin. »

Enfin, le résultat de cette visite fut que ce médecin irait prier fortement M. le lieutenant général de police de lui permettre à lui-même de venir examiner mon mémoire, de m'envoyer l'avocat... J'oserai croire enfin que ce même jour, ou au moins le lendemain, M. de Lassaigne fut parler à M. de Sartine.

Le 3 juillet 1774, j'écrivis une longue lettre à M. de Sartine qui fit effet, c'est-à-dire que neuf jours après, 12 dudit mois de juillet 1774, M. de Sartine m'envoya cet avocat. Il entra dans ma chambre sur une heure de l'après-midi.

En entrant il me dit les propres paroles que voici :

M. de Sartine me dit que vous lui avez demandé un avocat, et dans ma personne il vous accorde la grâce que vous lui avez demandée. C'est un très honnête homme toujours prêt à faire du bien. Ainsi, vous n'avez qu'à me dire la cause de votre détention. Que si votre cas est d'une nature à être pardonné, soyez certain que de mon côté je sonderai, autant qu'il me sera possible, son humanité et les bonnes intentions qu'il a de mettre fin à vos malheurs.»

Je lui répondis : « Je suis très obligé à M. de Sartine de la grâce qu'il vient de me faire, en vous envoyant ici pour m'écouter. Mais je vous dirai que je ne vous ai pas demandé directement pour examiner la cause de ma détention, mais pour examiner une affaire qui est plus qu'extraordinaire, et je ne doute pas qu'en ouvrant la bouche, vous ne me preniez sur-le-champ pour un fou, et tout au moins pour un esprit faible. Mais j'espère que vous aurez la bonté de m'écouter jusqu'à la fin, et vous verrez assurément que je n'ai pas perdu l'esprit.

— Vous n'avez qu'à parler, me dit-il, j'ai ordre d'écouter jusqu'à la fin, tout ce qu'il vous plaira de me dire. »

Alors je lui dis : « Monsieur, j'ai prié M. de Sartine de vous envoyer ici, pour examiner en ma présence les deux mémoires que voilà, afin que je puisse répondre à toutes les objections que vous pourrez me faire. Ce mémoire-là contient les ensorcellements...

Sur-le-champ il me coupa tout court, en me disant : « Monsieur, je ne crois point du tout aux ensorcellements. Dieu est maître, et le diable n'a aucun pouvoir que de faire ce qu'il plaît à Dieu. »

Je ne perdis point courage et je lui dis : « Monsieur, il m'est impossible de vous faire voir le corps du démon, mais je suis très certain, par le contenu de ce mémoire, de vous convaincre que feu la marquise de Pompadour était une magicienne, et que le marquis de Marigny, son frère, est encore, aujourd'hui même, en commerce avec le démon.

— Hé bien, me dit-il, nous verrons cela tout à l'heure. Mais auparavant examinons la cause de votre détention.

A peine l'avocat eut-il lu les deux tiers de mon mémoire, qu'il s'arrêta tout court, posa le cahier sur la table, et il me dit; comme s'il s'était éveillé d'un profond sommeil : « N'est-ce pas que vous voudriez sortir de prison ? Je repris : « Cela n'est point douteux. »

— Et comptez-vous rester dans Paris ou retourner chez vous?

— Quand je serai libre, lui dis-je, je me propose de retourner chez moi. »

— Mais avez-vous de quoi ? »

A ce mot, je le pris par la main, et je lui dis : « Monsieur l'avocat, je vous prie de ne pas vous fâcher des paroles que je vais vous dire, car mon dessein n'est pas de vous fâcher, assurément.

— Parlez, me dit-il, dites tout ce qu'il vous plaira, je ne me fâcherai point.

— Hé bien, c'est que je me suis aperçu très distinctement que le démon s'est déjà emparé de vos sens. »

Il me parut surpris, et en reprenant ses esprits, il me dit : « J'ai saisi tout cela en quatre paroles ; mais je vous dirai que je ne comprends pas comment le démon se peut emparer des sens des personnes, et leur faire faire ce qu'il lui plaît.

— Monsieur, lui répondis-je, je me flatte de vous faire concevoir cela très clairement.

— Hé bien, me dit-il, c'est bon ; mais présentement je n'ai pas le temps d'en dire davantage, car il est une heure et demie ; je vais dîner, et sur les trois heures et demie je serai de retour dans votre chambre, et nous travaillerons trois ou quatre heures. »

Effectivement, il revint à l'heure qu'il m'avait promis. En entrant il me dit : « Nous allons travailler jusqu'à cinq heures, car alors il faut que je parte avec des dames qui m'attendent; voyons ce que nous avons à faire d'ici à ce temps-là. » Je lui répondis : « Monsieur, je vous ai préparé deux articles, c'est-à-dire le coup d'assassinat du roi par Damiens, et la perte du bras de M. de la Vrillière. Mais en deux heures vous n'aurez pas le temps de pouvoir examiner ces deux coups d'ensorcellements, car celui du roi est fort étendu. »

Dans le même instant je lui remis une partie de mes Mémoires. Il la lut, et dans tout cet examen, il ne me critiqua pas un seul mot.

Je lui fis voir ensuite mon projet militaire par lequel j'ai renforcé nos armées de plus de vingt-cinq mille bons fusiliers. Après l'avoir lu, il me dit : « Avec cette pièce et l'humanité de M. de Sartine, soyez certain que je vous délivrerai; je vais lui demander l'ordre pour venir coucher ici pour examiner ces deux Mémoires, et je reviendrai incessamment; soyez-en très certain, je vous en donne ma parole... Je ne vous promets pas de revenir demain; mais d'abord que je lui aurai parlé. » et en me serrant la main, il me dit adieu. Il s'en fut, et depuis le 12 juillet, je me dévore le corps et l'âme en l'attendant, et je gagerais un de mes yeux qu'il ne reviendrait jamais, si je ne disais rien... Vous direz sans doute que cette affaire ne presse point? Effectivement il n'y a que vingt-six années que je suis ici, à périr entre quatre murailles; cela n'est qu'une bagatelle; si d'Allègre n'est point mort, vingt-cinq ans; le chevalier de la Rochegérault, vingt-deux ans; le baron de Vénac, vingt ans; Pompignan de Mirabel, onze ans; le comte de la Roche-Dumaine, dix ans; l'abbé Prieur, neuf ans; sans compter les autres que je ne connais pas.

Cependant, dix jours s'étant écoulés sans voir revenir cet avocat, je dis à mon porte-clés d'aller chez M. le lieutenant de roi pour le prier de ma part d'avoir la bonté de venir me parler.

Mais je crois qu'il serait beaucoup plus facile par des prières de faire venir le grand Mogol ou l'empereur de Chine dans le donjon de Vincennes, que d'y faire venir dans une chambre M. de Rougement, quand on a besoin de lui.

Depuis le 22 juillet jusqu'au 10 août suivant, je ne manquai pas un seul jour de le faire prier par mon porte-clés : « Si aujourd'hui (c'était le 10 août), vous ne me menez le lieutenant de roi ou le major, vous pouvez être certain que je vais crier miséricorde de toutes mes forces, et que le roi entendra mes cris de Versailles. » Il s'en fut faire son rapport, et à une heure après-midi il m'amena le major : « Hé bien, lui dis-je, monsieur, vous avez été témoin aux conférences que j'ai eues avec les deux exempts et l'avocat, et vous avez vu assurément que je n'ai pas fourni l'occasion à ces trois personnes de faire des rapports désavantageux à M. de Sartine au sujet de ce que je leur ai fait examiner en votre présence. Vous avez ouï leur promesse; je vous prie de me dire la raison pourquoi ils ne sont point revenus. » Il me répondit : « Je ne sais à quoi en attribuer la cause... M. de Rougement est allé à Paris chez M. de Sartine : peut-être qu'à son retour il vous apportera quelque bonne nouvelle; ainsi attendez jusqu'à demain. D'abord qu'il sera revenu, j'irai lui parler. » J'attendis jusqu'au lendemain et sur une heure de l'après-midi, je vis entrer les trois porte-clés dans ma chambre, en me disant : « M. le commandant nous a ordonné de venir vous dire que si vous vouliez aller dans le cachot, de vous y conduire. » Je leur répondis : « Vous n'avez qu'à m'y mener, » et je les suivis sans faire aucun bruit. Mais, en traversant la cour, le grand air me saisit, me suffoqua, m'ôta la respiration, et je serais tombé par terre, s'ils ne m'eussent soutenu par les bras, jusqu'à ce que je fusse dans le cachot n° A, qui est le plus horrible caveau de cette prison. C'était le 11 août 1774.

Cependant quatre jours après, qui était le 15, jour de Notre-Dame, le lieutenant de roi avec le major vinrent m'y voir au travers du guichet. Je dis au premier la raison pourquoi j'y étais descendu volontairement. Il me répondit : « Il faut absolument que l'avocat ait fait un mauvais rapport à M. de Sartine. »

Sur-le-champ, en la présence du major, qui avait été témoin aux deux conférences, je lui prouvai que les exempts et encore moins l'avocat n'avaient pu faire ce mauvais rapport, et... je lui dis en présentant la copie de mon mémoire : «... Je vous prie de le lire et vous verrez s'il a été possible à cet avocat de faire un rapport désavantageux.

— Ce sont des matières, me répondit-il, qui sont au-dessus de ma portée.

J'eus beau le presser, il ne voulut pas le lire. Cependant, il fut résolu que sur-le-champ il écrirait à M. de Sartine, pour le prier très fortement de m'envoyer M. de Lassaigne, notre médecin, pour examiner en ma présence les quatre articles que j'avais fait voir à l'avocat, et en conséquence je promis de ne jamais plus parler du tout de cet ensorcellement à M. de Sartine, ni à aucun d'eux, et que je serais tranquille.

Or, après m'avoir promis d'écrire et de parler de vive voix au lieutenant général de police, il sortit...

Le 18, je lui fis demander s'il n'avait pas encore reçu réponse du magistrat [lieutenant de police], et que je le priais de lui écrire une seconde fois : il me fit répondre qu'il n'avait encore reçu aucune nouvelle. Le 19, je lui fis demander du papier pour écrire à M. de Sartine ; il me fit dire que les cachots étant des lieux de punition, on n'accordait pas la permission d'écrire à ceux qui y étaient dedans. Sur-le-champ, je dis à mon porte-clés. « Allez dire à M. de Rougemont que je ne suis pas dans ce cachot pour avoir fait aucun mal, mais que j'y suis descendu volontairement pour forcer la compassion de M. de Sartine à faire vérifier un cas extraordinaire... » Voici la réponse que mon porte-clés vint me faire de sa part le lendemain 20 :

« M. le commandant m'a ordonné de venir vous dire qu'il ne voulait pas vous accorder la permission d'écrire, ni venir vous voir, ni vous envoyer le major... »

Cependant, pour comble de malheur, le 2 septembre, je perdis presque toute la clarté de mon œil gauche, pendant quatorze jours. Je m'aperçus de ce malheur dans le moment qu'on ouvrait le guichet pour me donner à manger. Il est vrai que bien longtemps auparavant, j'avais déjà perdu plus des trois quarts de ma chère vue, et je crus que j'allais la perdre tout à fait. Je dis à mon porte-clés d'aller dire au chirurgien de venir me voir. Il vint le 3, et, au travers du guichet, avec une chandelle, il examina cet œil, et il me dit : « Il y a une petite tumeur à la paupière supérieure avec un peu d'inflammation, mais cela n'est rien. » Je lui dis : « Ce n'est point à la paupière, c'est dans le globe ; je n'y vois plus de cet œil-là. — Et comment pouvez-vous vous en être aperçu ? Ici on n'y voit goutte. » Je lui répliquai : « Mais je m'en suis aperçu quand on me porta à manger. — Mais quel remède puis-je apporter à cela ? » Je lui dis : « Je ne suis pas plus savant que vous : vous n'avez qu'à voir ce qu'il faut faire. » Il haussa les épaules sans me dire mot. Sur quoi je lui dis : « Monsieur, dans le café il y a des sels volatils qui dissolvent et fouettent les humeurs. Je vous serais bien obligé de m'en donner un quarteron sans sucre, non pas pour le prendre intérieurement, mais pour faire des fumigations... — Monsieur, répliqua-t-il je ne vous l'accorderai pas sans la permission du lieutenant de roi. »

Je dis alors à Fontélian : « Est-ce ainsi qu'on traite le monde ? Dans le temps où je perds un œil, pouvez-vous me refuser la misérable grâce d'acheter avec mon argent un misérable quarteron de café, pour me faire des fumigations ? Jamais il n'a été fait mention d'une pareille cruauté, c'est... » Il me coupa tout court en me disant : « Ce n'est pas en mon pouvoir de vous l'accorder ; il faut auparavant que je lui en demande la permission... » Et il s'en fut. Deux heures après, mon porte-clés vint me dire : « M. de Fontélian m'a chargé de vous dire que M. le lieutenant de roi lui avait défendu de vous donner le café que vous lui avez demandé. » Je lui répliquai : « Allez-vous en dire à M. de Rougemont que je ne demande pas un quarteron de café pour délicatesse, mais pour un remède....., que je le prie en grâce de me permettre de l'acheter avec mon argent. Mon porte-clés y fut et, à son retour, il me dit : « Je lui ai dit tout ce que vous m'avez commandé de lui dire, mais il ne m'a pas répondu une seule parole. »

Or, voyez si dans les cachots de l'enfer,

les diables traitent les damnés avec autant de cruauté et de scélératesse qu'on traite ici les innocents...

Il est certain que je serais devenu enragé, si mon porte-clés n'eût eu pitié de moi. Je le priai de prendre un petit cornet de thé que j'avais et d'en jeter deux ou trois bonnes pincées dans un petit pot d'eau bouillante et de me le porter sur-le-champ. Je jetai le quart de cette eau, et ensuite je mis le globe de mon œil sur la bouche de ce pot. Cette fumée chaude le pénétra de telle sorte, qu'en cinq à six jours de temps elle fit dissoudre l'humeur qui s'était épaissie au-devant de la prunelle, et me rendit la clarté que j'avais perdue de cet œil.

Cependant je faisais prier tous les jours M. le lieutenant du roi de venir me parler, ou de m'envoyer le major, ou du papier pour écrire à M. de Sartine, ou de me faire remonter dans ma chambre. Vu que je ne pouvais rien obtenir de lui, je déchirai ma chemise, et, sur un lambeau, je lui écrivis, avec mon propre sang, la lettre la plus tendre et la plus respectueuse qui me fût possible. M. de Rougemont m'a enlevé la copie que j'avais gardée de cette lettre, ce dont je suis bien fâché, car je l'aurais transcrite ici. Mais enfin, je mis ce petit morceau de linge, écrit de mon sang, dans un petit sac, et je dis à mon porte-clés de le porter au lieutenant de roi. Il me répondit que quand je lui donnerais tout l'or du monde, il ne le lui porterait pas, et qu'il lui avait fait des défenses horribles de recevoir aucun écrit de ma part. « Eh bien, lui dis-je, puisque vous ne voulez pas le lui porter, un autre lui portera. » Et je jetai ce petit sac hors du caveau le 18 septembre 1774. Le porte-clés fut faire son rapport, et le lieutenant de roi lui ordonna de lui porter ce linge.

Tout le fruit que je retirai de cet écrit fut que jusqu'à ce jour on m'avait donné un peu de lumière pour m'éclairer dans le temps que je dînais et soupais, et qu'il défendit au porte-clés de m'en donner davantage, de sorte que, dans la suite, ce bout de chandelle fut placé à environ six pieds de distance du guichet hors du caveau.

Dans cette perplexité j'eus recours au chirurgien. Je priai mon porte-clés de faire

son possible pour me l'amener, et, le 22 de septembre, il vint me voir au travers du guichet. Je lui exposai mon état, et sur-le-champ, il me donna tort d'être descendu dans ce caveau, et que si j'avais voulu croire ses bons conseils, je ne serais point dans ce lieu affreux. Je lui répondis que cet état ne me faisait point de peine, pourvu qu'il me fît voir le médecin...

« Mais vous n'êtes pas malade me dit-il, et le médecin ne peut rien faire pour vous.

— Je suis dans ce cachot affreux depuis quarante-trois jours, et c'est beaucoup pire que la fièvre, et le médecin peut mettre fin à tous mes malheurs, en examinant tant seulement quatre feuilles de papier que j'ai là.

— Cela n'est point du ressort de la médecine.

— Mais, faites-vous attention à ce que vous dites ? Car tous les faits de cette nature passent à l'examen de la Faculté de médecine et des docteurs de Sorbonne. Or, si notre médecin me donne tort sur les quatre articles que j'ai fait voir à l'avocat, tout finit là.

— Je suis certain à l'avance qu'il vous donnera tort, car aujourd'hui personne au monde ne croit plus aux ensorcellements.

— Mais si je suis un fou, on devrait au moins tenter ce remède pour tâcher de me guérir, afin de n'avoir rien à se reprocher.

— Vous n'êtes point fou.

— Eh ! monsieur, faites moi la grâce de me prendre pour un fou, car vous voyez bien qu'en me laissant dans ce lieu affreux, avec cette idée noire dans ma tête, sans m'accorder aucun secours, que c'est capable de me faire devenir enragé.

— Quand le médecin viendra ici, je ferai mon possible pour vous le faire voir. Mais pour lui mander de venir ici exprès pour vous, sans avoir la fièvre, c'est ce qu'en conscience je ne ferai pas.

Comme je sais que le roi donne à ce médecin deux mille quatre cents livres par année pour avoir soin de la santé des prisonniers du donjon de Vincennes et de ceux de la Bastille, et qu'il y a des années qu'il ne fait pas seulement 15 visites, ce mot de « en conscience » me piqua. Je ne pus plus me contraindre et je lui dis : « Vous êtes un méchant, un barbare d'avoir la cruauté de me refuser une misérable visite d'un homme qui est très bien payé pour la faire. Allez-vous en, et ne vous représentez plus devant moi. » Et, sans se faire prier davantage, il s'en fut.

Mon porte-clés s'appelle Bellard, d'un caractère fort doux et fort poli. Depuis plusieurs années qu'il me servait avant que j'eusse descendu dans ce caveau, il ne m'avait jamais manqué de respect. Cependant le 4 du mois d'octobre je lui dis : « Ma paille est toute pourrie : je vous prie d'en demander trois ou quatre bottes. » Le surlendemain, à six heures précises du soir, il entra dans mon caveau, accompagné de ses deux camarades, La Visée et Piélian. Il en jeta trois bottes par terre, en me disant d'un ton brutal : « Allons, vite, dépêchez-vous.

— Mais, lui répondis-je, vous me donnerez peut-être le temps de l'accommoder.

— Si vous ne vous dépêchez, nous allons sortir tous trois avec la chandelle.

— Si vous êtes si pressés, vous n'avez qu'à revenir demain ou un autre jour que vous n'aurez rien à faire.

— Pas tant de raisons! Vous n'avez qu'à vous dépêcher, ou nous sortons.

— Eh! parbleu, voilà la porte ouverte, vous n'avez qu'à vous en aller!...

— Cela suffit, me dit-il, et il s'en fut. »

Cependant il y avait soixante-quatorze jours que j'étais dans ce caveau sans avoir reçu encore aucune nouvelle. Je déchirai encore un peu de ma chemise, et avec mon propre sang j'écrivis le 22 octobre 1774, à M. de Sartine, pour lui demander de m'envoyer le médecin ou un avocat, ou même un de ses commis pour examiner mon Mémoire, en offrant de lui payer au besoin pour sa peine « six francs pour le carrosse, et autant d'écus de six livres qu'on mettrait d'heures à examiner les quatre articles en question. »

L'original de cette lettre, écrit avec du sang sur un morceau de chemise, est aujourd'hui conservé à la bibliothèque de l'Arsenal, archives de la Bastille, n° 11693. En voici la transcription :

« A monseigneur de Sartine, conseiller d'Etat, lieutenant général de police.

« Monseigneur,

« A la longue, la plus horrible de toutes les rages laisse des petits intervalles de relâche à l'homme le plus violent pour pouvoir se reconnaître, rentrer en lui-même ou mettre des bornes à sa punition ou sa vengeance. Mais la rage qu'un magicien a inspirée dans le cœur d'une personne contre une autre est bien d'une autre nature. La longueur du temps qui efface, qui fait oublier tout, le repentir, les prières et les larmes et sur en outre les bonnes raisons, bien loin de l'apaiser, ne fait que la redoubler, et c'est très distinctement ce qu'on aperçoit dans votre personne contre moi-même. Mais ce cas diabolique est facile à prouver en mettant tant seulement sur une table la copie du mémoire que je vous envoyai le 4 du mois d'août dernier, avec le morceau de linge écrit de mon sang, faute de papier et d'encre, comme celui qu'on a dû avoir remis le 28 de septembre dernier, au jugement de plusieurs personnes sages ; mais faute de leur secours, je vais entrer dans la matière autant que ce morceau de linge me le peut permettre.

« Le 18 du mois d'août dernier, M. le lieutenant de roi vint me voir dans le cachot où je suis encore présentement et il me dit qu'il fallait absolument que les deux exempts et l'avocat vous eussent fait un rapport désavantageux. Sur-le-champ, je lui fis prouver le contraire par M. le major, qui avait été présent à ces deux conférences. Sur quoi, il fut résolu qu'il vous prierait de vive voix de m'envoyer M. de Lassaigne, votre médecin, pour examiner les quatre articles que j'avais fait voir à l'avocat, et je lui promis que s'il me prouvait mon erreur, que s'il me donnait tort, je m'en tiendrais à son jugement et que je ne vous parlerais plus à vous, monseigneur, de cet ensorcellement. Je ne doute pas que M. de Rougemont ne se soit acquitté de sa promesse; cependant, depuis soixante jours, je suis à pourrir dans le cachot noir sans voir venir ici l'avocat, ni le médecin, et c'est ce qui fut cause que, le 15 du mois d'août, je me mis à crier « Miséricorde! » non pas dans le dessein de vous déplaire, ni pour manquer contre les règles de la prison, mais pour fournir une seconde occasion à M. le commandant de vous faire des nouvelles instances. Mais au plus je fais des efforts, au plus je suis

LETTRE DE LATUDE A SARTINE, LIEUTENANT DE POLICE, ÉCRITE DU DONJON DE VINCENNES,
LE 22 OCTOBRE 1774, AVEC SON SANG SUR UN MORCEAU DE LINGE (1ʳᵉ PARTIE)

(Bibl. de l'Arsenal, Archives de la Bastille, ms. 11693)

accablé. Depuis le 25 août, je n'ai pas dit un seul mot, j'ai fait prier plus de cent fois M. le lieutenant de roi d'avoir la bonté de venir me parler ou de m'envoyer M. le major, ou de me permettre de vous écrire, ou de me faire remonter dans ma chambre, mais c'est précisément comme si je faisais prier un automate, une statue. Mais pourquoi ne m'envoyez-vous pas au moins votre médecin? Que direz-vous, que je suis un fou? Mais est-ce là le moyen de faire revenir le bon sens à un pauvre malheureux que de le laisser pourrir dans un cachot noir sans lui accorder la moindre de toutes les assistances? « Mais, direz-vous, c'est lui-même qui s'y est fait mettre volontairement. » Cela est vrai; mais avant que d'y descendre, je croyais que vous étiez un homme d'honneur et de probité et qu'en me voyant dans ce lieu affreux, vous vous dépêcheriez à me renvoyer plus vite l'avocat que vous ne l'envoyâtes ici le 12 juillet. Cependant, contre la bonne idée que j'ai de votre bon cœur, on me retient ici de force depuis le 20 du mois d'août. Je suis un fou, mais la folie n'est pas une maladie incurable. En 1755, à la Bastille, M. Berryer faisait dépouiller une femme de force et tenir dans un bain pour lui rendre son bon sens. Si je suis un fou, à l'exemple de cet illustre prédécesseur, daignez avoir pitié d'un pauvre malheureux qui implore votre miséricorde, en m'envoyant promptement un avocat ou votre médecin, que par un bon raisonnement il leur sera facile de remettre mon esprit, supposé qu'il soit égaré dans son assiette. Daignez faire attention que, dans ce refus, il y a plus que de la cruauté. Je suis un fou? M'avez-vous ouï de vive voix? Ne me condamnez donc pas sans m'avoir entendu.

« Mais enfin, voici le point capital qui est à discuter. Or, je vous supplie en grâce d'avoir la bonté de m'envoyer M. de Lassaigne, votre médecin, ou un officier de la maison sur qui vous pouvez vous reposer comme en vous-même, ou, si vous voulez, un bon avocat, ou le plus spirituel de vos hommes, pendant ce court espace de trois heures de temps, pour examiner en ma présence les quatre articles que je fis voir à l'avocat que vous m'envoyâtes le 12 de juillet, et s'il juge que je suis dans l'erreur,

que les quatre points sont faux, ridicules, je vous proteste que je ne vous parlerai plus de cet ensorcellement, car je sais que ce seul mot vous révolte par un effet de cet ensorcellement même, et par ce moyen vous me rendrez à moi-même le repos que j'ai perdu depuis neuf années; vous remettrez mon esprit dans son assiette, que l'avocat avait égaré; car s'il ne m'avait pas flatté, en me donnant sa parole d'honneur [en] présence de M. le major, qu'il reviendrait ici le même moment qu'il vous aurait parlé; qu'il se faisait fort d'obtenir cette permission en vous faisant connaître l'importance de mon mémoire, il est bien certain que je ne serais point descendu de moi-même dans le cachot noir où je suis depuis soixante-quatorze jours à pourrir.

« Or, voilà le point capital; voilà ma demande. Je vous prie de faire voir s'il y a quelque chose contre les formalités de la justice, quelque chose d'injuste. Mais si ma demande est juste, équitable, vu l'importance de cette affaire qui concerne le roi et tout son royaume, il est donc évident que, sans un ensorcellement horrible de la part du marquis de Marigny, un magistrat juste et aussi sage que vous ne s'obstinerait point, depuis plus de neuf années, sur cette affaire.

« Monseigneur de Sartine, je vous prie de faire attention que, dans une longue souffrance, un homme n'est pas toujours maître de lui-même, que si malheureusement j'ai fait ou dit quelque chose qui ait pu vous déplaire, je vous prie d'attribuer plutôt les fautes à l'excès des maux dont je suis accablé qu'à la volonté de mon cœur. Néanmoins, je vous en demande mille et mille fois pardon. Laissez-vous donc toucher par mon repentir, il est digne de grâce. Imaginez-vous donc, Monseigneur, que je suis en esprit à genoux, en votre présence, les mains jointes et les larmes aux yeux. Je vous conjure donc par le précieux sang de Notre-Seigneur Jésus-Christ d'avoir pitié de moi en m'envoyant promptement votre médecin, ou un avocat, ou un de vos commis. Daignez faire attention, Monseigneur, quand [sou]mettant le mémoire que je vous envoyai le 4 d'août dernier, avec un morceau de linge écrit de mon propre sang, faute de papier et

ETTRE DE LATUDE AU LIEUTENANT DE POLICE, ÉCRITE AVEC SON SANG SUR UN MORCEAU DE LINGE (SUITE)

d'encre, au jugement de plusieurs personnes de haute science, qu'il est probable que, sans un ensorcellement évident de la part du marquis de Marigny, que vous ne me refuserez point cette pitoyable grâce, quand ce ne serait que pour vous délivrer de ma grande importunité; mais il y a véritablement de l'infernal dans ce refus, car on sait ce qu'un juge ne saurait refuser au plus grand de tous les criminels. Mais je ne dors ni nuit ni jour, je suis dévoré jusqu'au fond de l'âme; que si la pitié a du pouvoir sur les cœurs vertueux, illustre père des malheureux, ayez compassion de moi, je n'en puis plus. Miséricorde, Monseigneur de Sartine, miséricorde au nom de Dieu! Ne quittez point cet écrit d'entre vos mains sans avoir donné un ordre de m'envoyer M. de Lassaigne, votre médecin, ou un bon avocat, ou enfin, dites à un de vos commis, à celui que vous croyez avoir le plus d'esprit : « Un tel, demain à onze heures précises, trouvez-vous dans le donjon de Vincennes pour examiner ce que le sieur Henri Masers vous fera voir. » Que s'il le fait sur-le-champ, je paierai sa peine, je lui donnerai six francs pour son carrosse et six livres par heure qu'il restera à examiner ces quatre articles et je ferai venir un dîner honnête de l'auberge, etc. Autrefois, du temps de MM. Berryer et Berton, le donjon de Vincennes était un lieu de justice; on écoutait les prisonniers, on leur donnait des consolations. Est-ce que vous, Monseigneur de Sartine, avez-vous (sic) banni de cette prison l'équité, la justice, la compassion, la pitié, la miséricorde? Me sera-t-il impossible, par mes prières et mes larmes, par mon propre sang, que vous voyez devant vos yeux, et surtout par mes bonnes raisons, d'obtenir la moindre grâce de votre cœur, qu'autrefois il était plein de pitié et de miséricorde? Pensez, Monseigneur, que vous serez mille fois plus humain de me faire étrangler tout à l'heure que de me refuser de m'envoyer ou votre médecin, ou l'avocat, ou un de vos commis. Je ne souffrirai qu'un instant, au lieu que, par le refus, vous m'allez faire avaler le fiel de la mort goutte à goutte, sans m'en faire sentir la douceur, et c'est une vengeance indigne d'un homme tel que vous.

« J'ai l'honneur, etc., (sic).

« Danry, ou mieux Henry Masers, dans le cachot noir depuis 72 jours et 26 années de souffrance.

« Ce 22 octobre 1774. »

Le linge écrit avec mon sang, qui contenait ces paroles, sembla avoir fait quelque impression sur l'esprit du lieutenant de roi, car il me fit dire par mon porteclefs que, si le chirurgien le jugeait à propos, il me ferait voir le médecin. C'est ce qui me mit dans un grand embarras, car, comme vous avez vu ci-dessus, le 22 de septembre, je m'étais brouillé avec lui et lui avais défendu de jamais plus se présenter devant moi, et quand j'ai fait tant que de dire une parole, la mort avec ce qu'elle a de plus affreux n'est pas capable de m'en faire dédire. Cependant; je me surmontai moi-même, et dis à mon porte-clés : « Vous n'avez qu'à aller chez le chirurgien lui répéter les paroles que le lieutenant de roi vous a ordonné de me dire, et que je le prie de venir me parler. »

Il fut chez le chirurgien et me l'amena. Voici les propres paroles que je lui dis et qu'il me répondit :

« Monsieur, autrefois je vous ai vu tout de feu, quand il s'agissait de me rendre quelque service, et je ne sais pourquoi aujourd'hui vous refusez de me tendre une main secourable?

— Moi, me dit-il, je ne vous refuse rien de tout ce qui est en mon pouvoir. Je voudrais non seulement pouvoir vous faire sortir de ce lieu affreux, mais même vous rendre votre liberté. Je vous proteste que tout-à-l'heure je le ferai de bon cœur..., et je m'en vais faire valoir vos raisons, » et il me quitta sur-le-champ.

Je ne puis douter qu'il fût trouver M. de Rougement et lui parla de telle sorte, qu'il obtint ce que je lui avais demandé, car en conséquence, le lendemain 24 octobre, le lieutenant de roi me fit dire par mon porte-clés qu'il se flattait d'obtenir de M. de Sartine la permission de faire venir le médecin pour examiner ce que j'avais fait voir à l'avocat, et qu'assurément cette consolation me serait accordée. Cette promesse me remplit de joie. Mais hélas! ce ne fut que pour me

LETTRE DE LATUDE AU LIEUTENANT DE POLICE, ÉCRITE AVEC SON SANG SUR UN MORCEAU DE LINGE (FIN)

porter un plus terrible coup dans mon cœur, comme vous l'allez voir.

Quatre jours après, qui était le 28 dudit mois, jour de la Saint-Simon et Saint-Jude, je vis entrer dans mon caveau le lieutenant du roi, le médecin et le chirurgien... Après nous être salués, j'adressai la parole à M. de Lassaigne, médecin, en lui disant : « Monsieur, vous voyez ici dans ma personne le plus malheureux de tous les hommes. On me fait passer pour un fou, et certainement je ne le suis pas. Car je vous dirai que j'ai fait la découverte de la véritable cause qui fait tourner sans cesse le globe de la terre. 2° La cause des montagnes, c'est-à-dire que j'ai découvert la véritable raison pourquoi Dieu a formé tant de montagnes sur la surface de la terre. 3° La véritable cause de la salure de l'eau de la mer. 4° La véritable cause du flux et du reflux de l'océan. Si vous en doutez, m'en vais vous faire sur-le-champ la démonstration de l'une de ces grandes découvertes. Vous n'avez qu'à choisir.

— Il n'est pas question ici de parler de sciences, me répondit M. de Lassaigne, venons au fait.

— Soit ! Le 15 de février dernier, vous me vîntes voir dans ma chambre, et vous me promîtes d'aller prier M. de Sartine de vous permettre de revenir, ou de m'envoyer l'avocat qu'il m'avait promis.

— Eh bien, me dit-il, je le priai de vous envoyer un avocat, et il vous l'envoya.

— Monsieur, ce fut dans le mois de février que vous le priâtes de m'envoyer cet avocat, et le 11 de juillet suivant, il n'était pas encore venu; c'est-à-dire que ce ne fut pas à votre prière, mais grâce à plusieurs de mes lettres que je lui ai écrites depuis. Cependant il suffit que vous l'ayez demandé pour que je vous en aie la même obligation que si vous l'aviez demandé vous-même par vos représentations. » Et alors je sortis de ma poche le mémoire que j'ai transcrit au commencement de cette section, en lui disant : « Monsieur, voilà un mémoire qui doit décider de mon sort. C'est là où sont contenues toutes les demandes et toutes les réponses au sujet des quatre articles d'ensorcellement. »

A ce mot, le médecin me coupa tout court, en me disant : « Monsieur, je ne

crois pas du tout aux ensorcellements.

— Je vous crois, répliquai-je, mais... voilà, mot pour mot, la conférence que j'ai eue avec l'avocat. »

Il me coupa encore tout court en me disant : « L'avocat a dit que vous n'étiez pas en état de disputer, que vous étiez hors de vous-même.

— Cela est faux! Mais pour le coup, il n'y a plus à reculer. Voilà mon mémoire... Ayez la bonté de le lire... et si vous me faites voir que je suis dans l'erreur, ... je vous promets de me tenir sans réplique à votre jugement, et de ne plus parler du tout de ces ensorcellements. »

... Il me répondit : « Le ministre et le lieutenant général de police m'ont défendu absolument de lire aucun écrit des prisonniers, mais je vous promets, en sortant d'ici, d'aller leur en demander la permission.

Voilà précisément ce que les exempts et l'avocat me promirent; cependant ni les uns, ni l'autre ne sont revenus, et vous ferez de même. Doit-on laisser périr un pauvre innocent faute de se donner la peine de l'écouter? Je vous supplie en grâce d'avoir la bonté d'examiner ce mémoire.

— Je ne le puis, dit encore M. de Lassaigne, cela m'est défendu absolument. »

Alors le lieutenant de roi se mit à parler, car jusqu'à ce moment, il n'avait pas dit encore une seule parole : « Donnez-moi, dit-il, ce mémoire, je le porterai moi-même à M. de Sartine... et je vous donne ma parole d'honneur de vous le rendre dès qu'il aura été examiné. »

Le médecin m'en pressa aussi, mais je leur répondis à tous deux : « Messieurs, n'est-ce pas précisément la même chose? Donnez-moi six feuilles de papier pour en tirer une copie, et je vous livrerai l'original pour toujours, et la difficulté que vous faites à une chose si aisée à faire, prouve qu'un démon s'est emparé de vos sens, et qu'il me veut enlever cette pièce qui est capable de découvrir ses mystères diaboliques... »

Enfin, il est très certain que le médecin s'acquitta de sa promesse, et on m'a dit qu'à peine eut-il proféré quatre paroles que le lieutenant général de police lui tourna le dos, et voici la réponse que ce magistrat me fit faire quatre jours après cette visite, le jour de la Toussaint :

Mon porte-clés vint, et au travers du guichet il me dit : « M. le lieutenant de roi m'a ordonné de venir vous dire que M. de Sartine lui avait dit de vous faire savoir qu'il ne vous enverrait plus le médecin que pour cause de maladie, et qu'il lui avait extrêmement défendu de lire aucun de vos écrits, et qu'il vous conseillait très fort et très fort de ne plus parler de cette affaire... »

Cent coups de poignard dans mon sein auraient été un coup de grâce en comparaison d'une pareille réponse, car du moins je n'aurais souffert qu'un seul instant.

Cependant, après avoir demandé mille fois inutilement le lieutenant de roi, je le fis prier de m'envoyer au moins le chirurgien. Mais, comme Fontélian a de l'esprit et un bon cœur, et qu'il n'aurait pas manqué assurément de faire valoir mes bonnes raisons et de me tendre une main secourable, voici sa réponse :

« Qu'il ne m'enverrait le chirurgien que quand je serais malade. »

Ce refus fut cause que j'eus recours encore à deux lambeaux de ma chemise, et j'écrivis sur chacun d'eux, de mon propre sang, le 26 novembre 1774 à M. de Rougemont, pour le prier, après lui avoir exposé mon misérable état, de faire tenir à M. de Sartine une lettre que je lui écrivis le même jour.

Cette lettre était précédée de ces quelques mots en forme de prière :

« Bon Dieu, tu vois l'excès de mon martyre, après vingt-six années de captivité. Ma misère est si extrême que je suis réduit, dans un cachot noir, à écrire sur un morceau de linge avec mon propre sang. Daigne, éternel Tout-Puissant, accompagner cet écrit entre les mains de M. de Sartine, conseiller d'Etat, lieutenant général de police et lui toucher son cœur ! »

Je mis ces deux écrits dans un sac, et je dis à mon porte-clés de les porter au lieutenant de roi : il me répondit qu'il s'en garderait bien, qu'il n'avait pas envie de se faire fourrer au cachot ; et moi, à mon ordinaire, je le jetai [le paquet contenant les lettres] dehors en présence de ses deux camarades. Sur-le-champ il en fut faire son rapport, et il n'est point douteux que le lieutenant de roi lui dit qu'il n'avait qu'à le laisser là, de sorte que, pendant plus de six jours, je vis traîner ce paquet à leurs pieds, par terre. En un mot, je ne sais quel fut le sort de ce paquet, mais au lieu de faire diminuer ma peine, il ne fit que l'augmenter. Cependant je demandais à grande force le lieutenant de roi, mais... j'avais beau le faire prier, au plus je lui faisais donner de bonnes raisons, au plus son silence était grand.

Cependant, quand mon corps aurait été de fer, il est certain que, dans un lieu pareil, où l'eau découle de toute part, il se serait rouillé, et n'étant que de chair et d'os, comme celui de tous les autres hommes, et qui plus est, étant déjà épuisé par vingt-six années de souffrances, vous n'aurez pas de peine à croire assurément, qu'au bout de six mois que je fus dans ce caveau horrible, où on ne m'avait donné uniquement qu'une simple couverture, de laquelle j'avais fait une paillasse par des raisons que je ne puis confier au papier, et par conséquent vous devez voir que cette couverture ne pouvait me garantir ni du froid, ni de l'humidité ; que mon corps était accablé de rhumatismes ; que je ne pouvais plus me tenir debout. Il y avait cent quarante-six jours que je n'avais pu passer ma culotte. Le manque d'air m'avait causé une inflammation à mes parties, et il s'y était formé trois ulcères.

Cela fut cause que, le 3 de janvier 1775, jour de Sainte-Geneviève, je dis à mon porte-clés d'instruire M. de Rougemont qu'il m'était venu du mal, et que je le priais d'avoir la bonté de m'envoyer le chirurgien. Il y fut, et à son retour il me dit : « J'ai représenté votre état à M. le commandant ; je lui ai répété mot pour mot tout ce que vous m'aviez chargé de lui dire ; il m'a regardé sans me répondre une seule parole. »

Le lendemain, quand les trois porte-clés vinrent à leur ordinaire et que mon porte-clés fut sorti, car je n'osais parler devant lui, je dis aux deux qui étaient restés pour me garder : « Vous avez entendu hier que je fis dire à M. de Rougemont qu'il m'était venu du mal, et que je le priais d'avoir la bonté de m'envoyer le chirurgien. Voyez, leur dis-je, s'il serait possible de faire accroire dans le monde que, dans le misérable état où je me trouve, on me refuse jusqu'à la visite du chirurgien. Ne serait-il pas plus humain d'ôter tout à la fois la vie d'un malheureux que de lui faire souffrir un si long et terrible martyre ? »

A ce dernier mot, mon porte-clés rentre dans le cachot avec mon pot à la main, en disant :

« Eh! que ne se tue-t-il lui-même, ce f... homme! »

Accablé de tant de maux à la fois, sans espérance d'aucun secours humain, ma vie me devint insupportable, et j'ose dire que je me serais étranglé mille fois pour une, si une vie éternelle ne m'en avait empêché.

Mais si Dieu nous défend le suicide, ... il nous permet du moins, sans nous en faire un crime, de demander la mort à nos persécuteurs. Je la leur avais demandée par des expressions respectueuses. Vu que mes prières ne pouvaient faire aucun effet, j'avais descendu de ma chambre dans ce cachot noir une feuille de papier blanc. Avec cinq ou six morceaux de papier gris, et avec une plume de cuivre que j'avais faite avec un liard, je composai un mémoire adressé à M. de Sartine, conseiller d'Etat, lieutenant général de police, où j'écrivis toutes les abominations imaginables qu'on peut écrire au plus injuste de tous les juges, pour forcer sa rage à vous faire étrangler ou étouffer entre deux matelas.

Je mis ce mémoire dans un petit sac de linge, et j'écrivis sur le dos de ce sac : *Testament de mort*. Cependant, comme je m'étais déjà aperçu que quand je jetais de semblables paquets hors de mon cachot, les porte-clés les laissaient traîner par terre pendant plusieurs jours, pour prévenir que celui-ci ne subît le même sort que les autres, le 22 de janvier de cette année 1775, je le mis dans mon paquet de linge sale, bien certain que mon porte-clés le trouverait, et c'est ce qui arriva effectivement. Tout de suite il fut faire son rapport à M. de Rougemont qui lui ordonna de le lui porter, et le lendemain, à une heure après midi, il m'envoya les trois porte-clés, qui, en entrant dans mon caveau, me dirent : « Comme vous avez mis sur l'écrit que nous trouvâmes hier dans votre linge : *Testament de mort*, on ne veut pas que vous vous tuiez vous-même, et en conséquence M. le lieutenant de roi nous a ordonné de venir vous fouiller, et de prendre tout ce que vous avez ici dans le cachot, pour être visité dehors, et vous ôter tout ce qui pourrait vous aider à vous tuer. Mais dès le même moment qu'on vous aura ôté les choses nuisibles, on vous rendra tous vos effets. » Et en conséquence La Visée saute sur mon sac où j'avais mis une grande partie de mes papiers. Je l'arrête par le bras, en lui disant : « Laissez-moi tirer mes papiers. » Il me répondit : « Cela ne se peut. Nous avons ordre de sortir tout ce que vous avez ici dans ce cachot; mais on va vous rendre tout, d'abord qu'il aura été visité. »

Un autre porte-clés trouva un flageolet avec une flûte traversière, que j'avais faits moi-même depuis longtemps. Quelquefois, j'en jouais dans mes angoisses rongeantes, cela adoucissait ma peine. Ils me les prirent. En un mot, ils ne me laissèrent dans ce cachot que la simple couverture qu'on m'avait donnée le premier jour et dont j'avais fait ma paillasse. Tout ce que j'avais descendu de ma chambre m'ayant été enlevé, jusqu'à un petit morceau de planche sur lequel je posais mon pain, ils me dirent : « Monsieur, il ne reste présentement qu'à fouiller les hardes que vous avez sur votre corps. »

Comme je portais nuit et jour sur moi la copie du mémoire que j'avais envoyé à M. de Sartine le 4 du mois d'août auparavant et que je conserve comme la prunelle de mes yeux, je leur dis : « Messieurs, vous ne trouverez sur moi qu'un mémoire que je garde dans mon sein. » Ils me dirent : « Monsieur, il faut que vous nous remettiez cet écrit. » Je leur répliquai : « Ce Mémoire doit décider de mon sort et je vous déclare que vous ne sauriez venir à bout de me l'arracher d'entre mes mains, sans auparavant m'avoir ôté la vie, et je vous conseille de ne pas me faire de violence de votre chef. Mais allez chercher un officier et, en sa présence, vous exécuterez ces ordres. »

Quand ils virent que j'étais résolu à mourir plutôt que de me laisser enlever ce mémoire, ils ne me firent pas de violence, et quoiqu'ils eussent ordre de me faire dépouiller tout nu, ils se contentèrent pourtant de me fouiller les poches, de tâter ma culotte, mes bras et le tour de mon corps. Enfin, avant que de sortir, je leur dis plus de vingt fois de suite : « Je vous prie de dire au lieutenant de roi que, selon les formes de la justice, je dois être présent quand il examinera mes effets, et par conséquent que je le prie en grâce de ne pas faire cette visite que je ne sois présent. » Tous me répondirent qu'ils n'y manqueraient pas. Ils furent lui faire leur rapport et, assurément, ils n'oublièrent pas de l'instruire de la résistance que je leur avais faite de leur remettre les papiers que j'avais dans mon sein. Sur quoi, il m'envoya mon porte-clés sur-le-champ me dire les propres paroles que voici :

« Monsieur, le lieutenant de roi m'a ordonné de vous dire que si vous vouliez me donner les papiers que vous avez ici pour les lui remettre, il regarderait cela comme une preuve de la confiance que vous avez en lui et qu'en peu de jours il vous ferait sortir de ce cachot. »

Je dis à mon porte-clés : « Vous n'avez qu'à dire à M. de Rougemont que je n'ai rien de caché pour lui et que s'il veut se donner la peine de venir ici, non seulement je lui laisserai examiner ce mémoire, mais même qu'après en avoir pris une copie, je le lui donnerai. » Il me répondit : « Il est malade. » Je repris : « En ce cas, vous n'avez qu'à lui dire de m'envoyer le major et que je lui laisserai examiner ce mémoire pour lui en rendre compte. »

Après avoir ouï ces paroles, il s'en fut et, une heure après, le major vint, accompagné des trois porte-clés. Après nous être salués, il me dit : « Où sont ces papiers que vous voulez me confier pour les remettre à M. le commandant ? » Je repris : « Monsieur, je vous ai demandé pour examiner le mémoire que voici pour en rendre compte à M. de Rougemont. » « Je n'ai pas assez d'esprit, me répondit-il, pour juger de ces sortes de cas. — Il y a certaines choses, répliquai-je, qui sont si grossières, qu'il suffit d'avoir le sens commun pour pouvoir en juger. — On me couperait mille fois plutôt le cou, me dit-il, que de me faire croire aux ensor-

cellements. Est-ce que vous n'êtes pas encore guéri, depuis le temps que vous êtes ici, dans ce cachot noir ?...

— Croyez-nous, me dirent ensemble les trois porte-clés, remettez ces papiers à M. le major. Cette soumission et surtout la confiance que vous montrerez avoir envers M. le commandant vous fera bientôt sortir de ce mauvais lieu. »

En les voyant crier et débattre tous les trois à mon entour comme trois diables, je leur dis : « Mes amis, à votre empressement, à tous vos cris, je reconnais très distinctement que des démons se sont emparés de vos sens et qu'ils veulent m'arracher ce précieux écrit... Cependant, je veux bien vous satisfaire tous à la fois. Donnez-moi du papier blanc, j'en tirerai vite une copie, et sur-le-champ j'en donnerai l'original à M. le major et... je regarderai le refus que vous m'allez faire de m'accorder cette demande équitable comme une preuve de plus de cet ensorcellement. »

En entendant ces paroles, tous les quatre sortirent du cachot.

Deux heures après, mon porte-clés vint m'apporter à souper ; je lui demandai quand est-ce qu'on visiterait mes effets et s'il s'était souvenu de dire que je demandais à être présent et que j'avais besoin de tels et tels effets. Il me répondit : « M. le commandant m'a défendu de vous donner tant seulement une tête d'épingle et de ne vous donner une chemise blanche que vous ne m'ayez rendu la sale ; de plus, il m'a ordonné de rester ici en votre présence, pendant le temps du dîner et du souper, pour vous empêcher d'écrire dans le temps que vous mangez.

— Mais, lui dis-je, j'espère que vous me rendrez le sac que j'ai fait avec une de mes chemises.

— C'est, me dit-il, ce que M. le commandant a bien défendu de faire. »

Me voilà donc dans ce lieu affreux à attendre la mort à tout instant, car je n'entendais jamais les bruits des verrous que je ne crusse que c'était pour venir m'étrangler ou m'étouffer, à cause des invectives cruelles que j'avais écrites à M. de Sartine le 22 janvier.

Cependant, jusqu'au commencement de ce mois, quoique j'eusse perdu totalement

PORTRAIT DE LA MARQUISE DE POMPADOUR

(par La Tour)   (Musée du Louvre)

l'appétit depuis longtemps. je ne restais pas que de manger de force pour ne pas succomber, mais le scorbut qui survint m'empoisonna la bouche et je ne pus plus avaler. Mon porte-clés s'en aperçut et il me dit : « Vous ne mangez plus ? Êtes-vous malade ? » Je ne lui répondis rien. « Ne croyez pas, me dit-il, avoir affaire à des gens sans cœur ! Vous ne sauriez croire combien mes deux camarades et moi nous souffrons de vous voir depuis si longtemps dans ce lieu affreux, et tous les efforts que nous avons faits auprès de M. le commandant pour vous en tirer. Il ne faut pourtant pas vous désespérer ; il faut prendre de la nourriture. » Je lui répliquai : « Je ne saurais; il m'est survenu une puanteur horrible dans la bouche, avec du mal à toutes les gencives. Je ne puis plus avaler.

— Oh! me dit-il, c'est sans doute le scorbut, et c'est un bon prétexte pour pouvoir obtenir une visite du chirurgien, et si je pouvais vous l'amener, avec son secours nous pourrions bien vous arracher du cachot... Laissez-moi, me dit-il, arranger cette affaire, j'en viendrai à bout. »

Effectivement, six à sept jours après, il m'amena le chirurgien... Quand Fontélian eut examiné ma bouche et mes autres infirmités, il me dit : « Cela me suffit, je n'ai pas besoin que vous me disiez un seul mot. Laissez-moi faire, je m'en vais travailler pour vous de toutes mes forces. » Fontélian a de l'esprit, et il est sans doute que, par un bon rapport, il force le lieutenant de roi à faire de grandes instances au lieutenant général de police. Enfin, le 19 de ce mois de mars 1775, M. de Rougemont entra dans mon cachot, accompagné du major et des trois porte-clés, et il me dit les propres paroles que voici :

« J'ai obtenu qu'on vous fît sortir du cachot et qu'on vous remît dans votre chambre, mais à cette condition que vous me remettrez vos papiers... tant ceux que vous avez ici que tous ceux que vous avez dans votre malle qui est en haut dans votre chambre. »

Je lui répliquai : « Que je vous remette tous mes papiers ? Sachez, monsieur, que j'aimerais mieux mille fois crever dans ce cachot que de faire une pareille lâcheté.

— Votre malle est là-haut dans votre chambre, me dit le major, et il ne dépend que de moi d'en faire sauter les cachets que vous y avez mis et de les prendre tout à l'heure !

— Monsieur, répondis-je, il y a des formalités de justice auxquelles vous devez vous conformer, et il ne vous est point permis de faire de pareilles violences.

— Vous voulez donc périr ici ? Vous en êtes le maître. »

Il sort cinq à six pas hors du cachot et, vu que je ne le rappelais point, il rentre en me disant : « Remettez-les-moi tant seulement pour dix jours pour les examiner, et je vous donne ma parole d'honneur qu'au bout de ce temps-là je vous les ferai rapporter tous dans votre chambre, et je vais dans l'instant vous faire sortir du cachot ! »

Je lui répliquai : « Je ne vous les livrerai pas tant seulement pour deux heures !

— Eh bien, me dit-il, puisque vous ne voulez point me les confier, vous n'avez qu'à rester ici », et il fit encore semblant de sortir du cachot. Mais vu que je le tenais toujours ferme, après avoir fait quelques pas, il rentra, et il me dit en soupirant : « Je voudrais pourtant bien vous tirer de ce mauvais lieu. Faisons autre chose. Puisque vous voulez absolument garder vos papiers dans votre chambre, j'y consens. Mais ce sera à la condition que nous les cachetterons dans votre malle avec votre cachet et le mien. »

En entendant ces paroles, je montai sur mes quatre chevaux blancs et je lui répliquai : « A ce trait, je vois qu'un démon vous tient, vu que, ne pouvant venir à bout de m'arracher mes papiers d'entre mes mains par vos menaces, il fait maintenant des efforts pour m'empêcher de m'en servir... C'est pourquoi je ne veux point que mes papiers soient cachetés.

— Je voudrais bien vous rendre service, dit M. de Rougemont. Tenez, permettez-moi tant seulement de prendre une liste de tous vos ouvrages, en votre présence, et je vais vous faire sortir tout à l'heure du cachot et remonter dans votre chambre. Vous ne me refuserez point cela ?

— Oh! pour le coup, passe ! Je vous permettrai non seulement d'en tirer une liste, mais même de prendre une copie de tous mes écrits, si cela vous fait plaisir.

— Cela suffit, me dit-il, mais j'ai une autre chose à vous dire. Je vous ai fait ôter une flûte traversière avec un flageolet que vous aviez descendus dans ce cachot. Je vous les rendrai, mais ce ne sera qu'à la condition que vous n'en jouerez point la nuit et rien que le jour. »

A cet article, je ne pus éviter de le tourner en ridicule, en lui disant : « Mais y pensez-vous, monsieur ? Il suffit que ça me soit défendu pour m'en donner envie, car j'en joue fort rarement, et je prétends en jouer toutes les fois qu'il m'en prendra fantaisie.

— Mais, je ne vous les rendrai point.

— Eh bien, monsieur, vous n'avez qu'à les garder et j'en ferai d'autres ! »

Effectivement, il ne me les rendit point ; mais cela lui coûta une assiette d'étain, car dès le même moment que je fus remonté dans ma chambre, j'en fendis une et j'en fis d'autres.

Enfin, avant que de me faire sortir du cachot, il me dit encore : « J'ai à vous avertir que si vous faites le moindre bruit, si on entend la moindre chose de vous, sur-le-champ vous serez descendu dans un cachot et mis au fers et que vous serez oublié là pour jamais. »

Après m'avoir averti de me tenir sur mes gardes contre cette correction fraternelle, nous sortîmes du cachot et nous montâmes dans ma chambre, et là, je lui fis passer en revue tous mes papiers et lui-même écrivit la liste de tous les différents ouvrages que j'ai dans ma malle. Cela fait, nous nous mîmes un peu à parler d'affaires ; je commençai à lui demander du papier pour écrire au lieutenant général de police. Il me répondit : « On veut voir auparavant de la manière que vous vous comporterez. » Je lui répondis : « Est-ce ainsi que l'on traite les gens de mon âge ? C'est affreux de parler à des personnes de cinquante et de soixante ans et plus, comme si on parlait à des jeunes étourdis de quinze à vingt ans.

— Ne vous fâchez pas, me dit-il, vous aurez bientôt cette permission... »

Ensuite, je lui demandai pourquoi le médecin n'était point revenu comme il me l'avait promis. Il me dit : « Le médecin ne doit venir vous voir que quand vous serez malade, et il a ordre de sortir sur-le-champ si vous lui dites un seul mot de vos affaires.

— Hé ! pouvez-vous croire, monsieur, que, sans ensorcellement, le lieutenant général de police lui aurait donné un pareil ordre, et surtout qu'il lui aurait refusé de venir examiner les quatre articles que je fis voir à l'avocat ?

— Je ne crois point aux ensorcellements, répondit le major.

— Je vous crois ; mais si vous voyiez tous les faits qui sont contenus dans mes écrits, je suis certain que vous changeriez de sentiment.

— Non, je n'en changerai jamais.

— N'importe !... Ne me refusez pas du moins d'examiner en ma présence le petit mémoire qui concerne l'avocat.

— Eh bien, me dit M. de Rougemont, je viendrai l'examiner dans le courant de ce mois... je vous en donne ma parole. »

C'était le 19 mars qu'il me fit cette promesse, en présence du major et de mon porte-clés. Le 28 dudit mois, il me fit dire par ce dernier qu'il viendrait après-demain, qui était le 31. Cependant il ne vint que le 2 du mois suivant, qui était un dimanche, après huit heures. Sur-le-champ, je lui remis ce mémoire, mais à peine en eut-il lu la moitié, que l'horloge sonna neuf heures. Sur-le-champ il se leva en me disant :

« Voilà neuf heures qui sonnent. Vous ne voudriez pas que j'interrompe l'ordre du donjon ? Il faut que je me trouve à la messe.

— Eh bien, lui dis-je, vous n'avez qu'à l'aller entendre et, après la messe, vous reviendrez pour finir de l'examiner.

— Oh ! me dit-il, je ne puis aujourd'hui. Voyez, j'en ai lu plus de la moitié ; je reviendrai dimanche prochain pour achever d'examiner le reste. »

Je lui répliquai :

« Comment, monsieur, vous me remettez encore à dimanche ? Est-ce ainsi qu'on doit traîner une affaire de cette importance ?

— Je ne puis revenir plus tôt, répondit M. de Rougemont... Vous pouvez être certain que ça n'ira pas plus loin que dimanche. Je reviendrai sans faute. Comptez là-dessus. »

Et, au lieu de me dire adieu, il me dit : « Ah çà! vous savez bien que nous sommes convenus que j'examinerai ce mémoire, mais que je ne vous dirai point ce que j'en pense », et sans me donner le temps d'ouvrir la bouche, il tourna le dos et s'enfuit.

Le 9 avril, qui était le dimanche des Rameaux, et le jour que M. de Rougemont m'avait promis de revenir pour achever d'examiner mon mémoire... en sortant de la messe, il me fit dire ces paroles par mon porte-clés :

« Vous n'avez qu'à dire au numéro X qu'aujourd'hui l'office a été fort long, mais que j'irai le voir bientôt. » Quatre jours après, qui était le jeudi, il dit encore à mon porte-clés : « Vous direz au numéro X que j'ai mal à un pied, et que je ne puis l'aller voir aujourd'hui ; j'irai dimanche. »

Cependant le dimanche suivant, qui était le 16, au lieu de venir, mon porte-clés vint me dire : « M. le commandant m'a très expressément défendu de sortir un seul mot d'écrit de votre chambre. En conséquence, il m'a ordonné, avant de sortir votre linge sale, de le bien examiner pièce par pièce en votre présence, et de vous rendre les écrits que j'y trouverais dedans. »

Ainsi, tout le fruit que j'ai tiré de la visite de l'avocat, ç'a été d'être pendant huit mois dans un caveau véritablement infernal, car je défie d'en trouver un seul sur le globe de la terre aussi exécrable que celui-là ; car il n'y a ni meurtrière, ni fenêtre, ni soupirail. Il y a quatre portes, les unes sur les autres. La première est composée de madriers qui ont plus d'un demi-pied d'épaisseur, et doublée de plaques de fer avec plusieurs verrous aussi gros que mes jambes. Imaginez-vous que quand cette porte est fermée, il serait impossible à dix hommes avec des haches de pouvoir l'abattre ; et quand ces quatre portes sont fermées, à midi il est impossible de pouvoir distinguer une pièce de drap blanc d'avec celle d'un drap noir ; et comme il n'y a point de soupirail, le patient ne reçoit d'air que celui qui peut passer entre les interstices des engrenures de ces quatre portes et la muraille.

Alors le manque d'air fait gonfler les entrailles du malheureux qui est dedans, de telle sorte qu'on dirait qu'elles veulent faire déchirer la peau du ventre pour en sortir, et c'est ce qui cause des nausées et des vents qui semblent qu'ils vont vous étouffer à tout instant. Alors un pauvre malheureux ne peut ni rester couché sur la paille, ni se tenir debout ; il est forcé de se tenir, les trois quarts de la journée, la tête et le dos appuyés à la muraille, pour faciliter à sortir les vents qui l'étouffent. Vous le voyez haleter comme un chien qui vient de faire une grande course. J'en ai fait l'expérience moi-même, et je puis dire que le manque d'air est le plus abominable de tous les supplices, car un homme ne peut ni vivre, ni mourir : il souffre un martyre au-dessus de toute expression. Que si Dieu me faisait la grâce de sortir d'ici et de pouvoir m'approcher du roi, — en sa présence on ne met qu'un genou à terre, mais je les mettrais tous les deux pour supplier la miséricorde de Sa Majesté d'envoyer un de ces médecins visiter ces deux exécrables cachots ; mais il y a un mal qu'il ne saurait connaître et le voici : c'est que, quand il n'y a personne dans ces cachots, on en laisse les portes ouvertes, et, en dix à douze jours, l'air les desséchant de même que les portes, et alors il y entre un peu plus d'air par les engrenures, et en voyant qu'il y a assez de place pour contenir un homme, il ne manquerait point de rapporter que ces cachots sont supportables. Mais pour lui faire connaître en plein qu'ils ne le sont pas, il faudrait lui faire faire cette visite, immédiatement quand ils sont occupés, où l'humidité est dans son plus haut degré, où l'urine et même la simple haleine du prisonnier en a corrompu l'air, et l'enfermer vingt-quatre heures dans chacun. Par ce moyen, il est certain qu'il ferait un rapport au roi tel que ces lieux l'exigent.

On remarquera que les cachots et les chambres même n'étaient point ainsi autrefois. Les personnes qui ont la direction de cette prison, d'un lieu supportable en ont fait l'exécration de la malédiction. Elles ont fait bâter tous les soupiraux des cachots, et maçonner la moitié des fenêtres d'une grande quantité des chambres ; en outre mettre des trémilles au devant de ces fenêtres, puis entre les grilles de fer et les trémilles des treillages de fil d'archal, où un.

cure-dent ne saurait passer entre les mailles, ce sont de véritables toiles de fer; de plus, fait fermer toutes les cheminées pour y mettre des poêles, et doubler et tripler les portes des chambres et des cachots, pour empêcher d'entendre les cris de l'innocence !

Pour le coup, me voilà encore revenu dans ma chambre numéro X, privé de la vue du ciel et de la terre, et de tout secours humain. Je ne vois que le porte-clés qui me porte à manger, et le chirurgien quand il vient me raser une fois toutes les semaines. Celui-ci ne manque pas d'esprit, et il a même un bon cœur; mais le lieutenant de roi qui me garde avec autant de soin et de vigilance que le dragon qui gardait la Toison d'or, lui a tant fait de défenses qu'il n'ose plus lever sa langue pour répondre. Cependant, comme il ne saurait me faire cette petite opération auparavant que je lui aie donné ma serviette, pris une prise de tabac et défait mon col, je profite de cet instant pour lui dire quelques paroles. En conséquence, le 3 de juin 1775, je lui dis :

« Monsieur, sans vous flatter, je vous dirai que j'ai reconnu que vous avez un esprit au-dessus du commun. Or, pouvez-vous croire que, sans quelque chose de surnaturel, M. de Sartine aurait refusé à notre médecin la permission de venir lui-même examiner les quatre articles que j'ai fait voir à l'avocat ?

— C'est qu'aujourd'hui personne au monde ne croit plus aux ensorcellements, me répondit mon barbier. D'ailleurs, le médecin vous donnerait tort très certainement; mais vous êtes trop entêté, vous ne le croiriez pas.

— Non, assurément je ne le croirais pas, s'il me donnait tort... »

Ici, il me coupa tout court pour me dire : « Eh bien, vous voyez bien que cette visite vous serait inutile; vous le dites vous-même.

— Mais, repris-je, vous ne me donnez point le temps d'achever mon discours. Oui, je vous dis que je ne croirais point le médecin s'il me donnait tort ; mais, après m'avoir condamné, quand même je resterais encore ici trente années, il est réel qu'on ne m'entendrait jamais plus parler de cette affaire... Il est évident que si un démon ne vous tenait en syncope toutes les fois que je vous parle, vous ne me tourneriez pas en ridicule comme vous le faites, sans avoir examiné les faits...

— Moi ! un démon me tient en syncope présentement que je vous parle, moi ?

— Oui, oui, vous-même : un démon vous tient présentement en syncope, car vous ne savez ce que vous dites. »

En haussant les épaules, il se mit à rire, et il s'en fut.

Quant à mon porte-clés, je ne puis non plus tirer aucun secours de lui, car d'abord que j'ouvre la bouche pour lui faire remarquer des traits qui prouvent cet ensorcellement, il ne me répond que par convulsion, et, en levant le coude, il me dit que c'est fort ennuyeux d'entendre parler toujours de la même chose, et il sort de ma chambre aussi vite qu'un éclair.

A son retour, quand quelquefois je lui dis : « Vous me traitez d'ennuyeux? Mais de quoi voulez-vous que je vous parle, si ce n'est de ce qui me point ?

— Eh ! répond-il, faites-vous sorcier vous-même. Alors vous en saurez autant qu'eux, et vous pourrez leur faire autant de mal qu'ils vous en font. »

Voyez si on peut faire de pareilles réponses, car quand même il serait aussi facile à un homme de se faire magicien comme cordonnier ou tailleur, peut-on conseiller à une personne de se donner à tous les diables pour se venger ?

Que faire donc avec ces possédés du démon qui ne demandent qu'un prétexte pour me faire périr avec quelque apparence de justice ? Mon malheur est si grand que je ne puis avoir recours qu'à eux seuls, et cependant je ne puis ni les voir, ni leur parler, ni leur écrire, et je ne puis plus faire la moindre de toutes les instances pour faire examiner mon mémoire, sans m'exposer à être mis dans un caveau et aux fers, et à être là oublié pour jamais.

X

Le 26 de juillet 1775, mon porte-clés vint me dire : « Monsieur, suivez-moi. » Je lui répondis : « Où m'allez-vous mener ? — Dans la salle du conseil », me dit-il.

Je crus que c'était la visite du lieutenant général de police, et en conséquence je pris plusieurs papiers qui m'étaient nécessaires. Mais au lieu de trouver M. de Sartine, je fus fort surpris de trouver un autre lieutenant général de police, qu'on m'a dit qui se nommait M. d'Albert. Je le saluai, et en même temps je le priai d'avoir la bonté de me rendre la justice qui m'était due. Il me demanda la cause de ma détention : je la lui donnai par écrit et, après l'avoir lue, il me dit : « S'il n'y a que ça absolument, je vous rendrai la justice qui vous est due, mais auparavant il faut que je voie s'il n'y a pas autre chose sur votre compte. » Je repris : « Monsieur, si je vous en imposais, je ne vous tromperais pas vous, mais je me tromperais moi-même : je vous prie de vous décider.

— Il faut, me dit-il, que je parle au ministre, mais vous pouvez être certain que je ne vous oublierai point. »

Comme j'allais remonter dans ma chambre, ne voilà-t-il pas Rougemont qui se mit à dire au lieutenant général de police : « Monsieur, ce prisonnier croit être ensorcelé. Il y a un temps infini qu'il demande le médecin pour examiner un mémoire qui concerne cet ensorcellement. » Alors je lui dis : « Je vous supplie en grâce d'avoir la bonté d'examiner tant seulement un des quatre articles que je fis voir à un avocat que M. de Sartine m'envoya l'année dernière. »

Il prit ce mémoire entre ses mains, et à peine eut-il lu le tiers de cet article, qu'il jeta le mémoire sur la table, en me disant : « C'est trop long, je vous enverrai le médecin pour l'examiner. » Je repris : « Mais, monsieur, il n'est pas long ; je vous supplie en grâce d'avoir la bonté d'achever de le lire. » Il le reprit, mais quand il fut à l'endroit le plus pressant, il le laissa encore tomber de ses mains sur la table, en me disant : « Je n'ai pas le temps de l'examiner. » Je lui répliquai : « Monsieur, il n'y a pas deux pages à lire. Devez-vous laisser périr un homme, faute de vous donner la peine de l'écouter ? Je vous supplie en grâce d'achever de lire cet article. » Il le reprit pour la troisième fois ; mais à peine en eut-il lu encore quinze lignes, qu'il le jeta sur la table en me disant : « Je vous enverrai le médecin pour l'examiner », et en même temps il ordonna au lieutenant de roi de le faire venir. Je remontai dans ma chambre fort fâché contre M. de Rougemont d'avoir fort mal à propos parlé de cette affaire à ce nouveau lieutenant général de police, qui me semblait disposé à me rendre ma liberté, et par conséquent il n'était point nécessaire qu'il lui allât parler de cet ensorcellement, qui ne pouvait pas manquer de me faire passer pour un esprit faible, faute de faire examiner comme il faut cette affaire.

Cependant, six à sept jours après la visite de M. d'Albert, arriva dans ma chambre le lieutenant de roi, avec M. de Lassaigne, médecin ordinaire du roi, et M. Fontélian, chirurgien. Sur-le-champ je présentai au médecin le petit mémoire en question, où sont contenus les quatre articles que j'avais fait voir à l'avocat. Il me dit d'en faire la lecture moi-même, et je commençai à lire l'article qui concerne le duc de la Vrillière. A peine en eus-je lu la moitié, qu'il me dit :

« Il n'est pas nécessaire que vous en lisiez davantage : cet article est faux dans toute son étendue ; il n'y a pas un mot de vrai. Ce ne fut pas un garde-chasse du roi qui chargea son fusil, mais un de ses laquais qu'il avait pris depuis fort peu de temps à son service. C'était un homme qui sortait de mener la charrue, et ce butor mit trois charges de poudre dans un canon.

Moi-même, j'ai été un des médecins qui ont assisté le duc de la Vrillière dans sa maladie, et par conséquent vous pouvez juger que je dois être instruit mieux que personne de toutes ces circonstances.

— Monsieur, lui répondis-je, je suis ici en prison, et c'est sur ce qu'on me dit que je fais mes réflexions. Que si le fait avait été tel qu'on me l'a exposé, il est sans doute que vous avoueriez que c'est par un coup d'ensorcellement que ce ministre a été estropié.

— Les ensorcellements, dit le médecin, sont des erreurs populaires. Aujourd'hui personne au monde n'y croit plus, et je vous conseille très fort de vous ôter toutes ces mauvaises idées de votre esprit... »

Puis il me demanda de passer à un autre article. Sur-le-champ je pris la section XXIV, mais à peine lui en eus-je lu cinq pages sur trente-six qu'elle contient, que le médecin m'arrêta tout court, en me disant : « Monsieur, n'en lisez pas davantage, cela suffit.

— Mais je ne vous en ai pas lu la sixième partie...

— N'importe ; j'en ai entendu assez pour pouvoir juger du reste ; je suis pressé, j'ai des affaires.

— Mais le lieutenant général vous a envoyé ici pour examiner ce Mémoire, et pouvez-vous me condamner sans avoir écouté toutes mes raisons jusqu'à la fin ? »

— Monsieur, tous les ensorcellements sont des erreurs populaires auxquelles je ne croirai jamais. »

En un mot, j'eus beau lui donner des bonnes raisons et le prendre de toutes sortes de côtés, il me fut impossible de lui faire entendre la lecture au delà de la cinquième page de la section XXIV ; il s'en fut, et me trouvai plus reculé que je ne l'étais auparavant, parce qu'il ne manqua pas de faire un rapport à M. d'Albert, qui n'était point à mon avantage.

Cependant, au bout de vingt-sept années de captivité, après avoir été privé pendant dix années entières de feu et de lumière, plus de quatre mois au pain et à l'eau, après avoir été pendant soixante-dix-sept mois dans des cachots et des caveaux horribles, dont quarante mois sans relâche les fers aux pieds et aux mains, couché sur de la paille sans couverture, où j'avais souffert un million de martyres par le froid et la géhenne des fers, le 29 du mois d'août 1775, sur les dix heures du matin, je vis entrer dix à douze personnes dans ma chambre, et M. de Rougemont lieutenant de roi, me dit : « Voilà M. de Malesherbes qui a remplacé M. le duc

de la Vrillière dans sa place de ministre. »

Je le saluai profondément en lui disant : « Monseigneur, vous voyez dans ma personne le plus malheureux de tous les hommes. Voilà vingt-sept années que l'on fait pourrir mon corps entre quatre murailles. Au nom de Dieu, daignez me rendre la justice qui m'est due. » Il me demanda la cause de ma détention. Sur-le-champ je la lui donnai par écrit, et, après l'avoir lue, il me dit : « Avez-vous du bien, de quoi vivre ? » Je lui répondis : « Monseigneur, après une captivité de vingt-sept années, je ne saurais plus être malheureux, pourvu que je trouve de l'herbe et des racines !

— Mais avez-vous quelques talents ?

— Monseigneur, j'en ai assez pour garder un troupeau, et j'aime mieux garder des moutons que d'être ici.

— Je vous crois, me dit-il ; mais que prétendez-vous en sortant d'ici ? Avez-vous des parents riches, des amis ?

— Monseigneur, ne soyez point en peine de moi. Rendez-moi ma liberté ; je trouverai de tout.

— Mais enfin, avez-vous du bien, des parents riches, des amis ?

— Avant que d'être mis en prison, j'avais du bien pour vivre honnêtement, des parents riches et des amis. Mais quand même j'aurais perdu tout, ne soyez point en peine de moi. Je vous prie de me rendre promptement ma chère liberté.

— Cela est juste, me dit-il, et je vous proteste qu'en peu de jours je vous rendrai la justice qui vous est due. »

Et, après m'avoir donné plusieurs marques de sa compassion en haussant les épaules, et en disant : « Ah ! ah ! vingt-sept ans, vingt-sept ans, vingt-sept ans !... Je vous rendrai la justice qui vous est due » ; il sortit avec sa suite, en me disant : « Je ne vous oublierai point. »

Douze jours après cette visite, 10 de septembre [1775], ce ministre m'envoya M. de Rougemont, lieutenant de roi. Il me fit venir dans la salle du Conseil pour prendre par écrit les noms de mes protecteurs et amis, l'état de mon bien et de mes espérances. Cet officier m'assura encore qu'au premier jour ma liberté m'allait être rendue, et qu'il n'était venu me faire ces demandes, que pour prendre des arrangements, afin qu'il ne me manquât de rien, quand je serai sorti de prison.

Huit jours après, qui était le 18 dudit mois il reçut un second ordre pour me demander le mémoire des hardes dont j'avais besoin pour ma sortie.

Précisément onze jours après m'avoir fait demander le mémoire des hardes pour ma sortie, c'est-à-dire le 27 de septembre, à onze heures et demie du matin, le major entra dans ma chambre avec les trois porte-clés, en me disant : « Monsieur, je ne saurais vous exprimer le plaisir que j'ai de venir vous annoncer votre liberté. Elle est arrivée, dépêchez-vous. Il y a là-bas à la porte des gens du ministre qui vous attendent pour vous mener chez lui, qui veut vous voir en sortant de table : Dans un pareil moment où la plus forte tête est sujette à manquer, pourtant je ne perdis pas la mienne. Je pris mon mémoire avec tous mes autres papiers. Je les mis dans un grand sac que j'emportai avec moi sous mon bras. Etant descendu dans la cour, j'y trouvai un carrosse avec deux messieurs qui m'attendaient à la portière, et qui me dirent fort poliment : « Monsieur le ministre souhaite vous parler en sortant de table ; donnez-vous la peine de monter dans ce carrosse, et nous allons vous conduire chez lui. »

Mais, au lieu de me conduire chez M. de Malesherbes, devinez où l'on me conduisit, devinez-le? Je frémis, mais malgré la honte, il faut pourtant que je vous le dise : dans la maison de force de la charité de Charenton, où on ne met que des fous et des imbéciles, et dans l'une des plus mauvaises chambres de la maison, où jamais le soleil n'est entré, à double porte, à double grille de fer à la fenêtre, avec un treillage de fil d'archal, sans vue et sans cheminée. Pendant vingt-sept années, j'avais toujours été à la pension de quatorze cent soixante livres par an, uniquement pour ma table(1). En outre, le roi me donnait toutes les années plus

de cinq cents livres pour mes autres besoins, c'est-à-dire pour les habillements, le linge, le thé, le sucre, l'huile, l'eau-de-vie, le tabac, etc., et ici, dans la maison de force de Charenton, je suis à la plus petite de toutes les pensions, qui est de six cents livres, sur quoi les religieux sont tenus de me blanchir, de me fournir un lit, des draps, et toutes les autres choses qui sont indispensablement nécessaires, et payer le domestique qui me sert, de sorte qu'à bien compter tout, je n'ai pas seulement dix sols par repas, moi qui avais 4 livres par jour pour ma nourriture, et jugez ce que les religieux peuvent me donner, pour dix misérables sous pour un dîner et un souper, dans un temps où tout est si cher, de sorte que, pour ne pas succomber à une misère si extrême, à l'insu des religieux, je me suis réduit à vendre tous mes effets les uns après les autres, pour acheter de temps en temps un peu de viande, du fruit, du sucre, du vin (1)... Me voilà, dis-je, dans une chambre humide, accablé d'infirmités, où l'on m'étouffe, au bout de vingt-sept années de martyre, moi qui ai rendu trois services à l'Etat, qui, depuis plus de quinze années, me devraient rapporter beaucoup plus de vingt mille livres de rente !

Cependant l'équité, le bon cœur, le désintéressement de M. de Malesherbes sont connus de toute la France.

En arrivant dans la maison de force de Charenton, le lendemain je fus mis dans le corridor des gens sages, dans la chambre numéro X. On m'y enferma à tour de clé. Néanmoins, à ma prière, les pères de la Charité eurent l'humanité de me laisser le guichet ouvert. Parmi une centaine de fous et d'imbéciles, il se trouva y avoir alors huit à dix personnes sages. Sur-le-champ tous ceux-ci vinrent me saluer et me faire mille questions différentes. A mon tour, je leur demandai des nouvelles ; mais quel fut mon étonnement, quand ils me dirent qu'il y avait dix-sept mois que Louis XV était mort ; qu'il y avait plus d'un an que M. de Sartine avait été fait ministre de la Marine, que M. Le Noir, qui avait été lieutenant cri-

---

(1) Plus de quatre mille francs de valeur actuelle, uniquement pour la table. En outre, plus de 500 livres, près de 2 000 francs de valeur actuelle, pour ses autres besoins.

(1) Latude écrit ces lignes étant à Charenton.

minel, l'avait remplacé ; que, huit mois après, celui-ci avait été remercié, et M. d'Albert fait lieutenant général de police à sa place ? En apprenant ces grands événements, je tombai de plus haut que des nues.

Pourquoi donc, à la mort de Louis XV, ou enfin au sacre de Louis XVI, selon les lois et les coutumes du royaume, n'a-t-on point révoqué toutes les lettres de cachet du règne précédent ? Pourquoi n'a-t-on pas fait ouvrir les portes de toutes les prisons royales ?

Dieu nous donne un nouveau roi, qu'on voit avoir réellement un bon cœur et des entrailles paternelles, avec un désir extrème de rendre tous ses peuples heureux... Cependant dans le temps que nous prions le ciel de le combler de toutes ses bénédictions, et que nous faisons des prières pour sa conservation... comment peut-on voir sans horreur encore aujourd'hui même pourrir dans les fers le malheureux chevalier de la Rochegérault depuis vingt-trois années, d'Allègre depuis vingt-sept, et moi Henri de Masers, ingénieur géographe, depuis vingt-huit ans, pour avoir eu le malheur de déplaire à une méchante femme qui est morte depuis près de douze années ? Ce sont des cruautés abominables.

L'infortuné D'Allègre, que je croyais être dans le donjon de Vincennes, aujourd'hui 28 septembre 1775, je viens d'apprendre qu'il y a plusieurs années que sa cervelle a peté, c'est-à-dire qu'il a perdu totalement l'esprit ; que, de la Bastille il fut conduit ici dans la maison de force de Charenton, et mis aux catacombes avec les enragés, où il est encore présentement.

Le surlendemain de mon arrivée, comme il n'y avait que moi seul qui fusse enfermé à clé dans sa chambre, plusieurs prisonniers vinrent me tenir compagnie au travers de mon guichet, et m'instruire de tout ce qui s'était passé dans le monde, et pour soulager ma peine, ils furent chercher plusieurs fous qui jouaient des instruments. Mais à peine le concert fut-il commencé, qu'un prisonnier vint, en courant de toutes ses forces, et en fendant la presse pour me dire : « Réjouissez-vous, voilà M. de Rougemont, lieutenant de roi de Vincennes, qui vient d'entrer ici. Il est sans doute qu'il vient vous apporter votre délivrance ! » Mais bien loin de me réjouir, au seul nom de Rougemont je faillis me trouver mal. Effectivement, ce ne fut pas sans raison, car, moins d'un quart d'heure après qu'il fut arrivé, le garçon qui me servait vint chasser devant mon guichet tous ces musiciens, et le ferma avec la double porte...

Cependant le 2 octobre, on me donna du papier et instruit que le Parlement devait venir incessamment faire la visite de cette Maison de force, je dressai un placet où j'avais mis la cause de ma détention, où je faisais mention des trois services que j'avais rendus à l'Etat, et en même temps je le priais de me rendre la justice qui m'était due. Le 6 dudit mois d'octobre, cette visite arriva. Elle était composée d'un président à mortier, qui était M. de Lamoignon, neveu de M. de Malesherbes, d'un conseiller, du substitut du procureur général et d'un greffier. Je leur demandai justice, et je voulus parlementer avec eux, mais ils me dirent qu'ils n'avaient pas le temps de m'entendre, que je leur devais donner mes affaires par écrit, qu'ils les examineraient, et qu'ils me rendraient justice.

En conséquence, je remis mon placet avec une copie de mon projet des Abondances, du projet militaire, de celui pour pensionner les pauvres veuves des officiers et des soldats qui avaient perdu leurs maris à la défense du royaume, et une lettre pour M. de Malesherbes, ministre, entre les propres mains du président. Il me promit qu'incessamment il me renverrait mes papiers avec une réponse, et cependant voilà plus de onze mois de passés, et cette réponse, ni mes papiers ne me sont pas arrivés encore.

Néanmoins, malgré toutes ces promesses, je ne laissai pas moins que d'écrire au ministre, M. de Malesherbes, une lettre que je terminai ainsi :

« Miséricorde, monseigneur, miséricorde ! Ayez pitié de moi. Les lois du royaume, les trois services que j'ai rendus à l'Etat, et vingt sept années de martyre, terme qui fait frémir, parlent

J.-CH.-PIERRE LE NOIR, LIEUTENANT GÉNÉRAL DE POLICE

(Peint par Greuze, gravé par Chevillet)   (Bibl. nat., estampes)

pour moi à vos entrailles paternelles et de miséricorde.

« J'ai l'honneur d'être, avec un très profond respect, monseigneur,

« Votre très humble et très obéissant serviteur.

                                    « Henri MASERS. »

« Prisonnier depuis le 1er mai 1749. Quinze ans à la Bastille. Douze ans au donjon de Vincennes, et présentement dans la maison de force de la Charité de Charenton. Ce 12 octobre 1775. »

J'écrivis encore successivement à M. de Malesherbes et à M. d'Albert, le 19 novembre et le 17 décembre 1775, le 18 février, le 8 mars, et le 16 mars 1776.

A la suite de cinq nouvelles suppliques, qui restèrent d'ailleurs sans réponse, j'envoyai au ministre et au lieutenant de police un placet que je lui priai de transmettre au roi.

Il serait trop long de transcrire ici toutes les lettres que je leur ai écrites. On n'aura pas de peine à croire que M. d'Albert, lieutenant général de police, les a toutes étouffées, sans en excepter mon placet au roi. Pourtant il n'aurait point été assez hardi assurément pour faire une pareille action à un roi d'Angleterre, de Danemark, de Suède, de Sardaigne, et surtout à un roi de Prusse, tel que celui d'aujourd'hui. Mais la trop grande bonté de nos rois est l'unique cause qu'on fait périr une quantité infinie de ses sujets à petit feu entre quatre murailles.

Enfin, la visite de M. Le Noir, désirée depuis si longtemps, arriva le 27 d'octobre [1775]. La première audience me fut accordée à moi, dans la grande salle. En me présentant à lui, voici le discours que je lui tins :

« Monseigneur, si la pitié a du pouvoir sur les cœurs vertueux, je ne dois point douter que vous n'ayez compassion du plus malheureux de tous les hommes… Au nom de Dieu, daignez me rendre justice. »

Il reprit en haussant les épaules : « Vingt-huit années, vingt-huit années ! Ah ! mon Dieu, que c'est long, vingt-huit années ! Mais instruisez-moi de ce que vous avez fait. »

Alors, je tirai de ma poche la copie de mon placet au roi, et je la lui remis entre les mains. Il se mit à lire la cause de ma détention, et à la fin il me dit : « Vous n'étiez donc pas l'ennemi de Mme de Pompadour ? » Je lui répondis : « Non, monseigneur, bien loin de lui souhaiter du mal, je m'intéressai pour sa conservation ». En soupirant il dit : « Ah ! vingt-huit années ! » Puis il se tourna vers les religieux et leur dit : « Mais, ce prisonnier est-il sage ? »

Sur-le-champ tous les Pères de la Charité lui dirent tous à la fois : « Monseigneur, c'est un homme très raisonnable, très sage. Depuis qu'il est ici il n'a pas donné un seul sujet de plainte. » Alors il se tourna vers moi en me disant : « Monsieur, vous pouvez être certain que la première fois que j'irai parler au ministre, je lui demanderai la révocation de votre lettre de cachet. Mais avez-vous de quoi vivre ? » Je lui répondis : « Monseigneur, autrefois j'avais un bien honnête. Que si ma mère a cru que je n'étais pas mort, avec l'espérance que je sortirais un jour de prison, il est certain qu'elle aura pris des arrangements, pour que je trouve le bien qu'elle avait à sa mort. » Alors le Père Prudence, directeur de la Charité, dit au lieutenant général de police : « Monseigneur, sa mère vit encore, il trouvera de quoi… » M. Le Noir répliqua : « Eh bien, vous pouvez être certain que la première fois que je verrai le ministre, je lui demanderai la révocation de sa lettre de cachet… je vous en donne ma parole. »

Cependant je vous dirai que j'avais une grande confiance en l'équité de M. de Malesherbes, d'autant plus certainement que, d'après ce que tout le monde m'assurait qu'il ne m'avait fait transférer ici que dans la croyance que je serais moins mal et moins serré que dans les secrets du roi, en attendant qu'il eût pris des arrangements pour nous assurer une subsistance honnête.

On dit, du reste, qu'il n'a jamais proposé de faire du bien et de réprimer le mal, sans que sur-le-champ il n'ait été contredit, et que, quant aux lettres de cachet, qui sont la plus grande malédiction dont l'enfer puisse accabler un peuple, malgré toutes les bonnes précautions qu'il avait prises pour empêcher qu'on ne fît périr un nombre infini de sujets injustement, comme on ne laissait pas moins l'an dernier comme auparavant, pour éviter d'être complice de tout ce mal, il avait été porter, le 14 mai 1776, les démissions de toutes ses charges au roi.

Depuis que j'ai mis le pied dans cette maison, je me suis conduit de telle manière que j'ose me vanter de m'être attiré l'amitié de tout le monde, particulièrement la compassion de tous les religieux... et il est réel que je passe dans l'esprit de tous pour un homme raisonnable. Cependant, si aujourd'hui je venais à dire au prieur ou au directeur... etc., que la marquise de Pompadour était une magicienne, que le marquis de Marigny est encore aujourd'hui même en commerce avec les démons qui m'ont ensorcelé, et que je suis détenu par l'opération de ces démons, comme on ne met actuellement dans cette prison que des fous ou des imbéciles. Car actuellement il y a ici Saint-Arnoult qui dit être le Père Eternel, le malheureux d'Allègre, avec qui j'ai échappé de la Bastille la nuit du 25 au 26 février 1756 ; j'ai été le voir aux catacombes ; il me dit qu'il ne me connaissait point et qu'il était Dieu ; Saint-Philippe dit de même qu'il est Dieu, et Saint-Fabien dit qu'il est le Saint-Esprit, Fasse se dit empereur d'Allemagne, Justin empereur de la Chine, Agapit empereur de Russie, Nantes empereur des Turcs (un bain à la glace qu'on donna à ce dernier a été cause qu'il a renoncé à cet empire), Rochefort, Soissons, tous les deux se disent roi de France ; de Rennes, un parfumeur, dit qu'il devrait être roi et qu'il est contrôleur général des finances ; le Portugais dit qu'il est ensorcelé et se fait donner des bénédictions par le Père Prudence pour chasser un diable qu'il a dans son corps ; Saint-Denis croit être pape, en un mot chacun a sa manie et une croyance particulière. Ainsi, dis-je, si aujourd'hui je venais à dire, moi, à un des Pères de la Charité, que je suis ensorcelé, sur-le-champ ils se diraient entre eux : « Eh ! parbleu, ce n'est pas sans raison qu'on a mis Masers ici : il est fou... » et il est évident que tous m'abandonneraient et ne diraient jamais plus une seule parole en ma faveur...

Or, voyez s'il est possible de voir un ensorcellement mieux caractérisé et mieux suivi de toutes sortes de côtés.

De tous les malheurs, il ne pouvait m'en arriver un plus grand que celui que M. de Malesherbes quittât le ministère. Dès ce moment, je vis toutes mes affaires renversées... Cependant les religieux de la Charité me dirent que M. Amelot, qui l'avait remplacé, était un très honnête homme. Mais écrire à ce ministre, comme toutes les lettres d'ici passent à la police, c'était écrire véritablement au feu de M. d'Albert, car je m'étais bien aperçu qu'il n'avait pas laissé passer une seule de mes lettres à M. de Malesherbes, et encore moins celle que j'avais écrite au roi.

J'essayai pourtant de sonder ses dispositions en lui demandant des hardes dont j'avais un extrême besoin, mais il eut la bonté de me les refuser. Imaginez-vous quelle devait être ma situation. Je crus pourtant qu'elle allait devenir pire, quand un mois après on vint m'apprendre que M. d'Albert avait été remercié, et M. Le Noir, intime ami de mon ennemi M. de Sartine, remis en sa place. A vous dire vrai, je me crus perdu. Néanmoins, tout le monde me dit tant de bien, et me fit tant de louanges du bon cœur et de l'humanité de M. Le Noir que je me hasardai à lui écrire quatre lettres, les 5 et 10 juillet, 2 et 16 août 1776. A la lettre du 10 juillet j'ajoutai, ce post-scriptum :

« Mémoire des hardes dont le sieur de Masers, prisonnier à Charenton, a besoin :

« Un chapeau, une perruque, un habit vert et culotte d'un drap honnête. Je vous prie de m'en laisser choisir la couleur, parce que ça ne coûte rien de plus.

« Une redingote, deux gilets de bazin de Flandre rayé, six chemises garnies et qui soient d'une toile honnête.

« Deux cravates de mousseline, six coiffes de bonnet, deux paires de bas à côtes, une de coton et l'autre de laine, deux paires de chaussettes de coton, qui ne soient pas à l'étrier ; deux bonnets de coton, six mouchoirs d'indienne à fond bleu qui soient grands, parce que je prends beaucoup de tabac, une veste et une culotte noire d'été de serge de Roanne, une paire de souliers et des jarretières d'acier, une paire de lunettes et son étui, un livre de prières où il y ait les offices, et une tabatière doublée de carton. Monseigneur, je vous prie de ne pas insulter à ma misère par des hardes grossières, et de ne pas me faire languir, et je vous serai bien obligé. »

Signé : « MASERS »

Selon l'ordre établi dans la maison de force de la Charité de Charenton, cette année-ci 1776, M. Duchaine, commissaire, y est venu exprès pour visiter les prisonniers, et, après y avoir resté plusieurs heures avec les religieux, il s'en est retourné à Paris, sans avoir vu, ni parlé à un seul. Or, vu son dessein, il est probable que M. Duchaine, étant arrivé ici en parfaite santé, sans un ou plusieurs démons du magicien marquis de Marigny, qui s'emparèrent des sens de ce commissaire ou des religieux, il aurait rempli les devoirs de sa charge.

Au commencement de ce mois de septembre, le Père prieur me dit : « Nous attendons à tout instant la visite de M. le lieutenant général de police ; préparez un discours court et bon ! » Je n'avais pas besoin qu'il me le recommandât, car dès longtemps auparavant mon discours était préparé.

Mais, quelle fut ma surprise, le 18 dudit mois de septembre, quand, à deux heures après-midi, au lieu de me voir annoncer la visite du lieutenant général de police, on vint me dire que celle du Parlement allait arriver dans un moment.

Environ une heure et demie après nous avoir annoncé cette visite, M. Pignon, président à mortier, entra dans ma chambre, accompagné de trois autres membres du Parlement, et me dit : « Avez-vous quelque plainte à nous faire ?

— Monseigneur, je crois que personne n'a un si grand sujet de se plaindre que moi, de me voir en prison depuis le terrible espace de vingt-huit années, pour avoir eu le malheur d'avoir déplu à une femme morte depuis plus de douze ans. Cependant, sans avoir eu le malheur de commettre un crime réel, pour mettre peut-être fin aux maux dont on m'accable, je suis forcé de réclamer la prescription accordée par les lois, qui est arrivée depuis plus de sept années, et... je vous prie en vertu de cette loi de m'accorder mon élargissement.

— Nous ne pouvons pas, me répondit

M. Pignon, présentement vous rendre votre liberté, mais vous n'avez qu'à donner vos affaires par écrit et, après les avoir examinées, nous vous rendrons la justice qui vous est due.

Comment puis-je vous donner mes affaires par écrit ? Il n'y a pas encore deux heures seulement qu'on m'a annoncé votre visite, qui pour l'ordinaire est toujours précédée de celle de M. le lieutenant général de police. Vous allez trouver tout le monde en défaut. Car ceci n'est pas une visite, mais une surprise, parce qu'en moins d'une heure et demie de temps on ne saurait réfléchir et dresser des plaintes.

— Il est vrai que nous aurions dû vous faire plus tôt avertir.

— Mais, monseigneur, vous pouvez lire », et en même temps je lui présentai la cause de ma détention.

— Présentement nous n'avons pas le temps d'examiner cela ; il faut que nous visitions tous les prisonniers qui sont ici.

— Mais, monseigneur lui répondis-je, devez-vous me laisser périr, faute d'examiner mon affaire ? »

Le Père prieur de la Charité, en voyant l'embarras du président, car il ne savait quoi répondre, rompit le silence, en me disant à moi : « Monsieur, vous n'avez qu'à écrire votre affaire et vos plaintes, et quand vous l'aurez fait, je vous donne ma parole d'honneur que j'enverrai le tout à M. le président que voilà. »

J'adressai de nouveau la parole à M. Pignon, et lui dis en ces termes :

« Monseigneur, comme j'attendais la visite de M. le lieutenant général de police avant la vôtre, j'avais préparé le paquet que voilà pour le lui remettre... et quoique le tout soit dressé pour le ministre et M. Le Noir, il peut également servir pour vous éclairer vous-même.

— Vous pouvez sans aucune crainte me confier ces papiers ; je les examinerai avec beaucoup d'attention, et je vous promets de vous rendre justice. Quant à vos papiers, soyez certain que je vous les renverrai.

— Monseigneur, l'année dernière j'en remis de semblables à M. de Lamoignon, quand il fit sa visite ici le 6 octobre : il me promit, de même que vous, de me rendre justice, et de me renvoyer mes papiers ; cependant il n'a fait ni l'un ni l'autre.

— Je vous promets qu'il ne sera pas de même de moi ; je vous renverrai tous vos papiers, et je ferai tout mon possible pour vous rendre justice. »

Sur toutes ces assurances, je lui remis sur-le-champ mes papiers, en présence des trois autres membres du Parlement... Après que ce président m'eût donné sa parole, en présence de plus de dix personnes, qu'il me rendrait justice, qu'il me renverrait mes papiers, qu'il me ferait réponse, ils sortirent de ma chambre, et cependant M. le président Pignon, malgré toutes ses protestations, a fait précisément comme M. de Lamoignon, c'est-à-dire que non seulement il ne m'a point rendu justice, mais même qu'il a gardé tous mes papiers, sans me faire aucune réponse.

Il est vrai que tous les prisonniers m'avaient averti que dans cette maison de force, le Parlement ne rendait jamais justice à personne ; qu'il ne faisait ici une visite toutes les années, que pour se maintenir en apparence dans l'ancien privilège qu'il avait autrefois de rendre justice à tout le monde, et qu'il ne faisait sa visite que pour la forme, ce qui n'est que trop véritable.

Je suis donc resté dans les fers.

Tous les chefs de la maison en furent indignés. Tous me promirent de réunir leurs soins et leurs efforts pour me rendre à la liberté. Le lieutenant de police devait venir peu de temps après faire aussi la visite de ces prisons : ils me firent comparaître devant lui ; nous étions alors en octobre 1776 ; tous se réunirent pour attester ma bonne conduite et ma rare docilité depuis que j'étais soumis à leur direction. M. Le Noir, forcé de répondre à leurs instances, promit de me faire rendre au premier jour ma liberté.

Alors, le Père Prudence, directeur, qui était derrière moi, me tira par le bras pour me faire sortir, par la crainte qu'il avait que par quelque parole indiscrète je ne gâtasse le bien qui avait été résolu.

En tirant ma révérence au lieutenant général de police, je lui demandai s'il vou-lait garder la lettre que je lui avais donnée à lire, où il y avait la cause de ma détention. Il me répondit : « Il faut que je la garde pour la faire voir au ministre. Allez-vous en, et ne soyez plus en peine. »

Précisément un mois après, M. Le Noir écrivit au Prieur, et voici la réponse que je lui fis :

« Monseigneur,

« Il est sans doute que vous avez daigné jeter des yeux de compassion et de miséricorde sur moi, puisqu'aujourd'hui 27 novembre, le révérend père Prieur de la Charité de Charenton m'a fait monter dans sa chambre, pour me communiquer une de vos lettres, par laquelle j'ai vu que vous souhaitiez savoir ce que je prétendais faire en sortant de prison, si j'avais de quoi vivre, et l'endroit où je dois me retirer. Monseigneur, je viens vous satisfaire.

« Il y a trente ans, j'avais un bien honnête, qui fournissait à vivre à ma mère et à moi. Si ma mère est encore en vie, je dois être certain de trouver de quoi subsister, et si avant que de mourir elle a cru que je n'étais pas mort en prison, et que j'en sortirais un jour, il est certain qu'elle aura arrangé ses affaires, de manière que je trouverai le bien qu'elle a laissé en mourant. Mais encore, quand même je n'aurais rien du tout, monseigneur, que votre bon cœur ne soit pas en peine de moi...

« Toute la grâce que je vous demande, c'est de me rendre promptement ma chère liberté pour aller passer le reste de mes jours à Montagnac, lieu de ma naissance, et en sortant de Charenton de venir embrasser vos genoux, car dès aujourd'hui je vous regarde comme mon véritable père, puisque vous daignez me redonner une seconde fois la vie que j'emploierai à dire des louanges de vous et à prier Dieu de vous combler de toutes ses bénédictions.

« J'ai l'honneur d'être, avec un très profond respect, monseigneur,

« Votre très humble et très obéissant serviteur.

« MASERS, prisonnier depuis vingt-huit années, à Charenton, ce 27 novembre 1776. »

Le 27 du mois suivant décembre 1776, le Père Prieur vint me visiter et me dit : « Monsieur, il ne s'agit plus que d'une chose, et pourvu que vous vouliez la faire, je vous réponds de la réussite. Il faut que vous écriviez chez vous, à vos parents ou à quelqu'un de vos amis, et vous leur direz de m'adresser la réponse à moi-même pour m'instruire si vous avez de quoi vivre, ou enfin si vos parents veulent bien vous donner un asile chez eux, en promettant de ne vous laisser manquer de rien, que si leur réponse est favorable, je me charge de tout le reste. »

Sur-le-champ j'écrivis la lettre que voici, et moins de trois heures après je l'envoyai au Prieur.

Copie de la lettre que j'ai envoyée à M. Caillet, notaire royal de Montagnac., De la Maison de force de Charenton, le 29 décembre 1776.

« Mon cher ami.

« Je parierais dix contre un que tu me crois mort. Vois comme tu te trompes : c'est que je suis encore en vie, et, qui plus est, il ne dépend que de toi qu'avant ce carnaval soit passé, nous mangions un bon levraut ensemble. Ah ! que je serais content, si tu m'apprenais l'agréable nouvelle que ma tendre vit encore ; mais je ne dois pas me flatter d'un si grand bonheur ! Cependant, comme elle n'ignorait pas de son vivant que nous étions fort bons amis, je ne saurais douter qu'elle ne t'ait instruit de mon infortune, où tu peux mettre fin.

« Je te dirai que Dieu vient de me faire la grâce de me donner pour juges Mᵉ Amelot, ministre du département de la maison du roi, et Mᵉʳ Le Noir, conseiller d'Etat, lieutenant général de police. Ce sont deux personnes d'honneur et de probité, justes et équitables. Ils daignent me rendre la justice qui m'est due ; mais, comme ils sont pleins de compassion, ils ne voudraient point qu'après une captivité de vingt-huit années, il me manquât de quelque chose en sortant d'une aussi longue prison. Avant que de me relâcher ils veulent savoir si j'ai de quoi vivre, ou des parents qui peuvent me tendre une main secourable. Tu es instruit mieux que personne de toutes mes affaires, car c'est ton père

ou toi qui avez passé le contrat de la maison que ma mère a achetée à M. Bouliex tout auprès de la Place. Tu sais de même qu'elle avait du bien en fonds. Que si elle a cru que je n'étais pas mort en prison, avec l'espérance que j'en sortirais un jour, je ne dois point douter qu'elle n'ait accommodé ses affaires, de manière que je trouverai le bien qu'elle a laissé en mourant. Mais j'ai à craindre que depuis vingt-huit années que je suis en prison, elle ne m'ait cru mort, et en conséquence qu'elle n'ait donné son bien aux enfants de ses sœurs, dont une avait épousé Nourigat ; on m'a dit que Grouillé avait épousé la fille de sa sœur aînée, Marie d'Aubrespy.

« Enfin, je mets toutes les choses au pire. Tu n'as qu'à les assurer tous de ma part que si ma mère leur a laissé mon bien, nous n'aurons point de procès ensemble ; tout ce que je leur demande, c'est de signer les quatre paroles que voici, que tu dresseras toi-même.

« A Monsieur le Prieur de la maison « des religieux de Charenton.

« Monsieur,

« Nous venons vous remercier de la bonté « que vous avez eue de tendre une main se-« courable à M. Henri Masers de Latude, « notre parent, pensionnaire dans votre « maison. En même temps, tous les sous-« signés, nous venons vous prier d'assurer « de notre part nos seigneurs Amelot, mi-« nistre d'Etat, et Le Noir, conseiller « d'Etat, lieutenant général de police, que « nous ne laisserons manquer de rien notre. « parent ; que nous les supplions en grâce « de lui rendre promptement sa liberté ; « que notre reconnaissance égalera le pro-« fond respect avec lequel nous sommes « les très humbles et très obéissants ser-« viteurs. D'Aubrespy, Grouillé, etc... ».

« Avant que de partir, je sais que ma mère avait de l'argent monnayé. Que si, avant de mourir, elle en avait encore, je n'aurais point de peine à croire qu'elle l'aura confié à la probité de M. le baron de Fontès. Je te serais bien obligé d'envoyer à son château Grouillé ou un d'Aubrespy, mes parents, lui apprendre que je ne suis pas mort, et ce dont il s'agit. Au reste tu n'as qu'à avertir mes parents que je ne leur serai point à charge, que j'aimerais mieux servir le roi comme volontaire dans quelque régiment ou me faire ermite, que de les importuner ; que si je les prie de signer, que ce n'est que pour me conformer à l'humanité du ministre et du lieutenant général de police qui ne voudraient pas que je fusse réduit à la mendicité, en sortant d'une aussi longue prison.

« Que si ma mère, avant de mourir, a arrangé les affaires, de manière que tout son bien me soit rendu, dans ce dernier cas tu peux faire tout toi-même, en écrivant à peu près les quatre paroles que voici :

« A Monsieur le Prieur de la Maison « des Religieux à Charenton.

« Nous soussigné, notaire royal de Mon- « tagnac, certifions que le sieur Henri « Masers de Latude a une maison qui n'est « pas la moindre de la ville avec du bien « fonds en terre, qui peut lui donner de « quoi à vivre. Caillet etc... »

« Mon cher ami, je suis dans la peine. Je te prie de te dépêcher le plus promptement que tu pourras d'envoyer un de ces deux actes au vertueux religieux qui me secourt. Voici son adresse : A Monsieur le Prieur de la Maison des Religieux de Charenton, à une lieue de Paris, à Charenton. Mon cher ami, je ne te prie point, parce que j'espère que tu feras pour moi ce que je ferais de bon cœur pour toi si tu étais à ma place. Je te prie de saluer de ma part tous les parents et amis. En attendant que je puisse t'embrasser, je suis très parfaitement,

« Mon cher ami,

« Ton très humble et très obéissant serviteur,

« Henry Masers de Latude, pensionnaire du roi à la Maison des religieux de Charenton, ce 29 décembre 1776. »

Dans la même feuille j'écrivis la lettre ci-dessous au Prieur de chez moi :

« Monsieur le Prieur actuel de Montagnac.

« Monsieur,

« En 1740, M. Maffre de Masselliau était notre Prieur. C'était un très honnête homme, et j'ose vous dire qu'il était un de mes bons amis. Cependant j'espère que Dieu nous a donné dans votre personne un

pasteur aussi vertueux qu'il l'était. Je suis une de vos ouailles, et je viens vous prier, dans mon infortune, de me tendre une main secourable. Il est inutile que je donne des conseils à un homme d'esprit sur la manière qu'on doit prendre pour mettre fin à ma peine. Sûr de votre humanité, je vous prierai tant seulement de faire attention que M" Le Noir, conseiller d'Etat, lieutenant général de police, est l'homme le plus juste, le plus humain et le plus compatissant du royaume, et que si malheureusement pour moi il passait à quelque autre charge, malgré la justice de ma cause, toutes mes affaires seraient renversées de fond en comble. Par ces paroles vous entendez que je vous prie de presser mes parents de répondre le plus promptement qu'il leur sera possible à cette lettre. Vingt-huit années de captivité parlent pour moi à vos entrailles paternelles et de miséricorde.

« J'ai l'honneur d'être avec un très profond respect,

« Monsieur,

« Votre très humble et très obéissant serviteur.

« Henry Masers de Latude, pensionnaire du roi à la Maison des religieux de Charenton etc... »

Voici de la manière que j'avais adressé cette lettre : à Monsieur Caillet, notaire royal de la ville de Montagnac, et en cas de mort, à Monsieur le Prieur, par Pézenas, à Montagnac.

Qui, selon les règles de la nature et de l'humanité, n'aurait pas cru qu'avant un mois j'aurais reçu une réponse favorable de cette lettre ?...

Connaissant le bon cœur qui règne dans ma famille, si, par un coup du ciel, malgré le diable, ma lettre leur a été rendue, je suis prêt cependant à gager de mes propres yeux qu'elle a signé et envoyé l'acte que vous avez vu plus haut, que si le Père Prieur de la Charité ne l'a point reçu, comme il me l'a toujours attesté, c'est que véritablement un démon l'a enlevé de la poste...

Cependant il semble qu'aujourd'hui 2 février 1777, Dieu commence de m'assister de sa sainte miséricorde, car voici la copie d'une lettre que le Père Prieur vient de me remettre, et qu'un gentilhomme de Béziers lui a écrite à lui-même :

« A Béziers, ce 10 janvier 1777.

« Monsieur,

« Je saisis ce renouvellement de l'année pour vous en souhaiter une bonne et heureuse. Les bontés que vous avez eues pour moi pendant ma détention dans votre maison me rappellent toujours de former des vœux pour une personne aussi méritante que la vôtre.

« Ayant été un des malheureux exilés, je me suis extrêmement lié avec un de mes compatriotes, qui de nom de guerre s'appelle Dangers, et du nom de famille Masers de Latude ; c'est l'homme à projets dont je veux parler. J'espère que vous ne refuserez pas de lui montrer la lettre qui est ci-jointe à la vôtre. Ma mère forme pour vous les mêmes vœux. Je vous prie d'en assurer les RR. PP. Prudence et Orlette.

« Je suis avec le plus profond respect,

« Monsieur,

« Votre très humble et très obéissant serviteur.   « Chevalier de MOYRIA ».

Voici les paroles contenues dans l'autre feuillet :

« Lettre pour M. Dangers, autrement dit Masers.

« Monsieur,

« C'est votre cher Poitiers qui vous écrit la présente. Si j'avais pu plus tôt, je l'aurais déjà fait. Dès que je suis sorti, j'ai de suite pensé à vous. Une personne veut bien régler vos affaires, mais pour cela il faut que vous donniez votre procuration d'abord à M. Facio, et puis que vous en donniez une autre au procureur qui se chargera de vos affaires. M. Fournier, le procureur qui demeure à la citadelle, se trouve précisément être celui de ma famille. Demandez à M. Facio de me faire une réponse, et alors je vous promets une bonne réussite dans la rentrée de vos biens. Quand je suis passé à Montagnac, je n'ai pu rien découvrir.

« Je suis avec le plus parfait attachement,

« Monsieur,

« Votre très humble et très obéissant serviteur.   « Chevalier de MOYRIA.

« Recevez les vœux que je fais pour vous à ce renouvellement d'année. »

... Etant forcé de mettre ici les copies des lettres du chevalier de Moyria, je crois devoir aussi y mettre les causes de sa détention.

Son frère aîné et lui sont tous deux officiers dans le régiment de l'Ile de France. En 1775, ce régiment était en garnison à Belfort (Alsace). Alors le chevalier n'était âgé que de 16 à 17 ans ; son frère était lieutenant et plus âgé que lui, et en conséquence il voulait gouverner, et cela était juste. Que s'il avait pris son frère par les douceurs et la remontrance, comme il a un fort bon naturel, il aurait fait de lui tout ce qu'il aurait voulu. Mais il le commandait avec un ton de maître insupportable, et pour des riens il le faisait mettre aux arrêts. Il se plaignit de cette grande sévérité, et de ce qu'il ne lui communiquait point les lettres de sa bonne maman, et qu'il avait donné à ses amis une douzaine de paires de bas de soie et autres choses qu'elle lui avait envoyées. De sorte que la conversation s'échauffa à tel point, que le jeune chevalier, qui n'est pas moins brave que feu son père, voulut faire mettre l'épée à la main à son frère unique. Celui-ci, pour éviter un malheur affreux, qui ne pouvait manquer d'envoyer lui ou son frère dans l'autre monde, et leur mère dans le tombeau, demanda une lettre de cachet qu'il obtint, et il le fit mettre ici. Leur mère, dès le même moment qu'elle fut instruite de leur différend, et qu'elle eut fait faire la paix entre ses deux fils, avec promesse de leur part de ne rompre jamais plus cette tendre amitié qui doit régner sans cesse entre deux frères, demanda la révocation de la lettre de cachet, et le fit sortir d'ici...

Bien que la lettre du chevalier de Moyria fût datée du 10 janvier, elle ne me fut cependant remise que le 2 février, et le même jour je l'envoyai au lieutenant général de police, accompagnée de celle que voici, que je mis dans la même enveloppe :

« A Monseigneur Le Noir, conseiller d'Etat, lieutenant général de police.

« Monseigneur,

« Depuis vingt-huit années que je suis en prison, je n'ai pas cessé un seul jour de me faire la grâce d'embrasser ma tendre mère, avant de mourir. Cependant, aujourd'hui 2 février, par la lettre que le révérend Père Prieur vient de me communiquer, je viens d'apprendre qu'elle est décédée. Pour le coup, je puis défier toutes les furies de l'enfer de pouvoir augmenter ma peine. Que si la compassion a du pouvoir sur les cœurs vertueux, illustre père des malheureux, ayez pitié de moi. Dans l'ennui qui me presse, ne me réduisez pas encore à l'humiliation de devoir ma liberté à tout autre qu'à vous seul. Que votre cœur généreux daigne s'en tenir à la lettre que le révérend Père Facio, homme de mérite et de grande probité, aura la bonté de vous remettre avec celle-ci, qu'il a reçue d'un gentilhomme de Béziers, datée du 10 du mois dernier.

« Je vous prie de faire attention que si je n'avais rien, il est sans doute que cet ami ne me demanderait point une procuration, en me protestant la réussite de me faire rentrer dans tous mes biens… En attendant la réponse de mes parents, daignez au moins ordonner au Père Prieur de me tirer de la Force pour me faire passer sur le devant. Que si vous voyiez les larmes couler de mes yeux pour la mort de ma tendre mère, eussiez-vous le cœur plus dur que les cailloux, je vous l'attendrirais, et vous ne me refuseriez point de me rendre ma chère liberté, que j'emploierais à dire des louanges de vous et à prier Dieu de vous combler de toutes ses bénédictions.

« J'ai l'honneur d'être avec un très profond respect,

« Monseigneur,

« Votre très humble et très obéissant serviteur,

« Masers, prisonnier depuis vingt-huit années, présentement à Charenton ce 2 février 1777.

Douze jours après avoir envoyé la lettre du chevalier de Moyria, à M. Le Noir, on vint me dire que cette lettre ne suffisait pas, qu'il fallait que j'écrivisse encore chez moi. Vu la bonne disposition que le chevalier m'avait témoignée de me secourir, j'eus recours à lui, et en conséqence je lui écrivis la lettre suivante :

« Ah ! mon cher chevalier,

« Pour le coup, mon esprit me manque pour vous exprimer comme il faut la joie extrême que je ressens, en voyant que non seulement vous me faites l'honneur de me visiter par vos lettres, mais même que vous voulez me tendre une main secourable. A ce trait je reconnais l'illustre sang de Moyria. Que si c'est obliger une âme bien née que de lui fournir l'occasion de faire des heureux, mon cher chevalier, vous trouvez ci-joint la copie d'une lettre, datée du 29 décembre dernier 1776, que j'ai envoyée à mes parents du côté de ma mère, qui jouissent de mon bien. Que s'ils avaient répondu sur-le-champ, il est certain que je n'aurais point resté jusqu'aujourd'hui à venir vous embrasser à Béziers.

« Ayant de l'esprit et un bon cœur, il est inutile que je vous donne des conseils. Il suffira d'écrire à Montagnac, à Grouillé ou à un d'Aubrespy, mes parents, de venir vous parler, et vous lui direz que je suis extrêmement irrité contre tous de ce qu'ils n'ont pas secondé l'humanité de notre vertueux Père Prieur Facio ; que vous m'avez vu et parlé, et que je ne suis pas encore si cassé que je ne puisse, avec mon épée ou ma tête, gagner de quoi à subsister ; qu'ils savaient bien que je sais les mathématiques, et qu'avec ce talent, quand même je ne voudrais me faire qu'un simple arpenteur, je pourrais gagner du pain ; qu'en outre ils ne peuvent pas ignorer que tous mes parents du côté de mon père ont de très belles terres, et que si je voulais m'humilier jusqu'à leur demander la table, pas un d'eux ne me la refuserait, ou tout au moins de me faire un de leurs maîtres d'affaires, préférablement à un indifférent. Mais enfin, mon cher chevalier, il ne dépendrait que de vous de me délivrer, en engageant votre bonne maman à écrire les quatre paroles que voici à M. Le Noir, conseiller d'État, lieutenant général de police.

« Monseigneur, instruite que vous ne
« retenez le sieur Henri de Masers dans la
« Maison des Religieux de Charenton,
« que par la crainte que vous avez qu'après
« une captivité de vingt-huit années il ne
« trouve plus de quoi subsister, Monsei-
« gneur, ne soyez plus en peine : je viens
« vous assurer que si je ne puis venir à
« bout de lui faire rendre ses biens, dont
« ses parents se sont emparés, chose qu'on
« m'a dit cependant n'être pas difficile, que

« moi-même je lui donnerai un asile chez « moi. Que si malheureusement mon nom « ne vous était présent, M. de Saint-Vi- « gor, contrôleur de la Maison de la reine, « intime ami de feu mon époux, le comte « de Moyria, lieutenant-colonel, vous dira « qui je suis, et même je ne doute pas que « son cœur, plein de compassion, ne joigne « ses prières aux miennes pour vous exci- « ter à délivrer plus promptement un in- « fortuné qui gémit depuis si longtemps « en prison. Sur les éloges qu'on fait de « vous, je ne dois point douter que vous « serez sensible à ma prière, en vous assu- « rant que ma reconnaissance égalera le « profond respect avec lequel j'ai l'honneur « d'être, Monseigneur, etc... »

« Mon cher chevalier, si Mme votre mère veut bien s'intéresser à mon sort, il faudrait lui conseiller d'envoyer cette lettre dans une double enveloppe à M. de Saint-Vigor, en le priant de la signer et de l'envoyer sur-le-champ à M. Le Noir, conseiller d'Etat, lieutenant général de police, et moyennant ce, vous pouvez être certain qu'en moins de six jours après je serai libre. Mon cher chevalier, je vous prie de faire une extrême attention aux quatre paroles que voici :

« *Nota*. — Il est évident que non seule-ment M. Le Noir passe pour être juste et équitable, mais même qu'il n'y a pas un seul homme en France qui ait un cœur si humain, si compatissant et mieux faisant que le sien. Que si malheureusement pour moi, aujourd'hui ou demain, le roi venait à le faire ministre, comme cela est arrivé à MM. d'Argenson, Berryer, Ber-tin, Sartine, etc..., malgré l'équité de ma cause, toutes mes affaires seraient renversées de fond en comble, et je serais un homme perdu. Par ces paroles vous entendez que je vous prie de me secourir promptement.

« *Signé* : MASERS.

« A la maison des religieux de Charen-ton, le 14 février 1777.

Aujourd'hui, 16 mars, le Père Prieur vient de m'apporter la réponse à cette lettre dont voici la copie :

« A Béziers, ce 2 mars 1777.

« J'ai reçu, mon cher Dangers, le pa-quet que votre vertueux prieur a eu la bonté de m'envoyer. Je l'ai communiqué à ma mère. Il se trouve à Béziers une dame de chez vous ; elle est veuve d'un nommé d'Aubrespy, lieutenant-colonel d'infanterie, chevalier de l'ordre royal et militaire de Saint-Louis, chez qui je fus de suite prendre des informations, et voici ce qu'elle me dit : que vous étiez le fils du marquis de Latude, qu'elle ne vous connaissait pas, mais que sur l'ouï-dire, votre mère avait acheté une maison sur la place, et qu'elle avait, outre cela, plusieurs pièces de terre, qu'elle était alliée à M. le baron de Fontès de Péze-nas. Alors je lui communiquai vos lettres qui se trouvèrent se rapporter avec ce que je vous marque. Je compte aller demain à Pézenas où je verrai le baron de Fon-tès, avec lequel je prendrai des arrange-ments nécessaires pour vous délivrer d'une aussi longue captivité. De là j'irai à Mon-tagnac, et je vous promets de forcer vos parents naturels et le notaire royal du lieu, de signer les papiers que vous leur avez envoyés à ce sujet, et pour qu'ils soient plus authentiques, je le ferai faire sur du papier marqué. Vous me marquez que j'intéresse ma mère à écrire à M. le lieutenant général de police : ma mère y a consenti. Elle a fait plus : comme M. Amelot se trouve intime ami de M. de Saint-Vigor, ainsi elle a jugé à propos de plutôt écrire à ce ministre. J'ai écrit à M. de Saint-Vigor, en y mettant dedans une lettre pour le ministre.

« *Signé* : Le chevalier de MOYRIA. »

M. de Saint-Vigor prit mon affaire à cœur et s'en occupa activement le 18 avril 1777. J'écrivis à Mme de Moyria.

« Madame,

« Ce n'est pas par négligence, et en-core moins par ingratitude que j'ai tardé jusqu'aujourd'hui à venir vous faire mille et mille remerciements de la généreuse protection que vous daignez m'accorder, et à vous envoyer ma procuration.

« Je suis prisonnier... Par ce mot vous entendez que je ne suis pas le maître d'exécuter mes volontés, dès le même moment que je le souhaite. Par la lettre de votre aimable fils j'ai appris que non seu-lement vous aviez écrit au ministre, mais même que vous poussez l'humanité jusqu'à vouloir vous donner la peine de prendre soin de mon bien.

« Ah! madame, vous avez trop de vertu, pour ne pas pardonner à mon esprit, accablé des expressions de reconnaissance telles que vous m'évitez en me rendant de si grands services; je demeure confus.

« J'ai pris la liberté d'écrire à M. de Saint-Vigor : il m'a fait l'honneur de me répondre le 13 de ce mois d'avril. Sur-le-champ, c'est-à-dire le 16 qu'on me remit sa lettre, je lui ai envoyé tous les renseignements qu'il souhaitait, et, vu la justice de ma cause et la bonne disposition de M. de Saint-Vigor, qui semble être fort bon ami avec M. Amelot, personne ne doute qu'avant la fin de ce mois cet honnête homme n'ait obtenu ma liberté. J'attends sa réponse avec beaucoup d'impatience pour faire de nouveaux efforts pour venir mettre à vos pieds, madame, mon bien, mon corps et ma vie. Tout ce que j'ai est à vous. Car, quand même il serait impossible à M. de Saint-Vigor de me faire rendre ma liberté, sachez, ma généreuse protectrice, que je vous tiendrai compte de votre bonne volonté, comme si vous étiez venue à bout de me la faire rendre en effet, et qu'en reconnaissance jusqu'à mon dernier soupir, je ne cesserai de faire des vœux au ciel, pour qu'il daigne combler de toutes ses bénédictions un cœur aussi vertueux que le vôtre.

« J'ai l'honneur d'être, avec un très profond respect,

« Votre très humble et très obéissant serviteur.

« MAZERS, ingénieur géographe, pensionnaire du roi dans la maison des religieux de Charenton, ce 18 avril 1777.»

Le 19 de mai 1777, le Père Calliste a été élu notre prieur pour remplacer le Père Facio. Vendredi 23, l'ancien et le nouveau prieur, tous les deux à la fois vinrent me voir dans ma chambre, et me protestèrent mutuellement qu'ils allaient faire leur possible pour me délivrer...

[Latude sortit de Charenton le 10 juin 1777 et ne put par suite continuer la rédaction de ses Mémoires, dont l'original fut saisi et déposé à la Bastille, comme le témoigne le procès-verbal qui y est annexé.

Ce procès-verbal est écrit sur une petite carte à jouer (un sept de pique), et porte sur son revers la mention suivante :]

Paraphé par nous Commissaire Soussigné et par le sieur Masers De la Dude (sic), au désir de notre procès-verbal du dix-neuf juillet 1777.

Signé : CHÉNON.
[Commissaire de police.]

MASERS DE LATUDE.

(Double cachet de cire rouge.)

FIN

DES MÉMOIRES RÉDIGÉS PAR LATUDE AU DONJON DE VINCENNES ET A CHARENTON

MODERN-BIBLIOTHÈQUE

PRIX DU VOLUME
{ Broché. . . . **0 fr. 95**
{ Cartonné . . **1 fr. 50**

Pour paraître le 1er Avril 1911

LE CAVALIER MISEREY

par ABEL HERMANT

Illustrations de PAUL THIRIAT

DANS LA MÊME COLLECTION ONT PARU :

Barbey d'AUREVILLY.. Les Diaboliques.

Maurice BARRÈS, { Le Jardin de Bérénice.
de l'Académie française.. { Du Sang de la Volupté et de la Mort.

Tristan BERNARD..... Mémoires d'un Jeune Homme rangé.

Jean BERTHEROY..... La Danseuse de Pompéi.

Louis BERTRAND...... Pépète le bien-aimé.

Paul BOURGET, { Cruelle Énigme.
de l'Académie française.. { André Cornélis.

Henry BORDEAUX .... { L'Amour qui passe.
{ Le Pays Natal.

René BOYLESVE ...... La Leçon d'Amour dans un Parc.

Adolphe BRISSON ..... Florise Bonheur.

Michel CORDAY .... { Vénus ou les Deux Risques.
{ Les Embrasés.

Alphonse DAUDET.... { L'Évangéliste.
{ Les Rois en exil.

Léon DAUDET .... Les Deux Étreintes.

Paul DÉROULÈDE..... Chants du Soldat.

Lucien DESCAVES .... Sous-Offs.

Georges d'ESPARBÈS.. { La Légende de l'Aigle.
{ La Guerre en dentelles.

Ferdinand FABRE..... L'Abbé Tigrane.

Claude FERVAL .... { L'Autre Amour.
{ Vie de Château.

Léon FRAPIÉ .... L'Institutrice de Province.

E. et J. de GONCOURT. Renée Mauperin.

Gustave GUICHES..... Céleste Prudhomat.

GYP .... { Le Cœur de Pierrette.
{ La Bonne Galette.
{ Totote.
{ La Fée.
{ Maman

Abel HERMANT .... { Les Transatlantiques.
{ Souvenirs du Vicomte de Courpière
{ Monsieur de Courpière marié.
{ La Carrière.
{ Le Sceptre

Paul HERVIEU, { Flirt.
de l'Académie française.. { L'Inconnu.
{ L'Armature.
{ Peints par eux-mêmes.
{ Les Yeux verts et les Yeux bleus.
{ L'Alpe Homicide.
{ Le Petit Duc.

Henri LAVEDAN, { Sire.
de l'Académie française.. { Le Nouveau Jeu.
{ Leurs Sœurs.
{ Les Jeunes.
{ Le Lit.

Jules LEMAITRE....... Un Martyr sans la Foi.
de l'Académie française..

Pierre LOUŸS .... { Aphrodite.
{ Les Aventures du Roi Pausole
{ La Femme et le Pantin.
{ Contes Choisis.

Paul MARGUERITTE . { L'Avril.
{ Amants.
{ La Tourmente.
{ L'Essor.

Octave MIRBEAU..... L'Abbé Jules.

Lucien MUHLFELD... La Carrière d'André Touret te

Marcel PREVOST, { L'Automne d'une Femme.
de l'Académie française.. { Cousine Laura.
{ Chonchette.
{ Lettres de Femmes.
{ Le Jardin secret.
{ Mademoiselle Jaufre.
{ Les Demi-Vierges.
{ La Confession d'un Amant.
{ L'Heureux Ménage.
{ Nouvelles Lettres de Femmes.
{ Le Mariage de Julienne.
{ Lettres à Françoise.
{ Le Domino Jaune.
{ Dernières Lettres de Femmes.
{ La Princesse d'Erminge.
{ Le Scorpion.
{ M. et Mme Moloch.

Michel PROVINS....... Dialogues d'Amour.

Henri de REGNIER .... { Le Bon Plaisir.
{ Le Mariage de Minuit.

Jules RENARD........ { L'Écornifleur.
{ Histoires Naturelles.

Jean RICHEPIN, { La Glu.
de l'Académie française.. { Les Débuts de César Borgia.

Edouard ROD.......... { La Vie privée de Michel Tessier.
{ Les Roches blanches.

André THEURIET, { La Maison des deux Barbeaux.
de l'Académie française.. { Péché mortel.

Pierre VEBER......... L'Aventure.

Prise de la Bastille

Société Anon. des
Imp. WELLHOFF et
ROCHE, 16-18, rue
N.-D.-d.-Victoires,
Paris. Tél. 316-33.
ANCEAU Directeur.

www.ingramcontent.com/pod-product-compliance
Lightning Source LLC
Chambersburg PA
CBHW050006100426

42739CB00011B/2523